ウリオール・ブイガス

モデルニスモ建築

稲川直樹訳

みすず書房

RESEÑA Y CATALOGO
DE LA ARQUITECTURA MODERNISTA

by

Oriol Bohigas

First published by Editorial Lumen, 1968

モデルニスモ建築　目次

モデルニスモ建築

再版へのまえがき

一九六八年、レウポルド・プメスによる写真と筆者の文章からなる『モデルニスモ建築』がルーメン社から出版された。この本の誕生までには紆余曲折があった。当初それは、現在も残るモデルニスモの雰囲気を伝える写真で構成された、モデルニスモ運動の図録だった。写真集には解説文が添えられて読者の理解を助けていた。しかしこの文章は本が組まれていくうちに次第に重要度を増し、写真集に並行したひとつの研究とも記録による検証ともなったのである。

数年後にルーメン社は初版の本文部分の再版を決定した。だがこの種の研究にありがちなことだが、そのあいだに本書の主題ははるかにゆたかになり、各分野や全体に関する研究が進んだばかりか、この建築現象についての新たな考察や評価も加わっていた。そういった貢献のいくらかは部分的にせよ本書の初版に負うところがあったし、その文章に明らかに欠けていたものを埋めるよう初版自体が示唆していたと筆者は考える。初版について書かれた批評のいくつか（とりわけ『ジャーナル・オヴ・ザ・ソサエティ・オヴ・アーキテクチュラル・ヒストリアンズ』誌上のジュディス・ローラーのものと『カサベラ』掲載のロベルト・パーネのもの、そして『ザ・タイムズ・リテラリー・サプルメント』の記事）は、テクスト全体を見直し、この運動をめぐる具体的な年代についてもその評価や分類の基準についても、後日補筆する必要を筆者に確信させるほどであった。

こうした結果、新たに書き直したとしても形だけの処理となるようなくだりがそのまま残された以外は、テクストは最初のものとはまったく別物となった。いくつかの章が書き足されてこの運動の全体像を補足し、部分的にはそれを修正している。評価や格付けは変えられ、ここ数年のあいだに解明され新たに提示された歴史叙述上や伝記上の情報の非常に多くが訂正され、全カタルーニャ地方のモデルニスモ建築についての最初の総覧が企てられている。

このように本書が初版と共有するものはわずかであるが、その理由は、この運動を説明する一方の主要な筋であったプメスによるすばらしい写真がふるいにかけられたためだけでなく、文章が拡充され新たに書き起こされたためである。このことはまた、本書の表題までが変更されたことの弁明となるだろう。これによって前著との区別が明らかになり、新しい内容がよく説明されるからである。

カダケスにて　一九七二年七月

＊　本書の執筆のために、資料収集にも評価基準の設定にも、たいへん貴重な協力を得た。その数の多さゆえすべてを書き記すのは不可能であり、全体への感謝をまとめて記すにとどめざるをえない。しかしながら以下の三つの機関から受けた特別な援助は強調しておきたい。カタルーニャ・バレアーレス建築家協会のデザイン・建築・都市計画歴史文書保管所とガウディ友の会、そしてバルセロナ建築学校の建築史講座である。載録された図面の大部分と写真の何枚かはこれらの機関の資料室と、建築家バルゴスとブネット＝イ＝ガリーそしてマルティネイに負うものである。

I　年代と地理の範囲

現地のカタルーニャ語でムダルニズマと呼ばれる〔スペイン語の〕モデルニスモは、少なくともそれがもっとも顕著にみられる建築や応用美術の領域、要するにデザインの分野全般において、おそらく近代カタルーニャ文化でもっとも傑出した芸術運動であった。おびただしい数のモデルニスモ建築の総体は、中世建築のいくつかの局面と並ぶこの地方の貴重な芸術遺産であるとともに、今日の文化に対するカタルーニャのもっとも一貫した、独創的で影響力ある貢献であることはまったく疑いない。

しかしながら、この時代の様相に関する研究の少なさ(1)のために、モデルニスモという激烈で瞠目すべき社会現象は、カタルーニャにおいても十分に評価されていない。それは外に向け開示されないばかりか、とりわけ同時代のヨーロッパ文化のなかに正当に位置づけられてこなかった。たとえば、この運動をアール・ヌーヴォーのカタルーニャ版にすぎないとする解釈がよくみられる。さらに多いのは、ヘンリー・ラッセル・ヒッチコック(2)の場合がそうでありセルトとスウィーニー(3)にもいくぶん当てはまるものだが、天才建築家ガウディという異様に孤立した存在によってこの運動を評価する傾向であり、その周辺には無能や奇矯やマンネリしかないというものである(4)。こういった記述はどれもごく限られた様相や断片的な状況に当てはまるにすぎないものであって、総じて十九世紀末のカタルーニャの歴史を知らないために生じた根本的な誤りを含んでいる。カタルーニャにおけるモデルニスモは並みはずれた水準と強度を備えており、リバティ様式やウィーン分離派、アール・ヌーヴォー、ユーゲントシュティルそして近代様式といった、多かれ少なかれ並行現象にある諸外国の運動と同様な確固とした独自性を獲得している。しかしそれに加えてここにあるのは、統一性の点ではやや劣るものの、はるかに複雑な独自性を備えた運動であって、否定すべくもないふたつの特徴によって諸外国の運動をはるかに凌いでいる。それは、普及の広範さと圧倒的な大衆性である。カタルーニャ全体の政治社会の現実に深く根ざし、様式の複雑さと年代やイデオロギーを包括することによって、リヴァイバリズム末期の折衷主義が、美術工芸（アーツ・アンド・クラフツ）運動による社会や倫理や美学の改革と、熱狂的な装飾の充溢と、合理主義的な機械化運動と、そして最先端をいく驚嘆すべき表現主義と共生し相互浸透することが可能となったのである。

本論を通じて試みられるのは、こうした顕著な二特性の原因を探索することであり、これらの特性によって、同時代の欧米文化のなかにモデルニスモを確実に位置づけることが可能となるはずである。しかしそのまえに強調しておきたいのは、モデルニスモは並行する諸外国の運動と同様な新しい建築言語の創造をめぐる闘争であるが、カタルーニャにおいてはそれが民族の個性と政治的現実が模索された時代とみごとに重なっているという事実である。つまり、みずからの精神と文化をふたたび見いだそうという、そして過去数世紀あてもなくさまよった建築言語を再確立しようというこの地域の具体的な努力は、機能不全の退廃に陥った末期古典主義アカデミズムを決定的に破壊し凌駕する新様式を見いだそうとする欧米文化の一部に共通した探求と、ここにおいて一致する。のちにみるようにこの一致は、さまざまに増幅されて現れることによって、抽象的な文化上の、あるいは限られた地域内での企てに終わったかもしれないモデルニスモを、民族的な重要性を帯びた企てへと変えていく。そうすることでモデルニスモは時代の社会政治理念に根ざしたものとなり、あらゆる領域の隅々にまで普及浸透した。しかし同時にこのことはモデルニスモを、様式の確立という観点からみるとより不安定で、おそらくより折衷的で決定性に欠けたものとしたのである。というのもヨーロッパの諸運動のなかに集団や規則性が確立される場合には、その運動はつねに比較的小数派の世界に属し、より具体的なイデオロギーを保持していたからである。それに反して、モデルニスモにおいてはすべてが受け入れられる。愛国心の高揚に覆い隠されたイデオロギーの併呑によって、想定されるあらゆる障碍は容認され、新様式に到達するためのいかなる努力も熱狂的に受け入れられる。この活力あふれる大同団結が、形態上は大いに異なる一連の作品を同じひとつの運動を構成する要素とみなすよう促したのであり、手法化された形態の範囲内においてであるにせよ、この運動がヨーロッパ同時代の他のどんな運動よりはるかに長く継続することを助けたのである。

あい反する立場の合一は建築においても例外ではなく、じっさいのところそれは、市民を巻き込んだ芸術運動全般における幾多の状況のひとつにすぎなかった。ジュアン・リュイス・マルファニーは雑誌『ジュバントゥート（青年）』について分析したなかで[5]、この雑誌をモデルニスモ運動の表現の基礎であったと評価しつつも、基本的には文学に重点を置くものとした。マルファニーは、対立するものがこの雑誌のなかに次々と現れることで、弁証法的な展開さえ構成されるにいたったことを明らかにしている。そのもっとも明らかな例が、ユイスマンス流の審美主義的で退廃的な態度と、好奇心の強いプンペウ・ジャネーのような著述家たちの実践した、ニーチェに由来する生の文学との邂逅であって、これが社会的・文化的基盤自体の矛盾に呼応していた。つまり「一方ではカタルーニャ文化を「正常な」文化に、カタルーニャという地域を「正常な」国家に変えようとしながら、他方では、見た目こそ違え、産業資本主義社会におけるヨーロッパ知識人階級の疎外という問題をあらゆるニュアンスを含めて共有する、知的モデルニスモ主義者の両義的な

ドゥメナク＝イ＝ムンタネー、モンタネル＝イ＝シモン出版社（1880）。バルセロナ、アラゴー通り 255 番地

立場」に呼応していたのである。もうひとつの矛盾が、地域的文化を「ヨーロッパ風」に変えるための外的影響への門戸開放と、この地方の本質を求めようとするなかで生まれた「大地への回帰」とのあいだに存在しており、あげくにこれが都市重視対田園重視という永遠のディレンマへと変容していった。同様のことがマラガイ[1]の代表する自然主義美学の一派と人為的形式主義の一派とのあいだにも発生し、結局は後者が文学界を支配し、ノベセンティスモの勃興を許すにいたる。そしてこの画一主義的「強権主義」を擁護する一派によって、モデルニスモの進行は解体されてしまう。のちにみるように、建築においてもこれに似た対立が発生し、敵対する両派はしばしばこれらに酷似したモデルに準拠していた。

　ここまでいくぶん未整理なまま提示された考察が、モデルニスモの年代上および地理上の範囲を画するための基本条件となる。その第一段階として重要なのは、カタルーニャが考古学的「復興主義」から脱するための第一歩を刻み、新様式の可能性のありかに焦点を定めた時期を確定することである。アラシャンドラ・シリーシ(6)の観察によれば、この現象は一八八〇年から一八八五年のあいだに建設された五つの重要作品によって展開した。リュイス・ドゥメナク＝イ＝ムンタネー設計のバルセロナのモンタネル＝イ＝シモン出版社（一八八〇）とジャロニ・グラネイによるビラノバ・イ・ラ・ジャルトルー[2]のバラゲー図書博物館（一八八二）、ジュゼプ・ドゥメナク＝イ＝アスタパーによるバルセロナ王立科学芸術アカデミーの建物（一八八三）、ジュセプ・ビラセカ設計のバルセロナのフランセスク・ビダール工芸社（一八八三）、そしてアントニ・ガウディ設計のバルセロナのビセンス邸（一八八三―八五）(7)がそれである。

　ことによると、この枠組みは単純化されすぎたものと映るかもしれない。その場合はこのリストにいくつかの作品、たとえばジュアン・マルトゥレイ設計のバルセロナのサレサス教会（一八八五）やガウディ設計

ガウディ、ビセンス邸外観（上）と内観（下）。
バルセロナ、ラス・カルリーナス通り 24 番地

ドゥメナク＝イ＝ムンタネー、万博カフェ・レストラン（1887–88）。バルセロナ、シウタデーリャ公園

のサンタンデール県コミーリャスにある「カプリーチョ（奇想荘）」（一八八三―八五）を加えてもよかろう。その一方で、非常に異なるこれらの作品個々の価値や意義を見定める必要があり、その結果、ビセンス邸とモンタネル＝イ＝シモン出版社をもっとも重要な作品とするのが妥当だろう。二作品がそれぞれガウディとドゥメナク＝イ＝ムンタネーのものであることは、両建築家がはじめから卓越していたことを、そしてふたりが将来モデルニスモの主役になるであろうことを示している。

いずれにせよこれらすべては新様式の開花以前の予備的段階を構成する作品であり、新様式が満開に達したのはまさしく一八八八年の万国博覧会の日々であったことを確認しておく必要がある。会場となったかつての城塞跡地[3]には、現在は動物博物館となっているドゥメナク＝イ＝ムンタネーのカフェ・レストラン（一八八八）が建てられ、コンデ・デル・アサルト〔現在のノウ・ダ・ラ・ランブラ〕通りにはガウディのグエイ邸（一八八五―

八九）が建設された。現在の演劇博物館である。一八八八年の万博は建築的にみてもひとつの重要な表明であった。万博の全体計画建築家アリアス・ルジェンはバルセロナ大学やバルセロナ神学校を中世復興主義で建てた建築家であり、リポーイ修道院[4]の修復経験があり、自分で集めた優秀な建築家集団を協力者として抱えていたが、そのほとんどがみずから学長を務めるバルセロナ建築学校の教授陣だった。ドゥメナク＝イ＝ムンタネーやフンサレー[8]、フォン＝イ＝カレーラス、ガリサー、ビラセカ、アマルゴスらの積極的な参加のおかげで、会場跡のシウタデーリャ公園は今日すこぶる統一のとれた全体を形成し、始まりにつきもののためらいとともに、偉大な創造時代の覇気を備えた当時のカタルーニャ建築の状況をきわめて的確に示している。

バレンシアにおける一九〇九年の地方博覧会と一九一〇年の国内博覧会は、見方によれば一八八八年の万

ガウディ、グエイ邸（1885–89）外観（上）と中庭側外観（下）。バルセロナ、ノウ・ダ・ラ・ランブラ通り3番地

国博覧会がバルセロナで果たしたのと同様な役割をこの地域で果たしたと考えることができる。[5] バレンシアの場合には、さまざまな折衷主義的傾向と十全なモデルニスモ作品が混在していた。十二年間というこれらの博覧会の時間的な距たりは、模倣の過程で生ずる遅延とバレンシアのある意味での地方性の証である。この問題については本書のなかで引き続き確認していくことになるだろう。

このように、一八八八年がモデルニスモの完全な開花の年であり、一八八〇年は開花の兆しが見えた年と考えてよいだろう。ふたつの年になんらかの象徴的意味を与えようとするなら、一八八〇年という上限を一八七八年まで遡らせることも可能だろう。ガウディが学業を終え、ドゥメナク゠イ゠ムンタネーが新様式探求の野心を表明した理論的論文「民族の建築を求めて」[9]を『ラナシェンサ（再生）』誌上に発表した年である。

年代の下限に関しても、いくつかの点を明確にしておく必要がある。モデルニスモにかわって審美上の新理念となったのは、アウジェニ・ドールス[6]が明確にノベセンティスモと命名した思潮である。カタルーニャ語でノウサンティズマと呼ばれるこの運動[10]は、カタルーニャ全土を深刻な古典主義的反動に巻き込んだ。ノベセンティスモの編成と普及にはアウジェニ・ドールスが「シェーニウス」のペンネームで雑誌『カタルーニャの声』誌上に一九〇六年以降連載した「語彙集」とともに始まった。一九〇六年という年紀は文化の面で非常に複雑で重要な年である。「語彙集」の連載が始まり第一回カタルーニャ語国際会議が開催されたこと以外にも、コスタ゠イ゠リュベーラの『ホラーティウス派』やマラガイの『彼方へ』、ビクトル・カタラー[7]の『孤独』、カルネー[8]の『香しき果実』といった意味深長な作品が出版された年だったのである。これらの作品は音調こそさまざまだったが、どれも文化が新たな表現に向かおうとする危うい状況を溶かし込んでいる。とはいえ、この新精神が文学や芸術の領域の一部にすでに浸透したかにみえるものの、建築の状況はいまだその周辺にとどまっていた。

一九一一年はモデルニスモの終焉とノベセンティスモの完全な勝利を記す年紀とたびたび考えられてきた。一九一一年に「シェーニウス」は『立派な女』を上梓したが、そのなかでは女性の原型についての注釈が新しい美学の象徴へ、新たなイデオロギーの編成へと高められ、ついには政治や市民生活の新たな組織化にいたるのである。この年ドールスはまた、カタルーニャ文化の新しい規範的精神を統率する研究組織「カタルーニャ語研究所」の所長に就任する。やはり一九一一年、新しい古典主義精神をみごとな印刷で記念する早期の試みである『ノウサンティズマ年鑑』には、創作者たちがはじめて職業別に振り分けられて列挙されている。

しかしながら興味深いのは、『ノウサンティズマ年鑑』に含まれるクララー(9)やヌネイ(10)、ピカソ(11)のような造形作家、カンボー(12)のような政治家兼運動家、ドールスやカルネー、ブフィーイ＝イ＝マタス(13)、ロペス＝ピコー(14)のような著述家といった、相当に凝縮し統一されたイデオロギー戦線を思わせる個人名のなかに、建築家の名前は唯一、しかもその後いかなる作品も残さなかった建築家ジュゼプ・ピジュアンの名があるにすぎないということである(11)。この事実だけからも明らかなように、建築においては当時はモデルニスモがまだ活発に持続しており、ノベセンティスモの精神はいまだ建築家を熱中させるにいたっていなかったのである。この活力は一九一一年から第一次世界大戦開戦の一九一四年の間も維持され、この時期にドゥメナク＝イ＝ムンタネーによるパルマ・デ・マリョルカのグラン・ホテルやウロット(15)のスラー邸、ガウディによるクロニア・グエイ（グエイ工業団地）の教会堂やグエイ公園といった重要作が建てられていた。第一次大戦後もモデルニスモの作品は依然としてかなりの勢いを保ち続けたが、もはや前時代の生き残りのような奇妙な雰囲気が支配するようになり、作品はあるいは惰性的マンネリズムの産物であったり、あるいはガウディの場合のように、建築家の持続的な個性の成果であったりした。この時期ガウディは以前と同じ方法で仕事を続けていただけでなく、熱心な弟子の集団を獲得していた。したがって一八八八年に始まったモデルニスモの中心的時代は一九一四年をもって閉じられるが、運動は二〇年代までかなりな効力を維持し続けたといえるだろう。それが終わる具体的な時期を挙げねばならないとすれば、それはガウディが世を去った一九二六年だろう。というのもこの年代見取り図から、偉大な建築家最後の創造であり一部は死後に実現された、サグラダ・ファミリア聖堂の塔のような重要作品を除外するのは妥当とは思われないからである。[12]

ここで述べておくべきもうひとつの特質は、モデルニスモ建築の地理上の範囲と密度に関するものである。建築史上で重要と考えられたこの時代の国々のどこをみても、カタルーニャほど作品の総体が高密度かつ広範に普及した地域はない。イギリスにおけるウィリアム・モリスも、ベルギーにおけるヴィクトル・オルタも、スコットランドにおけるマッキントッシュ、あるいはオーストリアにおけるオットー・ワーグナー、さらにはオランダにおけるベルラーヘも、カタルーニャのモデルニスモ建築家ほどの密度で作品を残してはいない。他のいかなる国においても、新様式を求める「近代建築の第一世代」の冒険がこれほどおびただしい作品を生んだことはなかったし、ほとんど大衆的と呼べるほどの表現の形をとり、しかもそれがこれほど広い地理的範囲に根を下ろしたことはなかった。それ自体で壮観なほど圧倒的な量を誇るバルセロナの広大な市域全体だけではない。たとえばバリェス[16]の全域では持続的に、またかなり後の時代まで、モデルニスモの建築家やとりわけ工芸職人が働いており、そうしたなかにはテラーサ[17]におけるリュイス・ムンクニイの作品の厳格な構築性からグラヌイェルスやラ・ガリーガ[18]におけるマヌエル・J・ラスパーイの見せる装飾性の充溢まで含まれていた。[13]ジローナではいちはやく曲線装飾やバロック風花模様の段階をへて、のちにはウィーン分離派やオルブリヒ、マッキントッシュの形態までが発見され、ウロットでラファエル・マゾーが果敢で早熟な解釈を形に残していた。[14]バレンシアでは、拡張地区がバルセロナの拡張地区と同じバロック風モデルニスモで満たされ、形態上もやはりオットー・ワーグナーへの参照がみられるが、陶磁器装飾と煉瓦や鉄製品による構成への志向がこの地方の隅々にまで行き渡った。(15) マリョルカ島ではガウディやルビオー＝イ＝バリュベーそしてドゥメナク＝イ＝ムンタネーによる個人的貢献があっただけでなく、装飾の主題や内装意匠では地元芸術家の活動がみられ、それはとりわけ中心市街地に著しかった。バルセロナに限ればさらに、水準の低いものを除いても八百以上のモデルニスモ様式の店舗が存在したが、(16) そのうち建築家の名が知られている例はごくわずかであって、それにひきかえかなりの数は、専門家でさえない無名の装飾職人たちによる仕事だった。かれらは生気あふれる現実的手法によって、モデルニスモのあらゆる造形や思想を称賛に値するまでに同化してみせたのである。それらすべては、様式があらゆる方向に驚くべき浸透をみせたことの具体的な証拠であり、これはカタルーニャ以外の世界のどんな地域にも起こらなかった。

モデルニスモ作品のこうした高密な分布は、当然ながら厳密な意味でのカタルーニャに明瞭に認められるが、カタルーニャ語圏全体、とりわけバレンシアやバレアーレス諸島にも広がっている。(17) このことは、純粋に経済社会的で特有な諸条件を超えて、非常に強い文化的一貫性を裏づけるものであるゆえに、史料編纂のうえで興味深い主題である。モデルニスモ文化の展開の基盤だった、狭義のカタルーニャにおける産業革命と同じ水準の変革がバレンシアやマリョルカで進行していたとはいえないし、これら三地域のあいだに社会や政治上の確固とした統一が存在したと言うこともできない。しかしながらカタルーニャ語圏の意義は、それらが言語を共有するということ以上に、芸術的一貫性や進歩や前衛性に向かう意志に具現化された集団的精神の存在までをも保証していたことにあって、この点でスペインの他の諸民族と区別される。

想定されるように、狭義のカタルーニャだけに存在した、つまりカタルーニャ語圏全体にまで拡張するのさえむずかしい社会経済的状況との密接な対応ゆえに、またモデルニスモと民族主義との密接な関係ゆえに、これ以外のスペインにモデルニスモの作例を見いだすのは困難である。例外としてガウディとドゥメナク＝イ＝ムンタネーによるレオンやサンタンデールの作品があるが、これらはカタルーニャ人司教がたまたま在職したことや、グエイ家と強い姻戚関係を結びバルセロナに住み着いたコミーリャス侯爵の芸術擁護ゆえの仕事である。別種の例外はマドリードやアンダルシア、バスク地方にある突飛な作例や、カナリア諸島におけるほとんどコロニアル風の奇妙な例だが、これらはモデルニスモの絶頂期にバルセロナで勉強した建築家たちの、多くは未熟な作品であった。

最近になって、カタルーニャ以外のスペイン国内におけるモデルニスモの並行現象や、なんらかの点でこの運動の初期に結びついた歴史主義的折衷主義の真の意義に関する研究がいくつか現れた。[18] もっとも重要なものはスペイン全土で建てられたネオ・ムデハル様式[19]の再評価であって、およそ一八七四年（現存しないE・ロドリゲズ・アユーソとL・アルバレス・カプラ設計のマドリードの闘牛場）から一九二五年におよぶこの動きは、カタルーニャのモデルニスモの初期作品とたいへん密接な関係を保っており、とりわけ土着の伝統工法を利用してカタルーニャにも出現した煉瓦造の建築群と関係が深い。もうひとつの重要な傾向はイベリア半島のさまざまな建築へのオットー・ワーグナーの影響であって、これには進歩主義の路線から離反し、折衷主義的モニュメンタリズムや民俗的地方主義に依った建築が含まれる。この方向で典型的なのがアントニオ・パラシオス[20]の作品である。

だが明らかなのは、カタルーニャ以外の地のモデルニスモ主義者は数が少ないだけでなく、根本的なちがいが認められることである。カタルーニャにおいては新様式を求める努力が国際的な文化に従う進歩主義の風潮を伴っていたのに対し、半島のそれ以外の地域には国粋主義の高揚を伴う伝統主義的頑迷があった。[19] したがって地理的にみるならこの運動は、密度の点でも他の地でみられない点からも、カタルーニャ地方に固有の現象であると結論づけてよいだろう。

とはいえ、モデルニスモ運動全体の中心はあくまでもバルセロナにあった。産業革命の熱気とヨーロッパの潮流との類似性に由来する新たな心性がもたらしたバルセロナへの激しい人口集中が、モデルニスモの精神に方向性を与えたのであり、要するにこの運動は都市と産業に典型的に根ざしたものだったのである。

モデルニスモの普及と人気が、あらゆる分野で広範に限なく受容されたことを理解すべきである。反応には毀誉褒貶があったが、それはこの運動の複雑さ自体に由来している。エドゥアルド・バランティが述べたように[20]、モデルニスモ主義者の活動は「近代性を吹き込むことで何ものか（この場合カタルーニャあるいはその文化）を保全しようとしている。だがこのことはつねに外部にからめとられる危険をはらむ両極端の存在を意味している。マラガイが『バルセロナ日報』に反動的な記事を書いているかたわらで、『ラベンス（進歩）』派のラディカリストたちはあいまいな国際主義に迷い込むことになる教養を説いていた」。モデルニスモという大袋はこのようにすべてを許容していたにもかかわらず、一方で雑誌『ラベンス』に集まった人々や社会革命論者による、またヨーロッパの文化的芸術的、また哲学的進歩主義に依って立つ知識人たちによる、近代化への姿勢が支えになっていたことを考慮しなければならない。だがもう一方では反近代の勢力として、カタルーニャ市民社会の本質を構成した明瞭な保守主義思想の流れに留意する必要がある。それはトーラス＝イ＝バリェス司教[21]のような人物に、あるいはガウディやルビオー＝イ＝バリュベーのような建築家の思想上の激しい矛盾や、モデルニスモの直接の影響下にありながら反モデルニスモの立場をとった建築家たちの強固な保守主義的信条に、典型的にあらわれている。たとえば、公共事業や大工事を手掛け社会的地位も高かった人物であるJ・ドゥメナク＝イ＝アスタパーは、モデルニスモの方向性にほぼ合致した仕事をしているにもかかわらず、バルセロナの王立科学芸術アカデミーでの講演で「建築のモデルニスモ」に反対して、これを激しく攻撃した。[21] また当時の芸術や建築を伝える写真集や図録には、新様式を全面的に受け入れることへのある種の躊躇さえ認められるし、ためらいがちなモデルニスモ様式の実例に混じって、アカデミズムの最後の残滓のような作例が全幅の敬意をこめて記録されているのである。[22]

しかしながらこれと同時に、芸術的に洗練されスノッブで繊細な性格によってこの運動は、教養あるコスモポリタンで、選別されたこの地の階層に、つまりブルジョワ階級に根ざす階層に近しいものとなった。モデルニスモによって建築家は芸術家連中の騒ぎに参加し、モデルニスモによって前衛建築はブルジョワ階級の優越性を明示する要素となり、そのことによって大衆的であると同時に差別的であるというこの運動の二面性を提起した。排他性や洗練に向けられたこうした批判のなかに、たとえば一冊全部をモデルニスタや気取ったボヘミアンや退廃的文人たちの風刺に費やした雑誌『ラスケーリャ・ダ・ラ・トゥラーチャ（塔の鐘）』のような態度を含めることが可能だろう。[23] しかしこうした側面はもっとも教養あり洗練された中産階級の大多数からも支持されたのであり、究極的にはモデルニスモはこのブルジョワ層の芸術と同一視されるまでになる。さらには、確固とした芸術擁護の態度について語ることもできる。モデルニスモ運動の主要なパトロンの歴史には常時いくつかのカタルーニャ家系の名前が現れるが、それらはどれも社会学的に類似した特徴を備えている。それらは有力で洗練されたカタルーニャの中産階級であり、要するに当時ヨーロッパ前衛芸術の審美的課題を促進し、十九世紀カタルーニャの経済発展の前線で戦っていた家系にほかならない。そうした家系にはグエイ家（建築家ガウディのパトロン）やバトリョ家（建築家ビラセカとガウディ、ルビオー＝イ＝バリュベー）があり、ロペス家はサンタンデール出身でありながらグエイ家との姻戚関係によってバルセロナに住みついた（建築家マルトゥレイやドゥメナク＝イ＝ムンタネー、ガウディ）。その他にもムンタネー＝イ＝シモー家（建築家ドゥメナク＝イ＝ムンタネーやドゥメナク＝イ＝アスタパー）、ルカモーラ家（建築家ファルケス）、ファブラ家（建築家サニェーとガスターー）そしてジュンカデーリャ家（建築家サニェー）などが挙げられる。[22]

原注

（1）不十分な研究のなかにもモデルニスモを知るための基本的な著作が存在し、本書はそういった書物にこの運動と思想についての基礎知識を負っている。以下がそれである。José F. Ràfols, *Modernismo y Modernistas*, Barcelona, 1949. A. Cirici-Pellicer, *El Arte Modernista Catalán*, Barcelona, 1951. 初期の先行研究のなかでは José F. Ràfols, *El Arte Modernista en Barcelona*, Barcelona, 1943 は特筆すべきもの。同じように、伝記的な日付を要約したものとして José F. Ràfols, *Diccionario Biográfico de Artistas de Cataluña*, Barcelona, 1951–54は重要。以下も参照。Carlos Flores y Oriol Bohigas, *Panorama histórico de la arquitectura moderna española*, 《Zodiac 15》, Milano, 1965. Roberto Ucha Donate, *La arquitectura española y particularmente la madrireña en lo che va de siglo*, Catalogo General de la Construcción, Madrid, 1954–55. 以下のふたつの雑誌の特集号——《Destino》, Barcelona, 25 octubre 1969 および《Sera d'Or》, Montserrat, diciembre 1970. 本書がおもに参照したのは《Anuario de la Asosiación de Arquitectos de Cataluña》, Barcelona（1899–1929,《Quadernos de Aequitedura》, Barcelona, mayo 1947 に総索引あり）、《Arquitectura y Construcción》, Barcelona（一八九七年から一九一六年まで月刊、一九一七年から一九二二年まで年刊、Manuel Vega y March 編集発行）そして一般雑誌の数々の記事である（この種の雑誌記事の目録としては Josep M. Cadena, *Revistes d'Art a Catalunya*,《Des dels Quatre Gats al Dau al Set》展覧会のカタログ収録、Colegio de Arquitectos de Cataluña y Baleares, Barcelona, mayo 1971）。最近出た次の重要な著作には、モデルニスモのほとんどあらゆる文献が記載されている。George R. Collins, *A Bibliography of Antonio Gaudí and the catalan movement 1870–1930*,《The American Associateion of Architectural Bobliographers. Papers》, vol. X, Charlottesville, 1973. 本書の執筆後に多くの伝記的著作が出版されたが、それらは上記の諸研究にみられる欠点の多くを克服している。

（2）H. Russell Hitchcock, *Architecture: Nineteenth and Twentieth Centuries*（The Pelican History of Art）, Baltimore, 1958.

（3）James Johnson Sweeney y Josep Lluís Sert, *Antonio Gaudí*, 1960. この本では事実上モデルニスモは扱われておらず、結果としてガウディは孤立した天才であり、社会との関連からは説明不可能だと主張されている。

（4）アール・ヌーヴォー運動全般および「近代建築」の起源と創成期に関する研究の大多数においては、カタルーニャでの運動は、場合によってガウディが唯一の例外とされる以外は無視されている。たとえば以下を参照。S. Tchudi Madsen,

Sources of Art Nouveau, New York-Oslo, 1956. idem., *Art Nouveau*, Madrid, 1967（同書には「スペインではアール・ヌーヴォーは非常に異なる形で現れた。それはひとつの動向ではなく、むしろアントニ・ガウディただひとりの個性の個人的で想像力あふれる表現であった」と記されている）. M. Constantinne y R. Seltz, *Art Nouveau*, New York, 1959; R. Schmutzler, *Art Nouveau*, New York, 1962（ガウディへの広範な言及があるほかは、「カタルーニャ音楽堂」だけに言及したドゥメナク＝イ＝ムンタネーについての短評と、不明瞭な「モデルニスモ様式」の素描があるにすぎない）. I. Cremona, *Il tempo dell'Art Nouveau*, Firenze, 1965; Nello Ponente, *Estructuras del mundo moderno 1850-1900*（ガウディについて場当たり的な記述があるが、その他のモデルニスモについては写真一枚もない）. M. Rheims, *L'Art 1900 ou le style Joules Verne*, Paris, 1965（まったく学問的な本ではないが、興味深い図版資料をふんだんに収める。モデルニスモについて記述はあるものの「カタルーニャ音楽堂」をガウディ設計とするなど軽率な内容）. R. H. Guerrand, *L'Art Nouveau en Europe*, Paris, 1965（明らかに書き足された最終章がガウディを扱っているが、モデルニスモについての言及はない）. M. Amaya, *Art Nouveau*, London, 1966（「ラナシェンサ」とドゥメナク＝イ＝ムンタネーへの短く表面的な言及のかたわらにガウディについて控えめな記述がある）. ガウディの作品を扱うモノグラフではモデルニスモは無視されるのが通常であり、G. R. Collins, *Antonio Gaudí*, New York, 1960 の注記には、例外的にモデルニスモ運動全体をカバーする情報が集められている。全般的な主題を扱う書物でも問題は似たり寄ったりである。いまや古典的ともいえる W. C. Behrendt や J. M. Richards〔『近代建築とは何か』桐敷真次郎訳、彰国社、一九五二〕, S. Giedion〔『空間 時間 建築』太田實訳、丸善、新版一九六九〕の著作にはいっさい言及がない。N. Pevsner, *Pioneers of Modern Design* の初版（一九三六）にはガウディについてさえいかなる言及もなかった。この遺漏は続く改訂〔『モダン・デザインの展開——モリスからグロピウスまで』白石博三訳、みすず書房、一九五七は一九四九年に刊行された改訂版の日本語訳〕のなかで訂正されたが、モデルニスモが総体として採りあげられたわけではない。*The Sources of Modern Architecture and Design*, London 1968（*The Sources of Modern Art* の前身）ではじめてガウディが、しかしガウディだけが、かつてない精度で記述された。Bruno Zevi, *Storia dell'architettura moderna*, Torino, 1950 においてはじめてガウディがヨーロッパ文化の潮流のなかに十全に組み込まれ、モデルニスモについても正統な言及がなされた。それにひきかえ L. Benevolo, *Storia dell'architettura moderna*, Bari, 1960〔レオナルド・ベネヴォロ『近代建築史』上・下、武藤章訳、鹿島出版会、一九七八、七九〕ではほとんど完全に無視されているが、スペイン語版（Madrid, 1963）ではカルロス・フローレスによる精緻な後記のおかげで改善された。専門書誌のなかでもモデルニスモの扱いは無視されるのがつねである。たとえば J. Grady, *A Bibliography of the Art Nouveau*,《Journal of the Society of Architectural Historians》, Crawfordsville, vol. XIV, n.2, 1955 にはこの時代のカタルーニャの雑誌はいっさい記載

されていない。

（5） Joan-Luís Marfany,《*Joventut*》*revista modernista*,《Serra d'Or》, Montserrat, diciembre 1970.

（6） A. Cirici-Pellicer, *El edificio de la Editorial Montaner y Simón*,《Cuadernos de Arquitectura》, Barcelona, 2.º y 3.er trimestre de 1963. この記事や他の出版物でシリーシはバラゲー図書博物館をジュゼプ・フンサレー設計としている。本書がジャロニ・グラネイ設計とするのが正しいと考えるのは、それを記載する《Album Artístich de la Renaixensa》がこの作品の写真を一八九三年十一月としているとおり、施工とほぼ同時期に出版されていることからである。

（7） ビセンス邸のこの年代は多くのガウディ年譜のそれと一致しないし、モンタネル＝イ＝シモン出版社の年代もOriol Bohigas, *Vida y obra de un Arquitecto modernista*（《Quadernos de Arquitectura》, Barcelona, 2.º y 3.er trimestre de 1963）の記載と異なる。ビセンス邸の年代についてはJ. Bassegoda Nonell, *El Proyecto de la casa Vicens de Antonio Gaudí*（《La Vanguardia Española》, Barcelona, 8 marzo 1969）のなかで明らかにされた。モンタネル＝イ＝シモン出版社の年代はF. Rogent Pedrosa, *Arquitectura Moderna de Barcelona*, Barcelona 1897 に記載されており、その出版が建設年代に近いことからもっとも信頼に足るものである。

（8） ガウディに関する伝記の大部分には、ガウディがまだ学生であった時代のフンサレーとの協同関係が記されており、とりわけシウタデーリャ公園のカスケードに言及がある。そうだとするなら、ガウディはシウタデーリャの壮大な全体計画にも関わった可能性がある。これに対し本書ではこのような協力は存在しなかった、少なくとも作品への責任といえるほどのものはなかったと考える。いっぽうでセーザー・マルティネイはこの協力関係の存在に決定的に反論し、それとともに、しばしば言われラフォルス以下の伝記作者が記すガウディとF・デ・P・デル・ビリャーとのムンセラートの聖母礼拝堂での協力関係も否定した。フンサレーへの作品の帰属はしばしば過って伝えられてきたので、ここでその生涯を簡潔に明らかにしておくのは有益だろう。多くの建築の現場監督であったジュゼプ・フンサレー＝イ＝メストラス（一八二九―九七）は建築家ジュゼプ・フンサレー＝イ＝ドゥメナク（一七九九―一八七〇。一八三四年のバルセロナ闘牛場の設計者であり、一八五九年のバルセロナ拡張計画設計競技で佳作入賞）の息子であり、別の建築監督エドゥアルドの兄弟である。一八七一年にシウタデーリャ公園計画の国際設計競技に勝った（二等はミラーノのカルロ・マッキーニ）。この公園の工事監督となり多くの作品を実現したが（一八八一年に自分の設計でカスケードを竣工）、市の建築家ルビーラ＝イ＝トゥリアスと厳しい確執関係に陥り、ルビーラが工事監督の地位を引き継いで完工した。マルトゥレイ博物館はおそらくルビーラの設計であってフンサレーのものではない。フンサレーは設計案を作成していたが却下された。それにもかかわらず《Album Artístich de la Renaixensa》にはフンサレーの作品と記されている（注21参照）。これ以外のフンサレーの作品には列柱付きのふたつの住宅建築、インドゥストリア大通りのものとイサベル二世大通りのもの（一八七四年設計）、ボルンの広場と市場などがある（Adolfo Florensa, *José Fontseré y el Parque de la Ciudadela,*《Miscellània Fontseré》, Barcelona, 1961 参照）。

（9）《La Renaixensa》1878, VIII-vol.1. スペイン語訳は《Cuadernos de Arquitectura》, Barcelona, 2.º y 3.er trimestre 1963 にある。

（10）ノベセンティスモの各部分を専門的に研究した出版物以外に、系統的で包括的な要約として以下を参照。*El Noucentisme Catalunya*（M. Serrahima, E. Jardí, Oriol Bohigas, J. M. Sostres, A. Cirici による論考）,《Serra d'Or》, Montserrat, agosto 1964.《Presència》の特集号 3, abril, 1971 も参照。

（11）『ノウサンティズマ年鑑』には一年を月ごとに分けて図版と文章が添えられている。選ばれた人名のなかにはじっさいには三人の建築家が含まれるが、建築の分野ではなく文学的業績の分野においてだった。ラファエル・マゾー＝イ＝バランティは詩「家庭について」とともに、ジュゼプ・ピジュアンは「古い土地について」、ラモン・ラベントスは「冒険と旅行について」という文章とともに掲載された。しかし他のページではジュゼプ・ピジュアンは彫刻家イスマエル・スミスと協同の記念碑計画とともに載せられているため『ノウサンティズマ年鑑』掲載の建築家はひとりだけとした。

（12）文学におけるモデルニスモは、建築にわずかながら先行したと考えられる。理由はさまざまだが、とりわけその方法ゆえに制作期間が短いことが挙げられる。エドゥアルド・バランティは *El primer modernismo literario catalán y sus fundamentos ideológicos*（Barcelona, 1973）のなかで「モデルニスモはカタルーニャではいくぶんの誤差を許すとすれば、ほぼふたつの雑誌の発行にはさまれた期間、つまり『ラベンス』（一八八一年創刊）と『ジュバントゥート』（一九〇六年廃刊）のあいだにまたがる」と記す。

（13）Oriol Bohigas, *M. J. Raspall,*《Cuadernos de Arquitectura》, Barcelona, 2.º trimestre, 1961.

（14）J. Tarrús Galter, *Rafael Masó,* Barcelona, 1971. A. E. W. Cooper, *Gerona Modernista,*《Cuadernos de Arquitectura》, Barcelona, 1.er trimestre 1966.

（15）注17参照。

（16）David Mackay, *Tiendas Modernistas en Barcelona 1882–1922,*《Cuadernos de Arquitectura》, Barcelona, 3.er trimestre 1962. 一九〇三年を通して《Hispania》は新規に開店した店舗を掲載したが、これは優れた情報源である。もうひとつの興味深い情報源は《Arquitectura y Construcción》に発表された一連の写真である。

（17）バレンシアのモデルニスモについては以下を参照。Tomás Llorens, *La renovació modernista a València,*《Serra d'Or》, Montserrat, abril y mayo 1968. Emilio Gimémez y Tomás Llorens, *La imagen de la ciudad, Valencia,*《Hogar y Arquitectura》, Madrid, enero-febrero 1970. S. Aldana Fernández, *Arquitectura modernista en Valencia*,《Goya》, Madrid, septiembre-octubre 1970. Trinidad Simó Terol, *La arquitectura modernista en Valencia*, Valencia, 1971（未出版博士論文の梗概）. 同著者のこの題目についてのより完全な著書は *La arquitectura de la renovación urbana en Valencia*, Valencia, 1973. バレアーレスのモデルニスモについては以下を参照。G. Sebastian y A. Alonso, *Arquitectura moderna y contemporanea en Baleares*, Mallorca, 1973. M. Seguí Aznar, *Arquitectura modernista en Baleares*, Mallorca, 1975. バレアーレスのモデルニスモ建築は実質的にはパルマ・デ・マリョルカとソリェーに集中しているが、他と異なる明瞭な特徴を備えてはいない。もっとも重要な作品はバルセロナの建築家のものである。ガウディ（パルマ大聖堂の改修）、ドゥメナク＝イ＝ムンタネー（パルマのグラン・ホテル）、ルビオー＝イ＝バリュベー（ソリェーの教会堂と銀行）。地元からの貢献は工事監督ニクラウ・リテーラスや建築家ジャウマ・アレーニャ、ガスパー・バナサー（マドリードの折衷主義建築により強く関係していた）、そしてフランセスク・ロカの仕事にみられる。もっとも独創的な作品はエル・アギーラ百貨店（一九〇八、J・アレーニャ）とレイ邸（一九〇九）のふたつで、いずれもマルケス・ダ・パルメー広場にある。後者の設計は現地の建築家によるものではなく、ルイス・フォルテサ・レイなる貴金属加工職人による。熱狂的なガウディ信奉者で、いくつかの手法をバトリョ邸からみごとに模倣している。

これに対し、バレンシアのモデルニスモは、密度が高いだけでなくより傑出した個性を備えている。一九〇九年の地方博と一九一〇年の国内博は建築家全流派の出発点となったが、マルトゥレイやアルマナー、カルボネイ、クルティーナ、ゲーリク、モーラ、パリス、リーバス、ファレーなど、大多数はバルセロナで学業を終えた建築家である。バルセロナの建築家が直接関わった唯一の例は、中央市場の設計競技でサニェー案とスレー＝イ＝マルクとグアルディア＝イ＝ビアールの案が入選したことである。バレンシアの建築家たちの特質はウィーン分離派の強い影響と、モデルニスモ様式の通俗建築を独自に発達させたこと、そしてダメトリ・リーバスのような議論好きな理論家の存在にある。バレアーレス建築の場合はバルセロナの運動の地方的反響だといえるが、バレンシア建築はそれ自体を正当化する社会や政治上の独自の文脈も備えていた。バレンシアには狭義のカタルーニャ地方のような工業化への推力はなかったが、オレンジの栽培と輸出の急成長によって他のスペイン諸地域より進化した、ヨーロッパのブルジョワに近い階層が形成された。こうした文脈の分析については上記文献を、またとくに歴史上の先行過程についてはJoan Fuster, *Nosaltres els valencians*, Barcelona, 1963を参照。ブルジョワ層の不在や活性のゆえにバレンシアには固有のモデルニスモは存在しなかった、という非常に興味深い議論はJoan Fuster, *Ni《Modernistes》ni《moderns》*,《Serra d'Or》, Montserrat, diciembre 1970を参照。

（18） 以下を参照。Calros Flores, *Arquitectura Española Contemporánea*, Madrid, 1961. C. Flores y E. Amann, *Guía de la arquitectura de*

Madrid, Madrid 1967. A. González Amézqueta, *La arquitectura madrileña del ochocientos*, 《Hogar y Arquitectura》, Madrid, marzo-abril 1968. A. González Amézqueta, *El Neo-Mudéjar y el ladrillo en la arquitectura sepañola*, 《Arquitectura》, Madrid, mayo 1969. V. Peréz Escolano y A. Cuaresma, *La arquitectura de Aníbal González*, 《Hogar y Arquitectura》, Madrid, mayo-junio 1969. R. Garriga Miró, *El Modernismo en Madrid*, 《Arquitectura》, Madrid, julio 1969. AA.VV. *R. González Villar e la sua epoca*, Santiago, 1975. V. Peréz Escolano, *Aníbal González*, Sevilla, 1973. A. Villar Morellán, *Arquitectura del modernismo en Sevilla*, Sevilla, 1973.

(19) それにもかかわらず、最近の諸研究をもとにカタルーニャ地域以外のモデルニスモ作品の概要を示す目録は作成できる（展覧会《El Modernismo en España》, Madrid, octubre-diciembre 1969 のカタログが提示しようとしているものは、建築分野の内容に甚大な誤謬があるゆえにまったく無意味である）。そういった作品の最初のリストが以下である。

マドリード――ロンゴリーア館（現作家総同盟事務所）、フェルナンド四世通り四（一九〇〇―〇二）、グラセス・リエーラ設計。ペレス・ビラミル邸、マトゥーテ広場一〇（一九〇七）、エドゥアルド・レイナルス設計。マヨール通り一六の邸宅（一九〇九）、ミゲルとペドロ・マテット設計。ラガスカ通り一九の邸宅およびカバ・デ・サン・ミゲル通り四の邸宅。ラス・インファンタス通り二三の邸宅。ドン・ペドロ通り四の邸宅。フランチェスコ・デ・ロハス通り二の邸宅。アントニオ・パラシオス（一八七六―一九四五）によるモデルニスモやとりわけオットー・ワーグナーの影響の認められる興味深い作品については、A. González Amézqueta, *La Arquitectura de Antonio Palacios*, 《Arquitectura》, Madrid, octubre 1967 を参照。

セビーリャ――アニーバル・ゴンサレス（一八七六―一九二九）によるサン・アグスティン通り八（一九〇五）、アルフォンソ十二世通り二五（一九〇五）、アルミランテ・ウッローラ通り四（一九〇五）、ラ・カンパーナ通りとオドネル通りの角の作品（一九〇六）。（注18の文献参照）

コルドバ――ビクトリア大通り二七およびグラン・カピタン大通り二二と三〇の邸宅。

マラガ――カマス通りとサバニッリャス通りの角の邸宅。

サラゴサ――フンコーサ邸、G・モーラ大通り一一（一九〇六）、リカルド・マグダレーナ設計。モリンス邸、サラゴサ大通り二三、マグダレーナ設計。フェレル・ベルグア百貨店、フスティシア広場、マグダレーナ設計。M・M・アドラトリーセス学院、エルナン・コルテス通り八、M・マルティネス・デ・ウバーゴ設計。新市場（一九〇三）、フェリクス・ナバーロ設計。農業市場センター、サラゴサ大通り二九（一九一三―一四）、フランチェスコ・アルビニャーナ設計。（G. M. Borrás Gualis, *La arquitectura modernista en Zaragoza, en Miscelánea ofrecida al Ilmo. Sr. D. José María Lacarra y de Miguel*, Zaragoza, 1968 参照）

パンプローナ——ブラスコ薬局、ブランカ・デ・ナバーラ通り。プリム通り一〇と一七の邸宅、タファッラ設計。セベリーノ・フェルナンデス通り二八の邸宅。

ビスカヤ——「メルカディッリョ（小市場）」、ビルバオ。カンポス・エリセオス劇場（一九〇一—〇二）、ビルバオ。リカルデ並木道三四の住宅、ビルバオ。小児科サナトリウム、ゴルリス（一九一〇）、マリオ・カミーニャ設計。いくつかの小品で知られる建築家ペドロ・ギモンの関連作品もある。マドリードとビスカヤで働いたアルベルト・デル・パラシオの仕事については《Nueva Forma》, Madrid, enero-febrero 1971 の特集号を参照。

ラ・コルーニャ——レイ邸、マリア・ピータ広場、ガラン・ゴンサレス・カルバハル設計。ラバーカ学校（一九一二）、L・ベスカンサ・カサーレス設計。プレグントイロの家、サンティアーゴ・デ・コンポステーラ。「ラ・テラーサ」、サーダ。

ムルシア——モデルニスモを試みた諸例についてはJ. Moreno Sánchez, *Los orígenes del Modernismo en Murcia* を参照。モレーノ・サンチェスの代表作はディアス・カソウ邸である。*Anales de la Universitad de Murcia*, Vol. XXX, Curso 1971–72. カルタヘーナのふたつの住宅、モレリア・バハ通り一四（一九〇六）とドン・ローケ通り一三。

ラス・パルマス・デ・グラン・カナリア——住宅、トリアーナ通り六五、九〇、九四—九六、九八、一一六。住宅、ドミンゴ・J・ナバッロ通り一〇、ビエラ＝イ＝クラビーホ通り三六、サンタ・アナ広場。（もっとも重要なのはトリアーナ通り九〇とビエラ＝イ＝クラビーホ通り三六、サンタ・アナ広場のもの）

サン・セバスティアン——ララメンディ通り一と三—五、プリム通り一七と二三、二五。

サンタ・クルス・デ・テネリーフェ——いくつかの住宅、ロス・パトス広場六、ヌマンシア通り四五、ヘネラル・オドネル通り八と一一。ラ・オロターバにも断片的作品あり。

サンタンデール——コルンガに以下の例がある。オスタル・コスタ・ベルデ（七月十八日通り）、サンタ・アナ通りの邸宅。コミーリャスにはカタルーニャ建築家の作品以外に公園噴水が含まれる。

ポルトガルでは、「アルテ・ノーヴァ」の作品には陶磁器の伝統からの反響が、とりわけファサードに用いられた化粧タイルにみられる（ラファエル・ボルダーロ・ピニェイロの名に留意）。建築や内装の分野では作品の数はわずかである。リスボン——レプブリカ大通り一六（イタリア人ビガリア設計）、同八九（一九一二）、同通りとジョアン・クリソストモ通りとの角。サライヴァ・ダ・カルヴァリョ通り二四二、店舗「ア・テンタドーラ」を含む（一九一二、イタリア人コッローディ設計）、同一三五、店舗「ア・コンコヘンテ」を含む。「アニマトグラフォ・ドゥ・ロシウ」、アルク・ダ・バンデイラ通り二二五—二二九（一九〇七）。「ア・カンポネーサ」牛乳店、ドス・サポテイロス通り。アルミランテ・レイス通り八六

（一九一一）、同七四（一九〇八）、サントス広場のキオスク。グラサ大通り一―七のパン屋（一九一三）。コヘイロス通り二三〇―二三二のレストラン（一九〇六）。「イギリスパン店」（現店舗「J・B・フェルナンデス」）、サン・ジュリアン大通り九。ジャネラス・ヴェルデス通り七〇―七八。セニョーラ・ド・モンテ通り四六の商店（一九〇八）。ポルト――カンディード・ドス・レイス通り七五―七九（一九〇八）。シルヴァ・タパーダ通り一一〇。書店「レイナウド」、サン・タントニオ通り。ボアヴィスタ大通り三四一。アレグリア通り六九一。カメリータス通り一〇〇、店舗「クワトロ・エスタソネス」を含む（マルケス・ダ・シルヴァ設計）。八月二十四日広場六六。ガレリア・ディ・パリス二六（一九〇六）。事実上、これらの実例すべてはどちらかといえばアール・ヌーヴォーの形態に属すものであるが、モデルニスモと同時に吸収された過渡的な折衷主義の要素や、とりわけ、いつももっとも革新的な方向に沿ったものではないにせよ、ウィーン分離派の実現作からの広範な色調も指摘されてよかろう。リスボンの共和国大通り沿いにはこの種の例が多数みられる。P・パルダウ・モンテイロは経歴の一時期に、ホフマンからペレにいたる枠組みのなかでウィーン分離派からアール・デコへの推移を実現している。以下を参照。José-Augusto França, *A Arte em Portugal no seculo XIX*, Lisboa, 1966. Manuel Rio Carvalho, 《*Modern Style*》, 《*Art Nouveau*》*e*《*Arte Nova*》. *Respectivas situaçones*, 《Arquitectura》, Lisboa, n.60, 1957. *Um aspecto nacionalista da arte portuguesa do seculo XIX*, Ciombra, 1957. *Para una compreçao de Arte Nova*, 《Colóquio》, Lisboa, diciembre 1966.

ラテン・アメリカでは、スペイン支配を通したカタルーニャの影響の結果として、いくつかの実例がみられる。以下を参照。Ramón Gutiérrez, *Presencia y continuidad de España en la arquitectura rioplatense*, 《Hogar y Arquitectura》, Madrid, noviembre-diciembre 1971. Mario J. Buschiazzo, *Art Nouveau en Buenos Aires*, Buenos Aires, 1965.

これらにカタルーニャ人建築家がカタルーニャ以外の地で建てた作品を加える必要がある。テルエルにおける建築家パウ・モングイオ、メリーリャにおける建築家アンリク・ニエート、レオンにおけるガウディ、コミーリャスにおけるガウディとドゥメナク＝イ＝ムンタネー（ガリサーとカスカンタが協力）そして折衷主義者ジュアン・マルトゥレイであるが、マルトゥレイの作品はモデルニスモ開花の先駆とみなされるべきである。

（20）注12参照。

（21）J. Domènech i Estapà, *Modernismo arquitectónico*, 《Real Academia de Ciencias y Artes》de Barcelona の記録、Marzo de 1912. 以下も参照。Lluís Maria Vidal, *Discurs del Senyor President*, 《Butlletí del Centre Excursionista de Catalunya》, Barcelona, febrero 1990. Buenaventura Bassegoda, *Discurso leído por Académico D. — en la sessión pública celebrada el día 17 marzo de 1907*, Academia Provincial de Belles Artes de Barcelona, Barcelona 1907.

（22）この時代の写真集は四冊が知られている。第一は『ラナシェンサ芸術アルバム（Album Artístich de la Renaixensa）』であり、同名の雑誌が一八八二年から一八八八年まで毎月発刊した冊子を集めたものである。『ラナシェンサ』という表題に見られるとおり、モデルニスモの思想や出版物に完全に対応したものであり、選択された作品はこの運動によく呼応している。扱われる順序は以下のとおりである――ポール・ボウの教会堂（マルトゥレイ設計）、バルセロナのマルトゥレイ博物館（フンサレー設計）、バルセロナのラス・アドラトリーセス聖堂（マルトゥレイ設計）、バルセロナのクロム（コロンブス）記念柱（ブイガス設計）、シウタデーリャ公園のカスケード（フンサレー設計）、バルセロナのサン・アントニ市場（コルネート＝イ＝マス設計）、バルセロナ大聖堂の弔問用礼拝堂（マルトゥレイ）、バルセロナ商業同好会（サバテル設計）、ビリャヌエーバのカタルーニャ鉄道駅舎（シャウダロ設計）、ビリャヌエバ・イ・ジャルトルーのバラゲー図書博物館（グラネイ設計）、バルセロナのマスリエーラ工芸社（ビラセカ設計）、バルセロナのアントニオ・ロペス記念碑（メストラス設計）、バルセロナのアリバウ記念碑（ビラセカ設計）、バルセロナのラス・サレサス聖堂（マルトゥレイ設計）、サグラード・コラソン病院（グラネイ設計）、バルセロナ裁判所のファサード設計案（ドゥメナク＝イ＝アスタパーとサニェー設計）、カネート・ダ・マール学芸協会（ドゥメナク＝イ＝ムンタネー設計）、バルセロナ万博のカフェ・レストラン計画（ドゥメナク＝イ＝ムンタネー設計）、バルセロナ大学（ルジェン設計）、クラベー記念碑（ビラセカ設計）。

　第二の写真集には『バルセロナの近代建築（*Arquitectura Moderna de Barcelona*）』という表題がつけられ、F・ルジェン＝イ＝パドローザ責任編集である。この冊子にはリュイス・ドゥメナク＝イ＝ムンタネーによる包括的な理論的テクストが予告されているが、結局出版されなかった。たいへん完備し信頼できる出版物であり、あいまいな作品の帰属を確定するのにきわめて便利である。

　もうひとつは『スペイン芸術の素材と記録（*Materiales y Documentos de arte Español*）』であり、芸術面でのミラテロイの編集のもとで発行された。月刊誌のかたちで一九〇〇年から一九〇三年まで発行された。まえがきには以下のように書かれている。「本書の目的は事典や図録の形で最古の時代から今日にいたるスペイン芸術の表明のもっとも興味深い細部を編集することであり、十九世紀末以降特別な歩みを記すいわゆるモデルニスモの傾向にも特別な配慮を怠っていない」。モデルニスモ作家のなかでは、建築家としてはロメウやサニェー、プーチ＝イ＝カダファルク、ドゥメナク＝イ＝ムンタネー、フォン＝イ＝カレーラス、グラセス・リエーラ（マドリード）、アルティーガス、グラネイ、ムンクニイ、パリーカス、マゾーがとりあげられている（この時期にはパリーカスやマゾーはまだ学業を終えていなかったことは注目してよい）。貴金属やガラス細工ではマスリエーラ・イ・カンピンスやバルセロー、アトロー、モヤが扱われ、家具製作や内装業者としてはウマーやブスケツ、アマレー（マドリード）、サンス、シモネー、カンマニー、ラナール、ピカス、ラバルタ、画家ではリケー、トリアドー、カザルス、ディエゲス、クレーイ、リョンゲーラス、マソーが挙げられている。しかしこのアルバムの花形はマスリエーラ・イ・カンピンスとプーチ＝イ＝カダファルクそしてブスケツである。

最後に『バルセロナの近代建築アルバム（*Album d'Architecture Moderne à Barcelone*）』がある。一九一一年にフランス語で出版されたものだが、これまでのところ筆者は原書を確認していない。これと他の二冊はモデルニスモの普及にたいへん貢献した出版社パレーラによって上梓された。

（23）《L'Esquella de la Torratxa》, Barcelona, 17 de junio de 1898.

訳注

〔1〕ジュアン・マラガイ（一八六〇―一九一一）敬虔なカトリックのブルジョワでニーチェを愛読する、モデルニスムを代表する詩人、文筆家。『ことば礼賛』（一九〇五）、長編詩『アルナウ伯爵』（一九〇〇―一一）、『魂の歌』（一九〇九―一〇）など。

〔2〕ビラノバ・イ・ジャルトルーはバルセロナの南約七〇キロ、ガラーフ地方の中心都市。

〔3〕バルセロナの監視のため十八世紀初頭フェリーペ五世によって建設された城塞が、十九世紀半ばに撤去され公園となった。

〔4〕リポーイの修道院は九世紀創建。国土回復期のカタルーニャの宗教的中心であった。付属のサンタ・マリーア聖堂は後期カタルーニャ・ロマネスクの代表的建築。

〔5〕バレンシア市と同州の沿岸地域ではバレアーレス諸島と同じくカタルーニャ語方言が話されるため、本書を通じてこれらの地域は広義のカタルーニャとして扱われている。

〔6〕アウジェニ・ドールス（一八八一―一九五四）批評家、文筆家。カタルーニャ語の復興と整備にも大きく貢献した。

〔7〕ビクトル・カタラは女流小説家カタリーナ・アルベール＝イ＝パラディス（一八六九―一九六六）が用いた男性名のペンネーム。

〔8〕ジュゼプ・カルネー（一八八四―一九七〇）ノベセンティスモの代表的詩人。二十世紀はじめの二十年間華々しく活動後、外交官として活躍、フランコ政権下で亡命した。

〔9〕ジュゼプ・クララー（一八七八―一九五八）ウロットの画学校で学んだ後、トゥルーズとパリのボザールで彫刻を学

んだ。象徴主義やロダンの影響から出発し、マイヨールを経てノベセンティスモに傾いていった。

〔10〕イジドラ・ヌネイ（一八七三―一九一一）バルセロナの画家、「四匹の猫」の常連。郷里のロマン主義画家たちに学び、モデルニスモの世相を鋭く観察したリアリズムによる作品を多く生んだ。

〔11〕パブロ・ルイス・ピカソ（一八八一―一九七三）二十世紀を代表する画家。マラガに生まれ一八九五年にバルセロナに移りモデルニスモの芸術家たちと交流した。一九〇〇年にはじめてパリを訪れ、以後ほとんどフランスで制作活動を行う。

〔12〕フランセスク・カンボー（一八七六―一九四六）芸術好きの弁護士からカタルーニャ主義の政治家になり、中央政府でカタルーニャの立場を代弁しながらスペインの統一と王政を擁護した。二度閣僚を経験するも、内戦が始まるとアルゼンチンへ亡命した。

〔13〕ジャウマ・ブフィーイ＝イ＝マタス（一八七八―一九三三）グラエウ・ダ・リオストの筆名で知られたノベセンティスモ期の詩人。『アメジストの山』など。

〔14〕ジュゼプ・マリア・ロペス＝ピコー（一八八六―一九五九）一九一〇―二〇年代に活躍した多作で知られた詩人。

〔15〕ウロットはジローナ県西部山間の古い都市。商業と農業、牧畜業の集積地。

〔16〕バリェスはバルセロナ北西に位置する内陸平地地方。古くから通商の要衝として栄えてきた。

〔17〕テラーサは古代末期の西ゴート時代にさかのぼる、西バリェス地方の中心都市のひとつ。

〔18〕グラヌイェルスとラ・ガリーガはいずれもバルセロナの北三〇キロほど、ビック街道沿いの都市。

〔19〕ムデハルは、国土再征服後のキリスト教下の中世スペインにおいて、改宗することなく住み着いたイスラーム教徒の建築技術から影響を受けて建てられた様式をさす。

〔20〕アントニオ・パラシオス（一八七六―一九四五）ガリシア生まれの建築家。マドリードの建築学校を卒業し、のちにここで教えた。モニュメンタルな公共建築や銀行を多く設計したが、当時のアカデミズムよりはワーグナー的近代感覚を備えていた。

〔21〕ジュゼプ・トーラス＝イ＝バリェス（一八四六―一九一六）カタルーニャ主義のビック司教。信仰に根ざした保守的発言で庶民層を中心に影響力をもった。『カタルーニャの伝統』（一八九〇）を著し、民族感情とキリスト教信仰を橋渡しした。

〔22〕モデルニスモ建築のパトロンについては、鳥居徳敏「カタルーニャ・ムダルニズマ――その建築家たちとパトロンの系譜（ガウディとグエイを中心に）」、『近代都市バルセロナの形成』慶應義塾大学出版会、二〇〇九、参照。

II　用語としての「モデルニスモ」

「モデルニスモ」という語の使われ方には、ちょっと考えるよりはるかに混み入った歴史があり、そこにはしばしば相対立する多様な意味が込められてきた。なかには形ばかりで意味の乏しいものもあるが、正しい用法にはこの運動の理解に役立つ文化や社会的な意味あいが説明されている。

われわれが関心を寄せる主題から概念上もっとも遠いものに、ヨーロッパでよく知られた宗教運動がある。一九〇七年に教皇ピウス十世の回勅「パスケンディー・ドミニーキー」によって誤謬と断じられた運動である[1]。だが宗教上のモデルニスモは、カタルーニャのモデルニスモ運動とも先に述べた同時代ヨーロッパの芸術諸運動ともなんの関係もない。見方によってはある種の類縁性を認めることができるが、それは細部においてではなく、全般的な志向性においてである。G・ディアス＝プラージャが述べているように[1]、この類縁性は「反伝統的な姿勢や、教義よりも内的真実による行為の重視、不可知論の強化、直感的なものを合理的なもの以上に評価する仕方、そして心的領域における熱烈な神秘信仰」にあると規定できる。だが以下に述べるように、イデオロギーのレベルから用語法にいたるまで両者間にほとんど実質的な関連性はないので、この内容を強調するほどの価値はないだろう。

モデルニスモという言葉はまた、十九世紀末のスペイン文学に、あるいはもっと広くラテン・アメリカ文学に特徴的だった、ある具体的な運動を指しても使われた。この用語がどのように形成され、それによってどんな経過が生じたかを知るのは容易でない。しかしこの運動の創設者であり重要な証人でもある詩人ファン・ラモン・ヒメーネスは、宗教上のモデルニスモとの関連を認めている。[2]「この名前はドイツからきたように思う。ドイツでは改革派の運動が、モデルニスタと呼ばれた神父たちによって生まれていた。だがここスペインでわれわれがモデルニスタと呼ばれるようになったのは、われわれの姿勢のせいだった。それは、十九世紀のあいだにブルジョワ詩学の一般的語調のなかに葬り去られていた美を、新奇さと結びつけたものだった。それがモデルニスモだった。美をめざす熱狂的で自由な大運動だった」。この証言の内容が信頼すべきものであるにもかかわらず、ヒメーネスの判断が正確なものだとは思えない。というのもM・エンリケス・ウレーニャによれば、[3]「モデルニスタ（モデルニスモの、モデルニスモ派）」という形容詞は上記の宗教運動にたいしては一八九八年ごろはじめて使われたのに対し、一八八八年にはニカラグアの詩人ルベン・ダリーオが[3]文学形式を理解する具体的手法をさして使い始めていたのである。[4]つまり「モデルニスモ」という用語は、宗教上の異端運動以外にスペインやラテン・アメリカの文学運動をさして使われていたのであり、その基礎はフランスの象徴主義や高踏派に、また部分的にはラファエル前派に多少とも関連したイギリス文学に求めねばならない。[5]その端緒となったのはラテン・アメリカに固有の現象であって、そこで一八八〇年から一八九〇年にかけてひとつの頂点が形成されたが、その反響がスペイン文学にあらわれたのはさらに後のことだった。一八九四年の時点でルベン・ダリーオ自身が、モデルニスタ最良の詩人たちがスペインではほとんど知られていないことを認めている。しかし一八九五年ごろにはまぎれもない最盛期が形成され、二十世紀はじめの数年間に頂点を迎えたのち少なくともルベン・ダリーオの死（一九一六年）まで持続し、その様式上の影響は一九二〇年代まで残った。この傾向を代表する人物がルベン・ダリーオ自身だったことは疑いない。このニカラグア詩人を中心に同世代人による集団が形成され、そのなかにはメキシコのアマード・ネルボ[4]やチリのガブリエラ・ミストラル[5]、そしてスペインのラモン・M・デル・バリェ＝インクラン[6]、マヌエル・マチャード[7]、フアン・ラモン・ヒメーネスなど、さまざまな資質を誇る大西洋両岸の綺羅星のごとき文学者たちが含まれていた。年代からいえばこの集団は、植民地におけるスペイン惨敗[8]の年にちなんで呼ばれる「九八年の世代」とほぼ一致しているが、それとのちがいは、様式上の特徴的な色調とともに祖国の社会的現実への対応の仕方にあった。ふたつの集団は、先行するロマン主義の伝統をのりこえようとする意図で共通するが、全員がスペイン人でラテン・アメリカ人を含まない九八年の世代（ミゲル・デ・ウナムーノ[9]、ピオ・バローハ[10]、アソリン[11]、アントニオ・マチャード[12]など）の場合は、その姿勢は社会学や政治に向かう傾向があり、悲観主義に根ざしていた点で共通するのに対し、〔ラテン・アメリカの〕モデルニスタたちにとって革命は基本的に審美的資質に関するものであって、言語の実験の可能性については楽観的な見方をしていた。ダーマソ・アロンソが述べたように[6]、「モデルニスモとは何よりもまずひとつの技術である。いっぽう九八年の世代の立場は、明確を期すためドイツ語で述べれば、ひとつの世界観（Weltanschauung）である」。

この時代のカタルーニャ文学の重要な部分は、しばしばラテン・アメリカ起源のモデルニスモの一部とされてきた。サンティアーゴ・ルシニョル[13]のような奇妙な人物やジュアン・マラガイのような強烈な個性が、マラガイの作品の評価のむずかしさやかれのスペインやラテン・アメリカ詩人との個人的な接触などによって、安易にもこの依存関係を裏付ける根拠とされてきた。しかしながら、観念上もまた用語上も、カタルーニャのモデルニスモをスペインやラテン・アメリカ全体の運動のたんなる地方版であるとする考えを受け入れることはできない。とはいうものの、これらふたつの運動相互間の関係や影響について精査した記録がまだほとんどないことは、認めざるをえない。

J・Ll・マルファニーはこの言葉の最初の用例が『ラベンス』誌上の以下の記事（一八八四年一月十五日）にみられると述べている。(7)「『ラベンス』はわれわれの祖国の、本質においてモデルニスモ的な文学や科学や芸術の振興を擁護し、これからも擁護に努め続けるだろう(14)」。したがってこの用語のカタルーニャ語における最初の使用はカスティーリャ語よりも先行しており、しかものちにみるように、異なる意味で使われていた。一八九二年以後この言葉はたいへん頻繁に、またつねに文学に限らない運動全般をさして使われ、カタルーニャ以外のイベリア半島の政治や知的活動の退廃的状況に対応するとともに、(8)「ラナシェンサ」運動に依って立つ初期芸術家たちのいまだロマン主義的な態度にも対抗する、進歩主義的精神を代弁していた。要するに、ブルボン朝による王政復古社会の文化や政治の枠組みへの対抗にほかならない。この運動においては、同時代ヨーロッパ諸民族と共有する他のさまざまな兆候とともに、改革主義の意図が優位を占めており、この点でカスティーリャ人の態度と異なっていた。したがってある意味では、カタルーニャのモデルニスタたちの政治・社会学的基盤は、スペインやラテン・アメリカのモデルニスタたち以上に九八年の世代と関連が深かった。九八年の世代もまたカタルーニャと同じ先取性に基礎をおいたからであるが、とはいえその音調はまったく異なっていた。カタルーニャのモデルニスタたちは、まさに一八九八年という年紀に象徴的に示された災厄に由来する悲観主義的な瞑想によりどころを求めるかわりに、カタルーニャがとりくんでいた積極的な変革や、見いだされた新しい集団精神への信頼に支えられていた。つまり、災厄の観念の代わりに、新しい進歩的秩序の確立という観念があったのである。

こういった状況にもかかわらず、モデルニスモ運動はその端緒においても、想像されるような統一性を保っていたとはとてもいえない。マルファニー自身がそのことをたいへん明快に要約している。(9)「運動はふたつの核から出発した。雑誌『ラベンス』のグループとルシニョルの周りに集まったグループである。モデルニスモの基本的な矛盾であるブルジョワの芸術と社会のあいだの緊張を前にして、第二のグループは美学上の逃避に、つまりまぎれもない信仰によって貧しい現実から芸術や美へと逃走することに向かいがちであった。このような退嬰に対して『ラベンス』の人々は、芸術や文化一般を、同時代のカタルーニャ社会の根本的変革という目的のために活用しようとした。こうした人々は、小ブルジョワ無政府主義者やニーチェ主義知識人、貴族的高踏主義者、利己主義者や反合理主義者といった当然ながらさまざまな立場から、熱心に闘争に身を投じていった」

確かなのは、これらふたつの路線が、当初は統一的な意図をもった運動に問題なく属していたことである。その意図とは「若い国民を、芸術や知識や道徳の再教育によって、言語の純化によって、感覚器官の感受性を高めることによって(10)再生させることだった。しかし、まもなく立場のちがいが顕著になる。とりわけ、社会の根本的変革をめざす高揚した連中の牙城だった『ラベンス』が休刊すると、その後もうひとつのグループが「モデルニスモ」という用語を普及させ、それにともないこの言葉はより具体的に、象徴主義やラファエル前派起源の唯美主義の傾向の強い芸術運動を意味するようになっていった。「モデルニスモ」と「退廃主義(デカダンティスモ)」は同義語のように受け取られ始め、それによって当初の用語が意味した価値は本質的なまでに変わってしまった。

ルシニョルがシッジャスで組織した有名な五回の「モデルニスモ祭(11)」(一八九二、一八九三、一八九四、一八九七、一八九九)は、はっきりとこの進化を記録している。文学や絵画、彫刻、音楽といった芸術や流行に沿ったそれらの作品がいまや関心の中心を占めるようになり、ほとんど注目を独占した。カタルーニャの運動のなかでこの時期こそまちがいなく、すでにみたカスティーリャ人たちの思想との接触がもっともさかんに確認できる時期であり、言語の実験と呼んでよい状況のなかにあった。しかしこの時期にあっても、またルシニョルの周辺に集まった連中のなかにも、この名で呼ばれる運動が一方から他方に変わったことを確認するのはむずかしい。ラテン・アメリカの状況についての知識がスペインではいくぶん遅れていたとするなら、カタルーニャではそれはいっそう遅れていた。そしてラテン・アメリカの作品が出版されたときも、明確にモデルニスタという位置づけで紹介されたことはじっさいには一度もなかった。このことから推察できるのは、フアン・ラモン・ヒメーネスの発言のとおり、文学者連中の審美面での明確な同調にもかかわらずスペインでは「ラテン・アメリカ文学の」「モデルニスモ」という用語はかなり後になるまで採用されなかったし、あとでみるとおり、そのときにはすでに侮蔑的な含意を伴っていた。そういった含意を促進したのが、既存体制を前に宗教上の異端が被った権威失墜であった。ドイツに端を発し、当時すでにピウス十世による非難が予告され始めていたあの異端運動である。ヒメーネスからの引用に明らかに認められる、この用語に対する熱狂するような何ものかの欠如は、初期『ラベンス』のラディカリスモの熱中からははるかに遠いものであって、この仮説を裏づけるようである。

ひとつの総合的運動が美学上の実験へと移っていく過程がもたらしたのは、モデルニスモという用語の新たな拡張という結果だった。シッジャスや「クワトラ・ガッツ（四匹の猫）」以来、モデルニスタの態度は世紀末ボヘミアンのバルセロナのありとあらゆる興味深い登場人物をも意味するようになり、そうした連中はパリの芸術や知的生活の明瞭な反響を求めてここに集まったのである。

それにもかかわらず、モデルニスタたち自身が、かつては誇らしく感じていたこの呼び名を使わなくなっていき、またそれと並行してモデルニスモに対して皮肉や軽蔑をこめた文学作品まで現れた。それはかつて改革派のプログラムに反対していた反モデルニスモの保守主義者のペンで開始され、これにすぐに続いたのがかつて『ラベンス』のラディカルな集団を構成した人々であり、耽美主義者までが加わった。そのなかには攻撃や嘲笑的非難もあった。また別の場合には、みずからの作品を軽佻浮薄な流行を思わせる呼び名から引き離そうとする意図もあった。のちにみるように、この流行とは運動初期の勢いを統率していた連中に対しブルジョワ社会が遅ればせに整えた姿勢であった。この種の文学の頂点となったのが、よく知られる一八九八年の『ラスケーリャ・ダ・ラ・トゥラーチャ』特別号だった。じっさいにはこれはかなり明瞭な過程だった。「モデルニスモ」の用語は文化や社会学全般を抱え込む総合運動を意味することに始まったが、ついでひとつの様式へと縮小し、最後にはひとつの流行を意味するにいたった。

そのいっぽうで、同じ改革的意図を支えに復興主義から出発し新様式の探求に励んできた新しい建築では、「モデルニスモ」はどのような意味が込められていたのだろうか。ここで重要なことを強調しておくと、およそ一九〇〇年ごろまでは「モデルニスモ建築」が語られたことはなかったし、攻撃するにせよ擁護するにせよ、この運動全体に建築がめだった形で含められたことはなかった。[12] たとえば上記の『ラスケーリャ・ダ・ラ・トゥラーチャ』特別号に建築への言及は皆無である。これに対し『ペル・イ・プロマ（毛と羽）』の一九〇〇年のパリ万国博覧会を扱った記事には、特定の集団を性格づける蔑称としてではあるが、「モデルニスモ」が建築のために使われている。[13]『イスパニア』紙上に発表された同じ万国博への言及のなかでは「モデルニスモの宝石」が、なかでもマスリエーラ＝イ＝カンピンスがコンクールに出品した建築作品が論じられている。[14] 同じ一九〇〇年に写真集『スペイン芸術の素材と記録』のまえがきとして書かれた文中には、「モデルニスモ」が「アール・ヌーヴォー」の翻訳として使われている。一九〇三年にプーチ＝イ＝カダファルクが「オルタやヴァン＝ド＝ヴェルドのモデルニスモ（…）」[15] と書いて、ヨーロッパに開花する建築や応用芸術の諸運動の名の訳語としての意味をこの言葉に負わせている。このことはたとえば、一九〇四年のマドリードにおける国際会議の席上でのクイペルスとの議論のなかで、プーチ＝イ＝カダファルクとこれを記録した『建築と建設』の記者が、国際的な用語法に配慮しながら「モダン・スタイル」という語を「モデルニスモ」と同じ意味と意図で使用していることから確認できる。(16)

この過程はたいへん明快で、また重要である。新しい建築は、設計を依頼し建設費を払うべきブルジョワ社会が流行に乗ってはじめて確立した。たとえその流行がスノッブで隔離的なものとして、差別的特徴をしるす記号として始まったにしても。「モデルニスモ」という言葉は保守主義者たちによって権威を剝奪され、改革者たちによる当初の意味を喪失し、耽美主義者たちによって通俗化され、ほとんど深い含意なしに建築や装飾芸術に吸収されたのである。作家や社会改革家が、かれらの言うところの特定のブルジョワ選民が確立した、外国の流行の空虚で悪しき模倣である装飾の満開に飽き飽きしてこの言葉を放棄するかたわらで、家具製作者やポスター画家、宝飾デザイナーそして建築家は、この新しいブルジョワ階級のために働こうとしていた。いっぽうでは依然として選民意識をもつ専門職に所属することを容認しつつ、もういっぽうでは形態と内容の合体というきわめて進歩的な実験とみなしていたヨーロッパの文化運動へのみずからの依存を受け入れながら、新しい嗜好にしたがって働こうとしていた。「モデルニスモ」は『ラベンス』の人々の古い概念から、オーストリアやフランスの建築で隆盛にあった傾向を知的に解釈する連中の概念へと推移しつつあった。

結局のところこれは、運動の端緒にあった問題の統合にほかならなかった。芸術とブルジョワ社会のあいだの内的矛盾の問題である。建築や装飾芸術にとっては、これは自明で日常的な矛盾だった。再編成や根本的改革を回避した社会への奉仕から逃れることなく、モデルニスモの建築家たちだけが、最後まで進歩的創造力を維持していた。自分たちの運動のために、すでに消尽され失墜したにもかかわらず、流行に敏感なブルジョワを表徴するという要求を満たす名称を採用したのである。こうして「モデルニスモ」の最後のそしてもっとも普及した意味は、カタルーニャ再生運動とヨーロッパをめざした文化運動を同時に射程に入れた、カタルーニャ建築の様式をあらわすようになる。この意味で「モデルニスモ」という言葉は、歴史上の他の様式に起こったのと同様な皮肉や軽蔑をこめた用語であることを超えて、同時にひとつの運動であり様式であり流行でもある芸術史上の一時代をさす簡潔な呼称となる。一九一一年にドゥメナク＝イ＝アスタパーが建築界のモデルニスモにたいし激烈な非難を向けたとき、(17)用いられたのはもはや『ラスケーリャ・ダ・ラ・トゥラーチャ』や『ペル・イ・プロマ』の語調ではなく、むしろ形態そのものやそれに並行する思想上の姿勢への精緻な批判的分析だった。その議論のなかには、当時はすでにローマ教会によって否定されていた宗教のモデルニスモという主題が、批判的基盤を支えるものとしてふたたび姿を見せている。そうだとすれば、本章の冒頭で述べた、運動の主役たちをも混乱させたこの言葉の意味の複雑な相互関係を、もう一度思い起こしてみてもよいだろう。

原注

（1） G. Díaz-Plaja, *Modernismo frente a Noventa y Ocho*, Madrid, 1951（última edición, 1966）. Eduard Valentí, *El primer modernismo literario catalán y sus fundamentos ideológicos*（Barcelona, 1973）にはモデルニスモの基盤と先駆に関する最良の研究が含まれ、そのなかでは宗教上のモデルニスモに本書が考える以上の卓越性が与えられている。宗教上のモデルニスモ全史も参照。

（2）《La Voz》, Madrid, 18 marzo 1935 誌上のインタビュー、G. Díaz-Plaja の前掲書に引用。

（3） M. Henríquez Ureña, *Breve historia del Modernismo*, México, Buenos Aires, 1954（última edición, 1962）.

（4） Rubén Darío, *La literatura en Centro-América*,《Revista de Artes y Letras》, Santiago de Chile, 1888. 同年ルベン・ダリーオ自身が、まちがいなくモデルニスモ運動最初の十全たる表明である『アスール（青）』を出版した。

（5） スペイン語圏ラテン・アメリカ文学におけるこのモデルニスモの研究のためよく参照される文献としては、以下が挙げられる。G. Díaz-Plaja, 前掲書。M. Henríquez Ureña, 前掲書。Juan Ramón Jiménez, *El Modernismo*, Madrid, 1962. N. J. Davinson,

The Concept of Modernism in Hispanic Criticism, Boulder, Col. 1966. P. Gimferrer, *Antología de la poesía modernista*, Barcelona, 1969.

（6）Dámaso Alonso, *Poetas españoles contemporáneos*, Madrid. G. Díaz-Plaja の前掲書に引用。

（7）J. Ll. Marfany, *Sobre el significat del terme*《*Modernisme*》,《Recerques. Historia, Economia, Cultura》, vol. II, Barcelona 1972. これは後に J. Ll. Marfany, *Aspects del Modernisme*. Barcelona, 1975 に収録された。以下も参照。Francesc Fontbona, *La crisis del Modernisme Artístic*, Barcelona, 1975.

（8）「統計によれば、スペインでは住民の大多数は読み書きができず、何かを学んだことのあるわずかな少数派にもモデルニスモの欠如がみられる」（Genís Rocabruna, *Les cofraries pedagògiques*,《L'Avenç》, V, 1893. マルファニーによる引用）

（9）Jaume Brossa, *Regeneracionisme i Modernisme*, Barcelona, 1969 の序文。

（10）Jaume Brossa, *La festa modernista de Sitges*,《L'Avenç》, V, 1893. マルファニーによる引用。

（11）奇妙なことに、初回の祭典はまだ「モデルニスタ」の名では呼ばれていなかった。このことはこの言葉の日常的使用の年代確定にとって重要な記録である。

（12）これについての最初の重要な検証は Judith Rohrer, *Barcelona Arquitectura ca. 1900*, Major Research Paper, Columbia University（未刊）にみられる。

（13）*L'Exposició Universal a París*,《Pèl y Ploma》, Barcelona, 5 mayo 1900. 文脈は「（…）近代様式は、ここや（…）トゥルトーザでモデルニスモと呼ばれているものとはなんの関係もない」とある。

（14）R. Puig i Valles, *El Arte Modernista en las Joyas*,《Hispania》, Barcelona, 15 novembre 1901.

（15）Puig i Cadafalch, *Don Lluis Domènech y Montaner*,《Hispania》, Barcelona, 30 diciembre 1902.

（16）《Arquitectura y Construcción》, Barcelona, abril 1904.

（17）J. Domenèch i Estapà, *Modernismo Arquitectónico*, Barcelona, 1912. 第Ⅶ章原注8参照。

訳注

〔1〕ピウス十世は、キリスト教会の起源と本質について「近代主義」が唱えた自然主義的説明が、人間の知識と信仰の進化についての疑似科学説にもとづいているとして、一九〇七年の「ラメンタビリー」と「パスケンディードミニーキー・グレーギス」のふたつの回勅によって排斥した。

〔2〕フアン・ラモン・ヒメーネス（一八八一—一九五八）アンダルシア生まれの詩人。初期のロマン的でモデルニスモ的

性格から、のちには虚飾を捨てた簡潔な表現によって、内省的で知的な詩に向かった。代表作に『石と空』、散文詩『プラテーロとわたし』など。
〔3〕ルベン・ダリーオ（一八六七―一九一六）　ニカラグアの詩人。スペイン詩のロマン主義的な影響から脱し、高踏派や象徴派の影響を受けモデルニスモ詩を完成させた。詩集『青』『世俗の詠唱』など。
〔4〕アマード・ネルボ（一八七〇―一九一九）　メキシコの詩人、小説家。モデルニスモ運動に参加し神秘主義に傾倒した作品を生み出す。『落ちた天使』『玉を懐いて』など。
〔5〕ガブリエラ・ミストラル（一八八九―一九五七）　チリの女流詩人で外交官。詩集『荒廃』『愛情』など。
〔6〕バリェ＝インクラン（一八六六―一九三六）　ガリシア出身の小説家、劇作家。十九世紀末から二十世紀はじめに貴族主義的で耽美的な作風を確立し、『四季のソナタ』四部作（一九〇二―〇五）はスペインにおけるモデルニスモ散文の代表作。一九二〇年以降は、当時のスペインへの激しい嫌悪を「エスペルペント」という新しい文学ジャンルに託して風刺的に表現した。
〔7〕マヌエル・マチャード（一八七四―一九四七）　セビーリャ生まれの詩人。アンダルシアの民衆性と優美さに根ざした、洗練された貴族的雰囲気の作品を残す。
〔8〕カリブ海地域への進出を企てたアメリカと宗主国スペインとの一八九八年の戦争。スペインは当時の海外植民地の大部分を失い、アメリカは独立後のキューバを保護下に置きフィリピンやグァムを獲得した。
〔9〕ミゲル・デ・ウナムーノ（一八六四―一九三六）　ビルバオ生まれの哲学者、作家。はじめヨーロッパ近代に対し肯定的であったが、九八年以降反近代、反理性主義的傾向を強めていった。代表作に『生の悲劇的感情』『ドン・キホーテとサンチョの生涯』など。
〔10〕ピオ・バローハ（一八七二―一九五六）　バスク生まれの作家。ドストエフスキー、ニーチェ、ショーペンハウアーの影響を受け、マドリードや故郷バスクを舞台とした懐疑主義・無政府主義的作品を展開した。
〔11〕アソリン（一八七三―一九六七）　アリカンテ生まれの「九八年の世代」を代表する作家、評論家。カスティーリャの風景をスペイン精神の基本要素と考え、鋭い洞察を文章に移した。『ドン・キホーテの旅路』『カスティーリャ』など。
〔12〕アントニオ・マチャード（一八七五―一九三九）　セビーリャ生まれの詩人でマヌエルの弟。初期の世紀末・モデルニスモの傾向から、しだいに装飾性を剝ぎ取った深い精神性に向かった。詩集『カスティーリャの野』など。
〔13〕サンティアーゴ・ルシニョル（一八六一―一九三一）　バルセロナ生まれの画家、詩人で芸術論の著述家。一八八七年

に織物製造の仕事を捨てて絵画に専心。はじめはバルセロナで修業し、ラモン・カザスの影響を受けパリに移って絵の研究を続ける。連作『スペインの庭』（一九〇四）を制作し、文学の分野では戯曲や風刺読物を著している。

〔14〕『ラベンス』はカタルーニャ語で出版されており、引用文は著者によるカスティーリャ語訳である。

〔15〕シッジャスはバルセロナの南六〇キロほどにある港町で避寒地、観光地。

III　芸術と産業

カタルーニャにおける社会や経済、政治の発展を、スペイン王国の地理上のありふれた片隅の出来事であるかのように語ったり、カタルーニャ文化に独自の個性や特質がないかのように言ったりするのは誤りである。社会や経済や政治の発展と関連したカタルーニャ文化の発展は、同時代のヨーロッパ文化の展開と同種の相貌を見せている。(1) だが外国の歴史家や批評家の大多数はこの明白な現実を知らず、おそらくそのために、スペインのようなたいへん孤立したまた厳しい環境のなかにガウディのような天才が存在することの異様さを強調することがよくある。驚嘆すべき批判的洞察力を備えたブルーノ・ゼヴィでさえ、一度ならずそうした誤謬に陥っている。(2) この種の誤解を正そうとしたおそらくただひとりの外国人研究者がジョージ・R・コリンズであって、その意図はとりわけガウディに関する著書の脚注にみてとることができる。(3)

イベリア半島でカタルーニャだけがヨーロッパと並行して工業化の過程を歩み始め、産業革命をもたらすことになる構造上の本質的変化を内部から進めていたことを思い起こすことが肝要である。こうした様相がモデルニスモのイデオロギー形成にとってもっとも重要な要素のひとつだったことは、疑いを容れない。そこで本章では、この歴史を手みじかにふり返っておくことにする。

そのためには、早くも十五世紀に表面化していたカタルーニャの荒廃から始めなければならない。ピエール・ヴィラールが述べたようにこの荒廃は、中世から始まっていたものの近世にいたって明瞭になった、強大な権力者層の没落に由来するあらゆる特性を示している[4]。その原因は途方もなく複雑である。これを要約して、ヴィラール自身は以下のように記している。「例外的なほど早く生まれた民族国家であるカタルーニャは、十二世紀ごろから国内の結束と権力意識を備えた当時としてはまちがいなく唯一の国家であったが、近代国家やのちの帝国主義にみられるような荒廃への道を歩み始めていた。大都市の人口は減少し、国内の生産資源は衰微する。金利収入の上昇によって企業精神は枯渇し、不つりあいな社会慣習が広まり、このころから貨幣価値や公的資産の危機が始まる。階級間の均衡の崩壊や、新しい経済勢力と法律事情との乖離、そして最後には社会闘争が、指導的家門間の激烈な競争とあいまって噴出した[5]」

こうしてカタルーニャのスペインへの統合は、一種脆弱な状況のもとで、カスティーリャ人の挙げる歓呼のなか、スペイン帝国の強大な勢力にまさしく呼応するかたちでおこなわれたのである。カタルーニャは自治を維持したが、もはや二次的な勢力となり、しばしば受けた軽視が憤激を引き起こした。ますますひどくなるこうした軽視のあらわれのひとつに、帝国勢力の主要な焦点であったアメリカ大陸との通商からのあからさまな排除という事実が挙げられる。一七〇二年以降小しずつ許可されるようになったものの、こうした排斥はカルロス三世による一七七八年の勅令まで廃されることはなかった。とはいえ、こうした状況はいささか誇張されてきたようにみえる。というのも、禁止されていたにもかかわらず、じっさいにはカタルーニャ人は想定されてきたよりはるかに高水準のアメリカ貿易をおこなっていたからであり、こうした商取引がさほど重要視されなかったとしたら、それは公けの貿易港を商業的に支配するほどの気概や指導力が国家の側になかったからにほかならない。したがって、カタルーニャの荒廃は深刻だったが、それは内的要因による事実であって、その原因を外圧の結果だけに帰することはできない。

十七世紀はスペインの災厄が、そして帝国とその政治や経済的活力の衰退が始まった時代である。カタルーニャは、おそらくアメリカ侵略の消耗に関わらなかったことを、そしてまた帝国の拡張政策に同調しなかったことを理由に、この災厄から逃れようとし、反抗の最初の兆しを見せる。他方でははっきりした人口の回復傾向が認められ、農業生産が着実に復活し、商業や手工業もようやく復調し始めた。しかしこういった経済復興の要素が働きかけるいっぽうでは、流血を伴う革命闘争がこれを抑制するように作用する。カタルーニャは最良の働き手を「収穫人戦争」[1]に、ついでスペイン継承戦争[2]（一七〇〇―一四）に送り出した。ふたつの戦争は壊滅的な政治上の結末へとなだれ込み、カタルーニャ人はこれを速やかに回復しようとする意志さえ喪失してしまった。経済の回復はみたものの、自立した政体としてのカタルーニャは父祖伝来のさまざまな制度とともに一七一四年九月十一日、フェリーペ五世の軍隊のまえに消滅した。

しかし自治回復の運動はすぐに始まろうとしていた。十八世紀になると、最初は背後のフランスとの、ついで衰退を続けるカスティーリャとの、カタルーニャの決定的な衝突が始まった。この世紀になると人口と農業がはっきり回復し、富の蓄積が始まり、産業革命の成功の十分条件を生み出す商業の初期の発展がみられた。たとえばカルロス三世の勅令の結果として「過去十年間で海外植民地とのスペインの貿易額は七倍に跳ね上がったが、その主要部分はカタルーニャの貿易によるものだった。さらに、カタルーニャ貿易の重要な要素が工業産品とりわけ綿紡績工業であって、一七七九年にはこの分野で一万八千人が働いていた」[6]。

このようにカタルーニャの工業は十八世紀後半に活力を増し、ついでとくに繊維工業部門で機械化による発展をみた。しかしながら機械化が大規模に推進されたのは十九世紀になってからのことであって、正確にはそれは一八四〇年ごろの、とりわけ木綿工業に設備投資と資本集中が行われた時代の初期のことである。

十九世紀後半は工業の繁栄した時代であり、ヨーロッパの諸潮流への合流の時代だった。これらすべてが

「ラナシェンサ」の、すなわちカタルーニャのあらゆる様相を建て直そうとする、一九〇一年の世代の大団結で頂点に達する企ての歴史であるが、そのいっぽうではビセンス＝イ＝ビーバスが言うとおり、スペインは「多くのカスティーリャ人の嘆きにもかかわらず、依然としてカシキスモ[3]や王宮の儀礼、気取った社交界、嘆かわしい行政機構に支えられた、国家としての体を成さない実体であった[7]」。

バレンシア地方という個別の地域では事態は異なるしかたで進行していたが、ここでも社会や経済の変化には著しいものがあった。十九世紀に達成された永代所有権からの解放によって土地は都市ブルジョワ階級の手に渡り、これと呼応して農業技術が大きく飛躍した。進歩があったのは工業の分野自体においてではなかったが、都市部への経済集中と農業がそれに似た効果を生んだ。オレンジの作付け面積は一八七二年には二七六五ヘクタールだったのが、一九一〇年から一九一五年のあいだに三万七五〇〇ヘクタールに増加した。輸出額もこれに比例して増加した。一八四九年には九〇〇〇トンだったオレンジの輸出量は、一九一三年には五〇万トンに達したのである。こうして生まれた「富の多くは相当な数を抱える階層におおむね家族単位で蓄積され、そのかなりの部分が（農地や都市部の）不動産や「家門」の親族の示威のために投資された。この階層こそ、一八九〇年から一九一〇年のあいだに都市部の建設事業を集中的に展開する主役となったのである[8]」。

「ラナシェンサ」、すなわち経済や文化、政治レベルでのカタルーニャのルネサンスは、少なくとも象徴的にはブナバントゥーラ・カルラス・アリバウ[4]の有名な『祖国への頌歌』（一八三三）で始まった。厳密にみてカタルーニャ語が衰微し始めて以来はじめてカタルーニャ語で書かれたこの近代詩には、カタルーニャの生活のあらゆる局面が描出され、そのなかで数世紀の荒廃のあいだに文学的な機微を見失ったこの言語の様相が原理主義的な立場から論じられている。復興への途方もない努力だった。カタルーニャは他のヨーロッパ諸国が五世紀かかったことを、五十年間でかたづけてしまったのである。その内容は言語の確定と現実にあわせた更新から、大学教育、学術協会、科学的研究、博物館、貴族と新しい労働者階級、さまざまな政党、政府の形態にまでおよんだ。カタルーニャ全土が言葉のあらゆる意味での「カタルーニャ主義者」と化した。真性のカタルーニャ文化が社会や政治上のこの指標のもとに生み出されたのは、このときからである。

「ラナシェンサ」には当然ながら芸術の復興も呼応した。運動を推進する集団的心性の全体に対応する様式を見いだす必要があった。それは、見失われた民族の本質が求められる場所である中世の形態の流れを汲む様式であると同時に、進歩主義的でヨーロッパ化された、要するに新しい工業化社会に似つかわしい様式であるべきだった。モデルニスモのなかには中世主義の「復興」や職人気質の回復から、衰退した伝統との決別の努力や、ヨーロッパ文化との接触、さらには中世手工芸への回帰と工業化への進歩を同時に基礎とする倫理上の立場までが共存していた。モデルニスモはこのように、「ラナシェンサ」運動とその成果の政治的イデオロギーにぴたりと呼応する様式であった。

機械化と並行して、カタルーニャでは全ヨーロッパで進行していたのと同じ社会変革と人口増加が進んでいた。ここから新たにふたつの結果が生まれた。プロレタリアートの出現と都市への激しい人口集中である。カタルーニャにおいて象徴的な出来事として思い返されるのは、バルセロナ拡張地区のためのイルダフォンス・サルダーの計画（一八五九）が、おそらく社会学や人口統計への考慮にもとづいた最初の都市研究だったことである。(2)この過程の考察は一八五六年に、この優れたカタルーニャ人土木技術者による多くの点で卓越した著書、『都市計画概論（*Teoría general de la urbanización*）』に結実した。そこには、人口の増加と都市への集中がカタルーニャにおいて驚くべき速度で進行していることが記録され、バルセロナに限ってみればロンドンやパリの速度をうわまわっていたことや、一八二七年に始まった社会騒乱が一八三五年にバルセロナの

『エル・バポール（蒸気）』出版社の焼き討ちという甚大な問題についに拡大したこと〔5〕、あるいは一八四〇年ごろにはじめて労働者による労働組合や協同組合が結成されたことが記されている。[10]

しかしながら、社会問題とともにカタルーニャに逼迫していたのは、産業革命の到来とそれにともなう手工芸の衰退がもたらした倫理や審美上のさまざまな問題だった。周知のように、このことはイギリスにおける美術工芸運動という修正主義の勃興を説明する鍵であり、これが応用芸術やひいては建築にとって豊かな刷新をもたらした。この観点からすると、ロンドンで一八五一年に「万国産業大博覧会」という大仰な名のもとに開催された展示会のもつ意味や、特定の時代の芸術と社会体制との不可分性を説くウィリアム・モリスのよく知られた反応の重要性を強調しすぎるのは正しくない。[11]一八五一年の万国博覧会と似たような仕方で、応用芸術の多くの博覧会はほとんどつねにこの種の問題の展開のきっかけとなったからである。

博覧会という制度に関してカタルーニャでは驚くほど早い時期から一貫した活動があったが、これは当時商工業で密接な関係のあったイギリスから直接影響を受けたものと説明してまちがいないだろう。残念ながらこれまでに十九世紀カタルーニャにおける博覧会文化の内容について研究した人はいないが、そうした研究がされたなら、そこからモデルニスモの歴史にとって重要な結論が導かれるにちがいない。唯一知られているのはP・ブイガス＝イ＝タラゴーによるバルセロナの公式博覧会についての著作である。[12]この本はこの種の展覧会が驚くほどくりかえし開催されたことを明らかにしているものの、内容は美術界の出来事の時間に沿った記述にかたよっている。

工業産品の最初の博覧会は、商工会議所の主催で一八二二年にバルセロナ商品取引所でおこなわれた。これに続くものは企業家たちが組織した一八四四年の展覧会まであらわれなかった。さらに一八五一年にはカタルーニャ工業協会が、応用芸術産品とりわけ建設業に焦点を定めた博覧会を開催した。一八六〇年にはカタルーニャ工業芸術博覧会が開かれ、多数の家具や装飾品が集められた。そして一八六九年にはふたたび工業芸術博が、このためにジャロニ・グラネイの設計でバルセロナのグラン・ビア沿いに建てられた建物で、当然ながらさらに規模を拡大して開催された。

これらの博覧会の内容はどんなものだったろうか、また新しい工業の隆盛が指し示す方向はどこにあったのだろうか。すでに述べたようにこの主題についての具体的研究は乏しいが、カタルーニャにおけるこの時期の博覧会が、イギリスにおける一八五一年の博覧会の場合と同様な問題意識を引き起こすにいたったことは確言してよいだろう。確かなのは、この時期を境にしてカタルーニャでは知識人や芸術家のあいだに応用芸術の問題へのはっきりした危惧がみられるようになったことであり、その原因が初期博覧会への失望にあったことはまちがいない。バルセロナ県は一八七一年サンペラ＝イ＝ミケールに芸術と産業の関係を助成する団体についてイギリスとフランス、ドイツで調査研究するよう依託した。サンペラ＝イ＝ミケールが作成して一八七五年に県に提出した報告書は、現在では行方が知れない。同じ一八七一年には中等教育のなかに労働技術史の講座が設けられ、このころ芸術と産業の問題について一連の文章を書いていたミケール＝イ＝バディーアが任に就いた。(13) 一八七二年にバルセロナ学芸協会が募集した論文の主題は、こう定められていた。「論文のなかで現代の本質と特性について分析し定義すること。造形芸術の高らかな表出にみられる情感性と、純粋芸術や工業生産品の美しい形態の表徴性という二重の側面を考察し、また研究によって得られる結論が現実生活へただちに応用可能であること」。一八七五年に同じ学芸協会は、工芸に応用された図案のコンクールを開催した。一八七七年には応用芸術助成協会の設立が計画された。一八八〇年には学芸協会が再度論文を募集し、その題目は「工業産品にスペイン固有の性格を付与しながら工業への芸術の応用を推進するためには、いかなる方法が採用されうるか」というものだった。一八八〇年におこなわれたサン・マルティ・ダ・プルバンサルの「セントラ・カタラニスタ（中道カタルーニャ主義）」のコンクールではサンペラ＝イ＝ミケールが、この主題を扱った業績によって受賞し、これは一八八一年に出版された[14]。そのいっぽうで博覧会は、美術と応用芸術のコンクールのあいだを縫うように、ほぼ一貫してくりかえされていった。もっとも重要なものが一八七五年、一八七七年、一八八一年そして一八八四年に催され、ついに一八八八年の万国博覧会にいたる。いうまでもなくこれは博覧会史上画期的に重要なものであり、ここにおいて芸術と産業の諸問題におけるモデルニスモの新精神が全面的に開花したのである[6]。

この新精神は明らかにウィリアム・モリスの革新的業績の全体と関係している。機械化に直面した応用芸術をめぐる局面で、機械製品の非人間性に対抗する解決策としてモデルニスモも古くからの職人芸を持ち出した。この反応が誤りだったことは美術工芸運動についての幾多の研究が詳細に解明しており、あらためてくりかえすまでもない。確かなのは、機械化というまぎれもない近代的事実に対する見かけ上は反動的な立場にもかかわらず、中世風の優れた職人仕事への回帰が特別な意味をもったのは、そこに警告の叫び声と、美学や倫理、そして社会の諸問題の見直しが表明されていたからであり、長い目で見れば、これらが新しい建築の誕生と工業デザインの出現を助けることになったのである。

カタルーニャにおける職人芸の再活性化は、モリスのグループが達成した驚くべき精神的広がりこそ備えていなかったものの、やはり審美や倫理や社会に対する懸念に突き動かされたものだった。だがそれに加えて、すべてを包括する愛国的懸念が存在し、このことがほとんどあらゆるモデルニスモの指標であり特徴となった。ここでもう一度強調しておきたいのは、モデルニスモがカタルーニャの「ラナシェンサ」運動の総体に正確に呼応していることと、再生やヨーロッパ化といった理念が、カタルーニャが典型的に北方的な起源と特徴をもつ十九世紀末の潮流に同調した地中海地域で数少ない場所となったことに、根本的に寄与したということである。それに加えて、みずからの民族性を賞揚することは、この時代をカタルーニャ史の栄光の時代である中世と結びつける企てを意味した。歴史をこのように想起することは、中世職人芸への回帰や美術工芸運動が喧伝した中世の社会集産的精神とよく呼応した。カタルーニャにおける新しい応用美術の方向性は、ほぼ同時代のイギリスの運動に力を得た文化的方針を基盤としたにとどまらず、はるかに大衆的な愛国運動を支えとしていたのである。おそらくこれが理由となって、上記の諸理念はより深く浸透し、この地方の想像を超えるほど隅々にまで到達した。またこれがゆえにモデルニスモの形態はきわめて長く持続したのであって、これはたんなる輸入文化の流行には起こるはずのないことだった。

カタルーニャにおける職人仕事の再活性化でもうひとつめだった特徴は、それがモデルニスモ建築のもっとも進歩的な様相と年代的に一致していることである。たとえばヨーロッパにおける美術工芸運動とアール・ヌーヴォーは年代的に完全に重なることはなく、実質的にはあいついで起こったふたつの運動でありながらひとつの意匠上の様式の開花のためひとしく貢献したというにすぎない。しかしカタルーニャにおいては、職人仕事の回復が比較的遅れたことと新しい建築への期待が重なって、ふたつの現象がほとんどぴったり一致する結果となり、このことが同一の職人や建築家の作品のなかに認められる。たとえばドゥメナク＝イ＝ムンタネーは、新技術を賞揚し、プレファブ工法の可能性を検討し、鉄骨構造をあえて表現するかたわらで、陶磁器の製造工程について老職人に話を聞くためマニーセス〔7〕へ出かけたし、イタリアへ行ってモザイク技術を学んでくるようにリュイス・ブルーを説き、錬鉄による繊細な花形装飾の試作を開始するための工房をティエストスに提供している。(15) この一致によって、反動的で過剰なほどのノスタルジーをもつ新しい職人意識が解放され、新技術や機械化や産業革命の精神を容易に受容するのを可能にした。残念なことに、この分野でカタルーニャの職人の経験が工業デザインに完全に引き継がれるために十分に機が熟したまさにそのとき、のちにみるようにノベセンティスモがやってきてモデルニスモの経験を無に帰し、この地方の芸術の発展を十年以上のあいだ押しとどめたのであり、それは一九二〇年代から三〇年代の合理主義者が失われた糸を新たに見いだすまで続いた。

応用美術のこうした幾多の博覧会は盛期モデルニスモの時代をとおして継続し、カタルーニャにおける芸術発展の状況を要約して示した。一八九二年にそうした展覧会のひとつが美術会館で開催されたが、ここでは純粋芸術はもはや完全に除外されていた。ジュゼプ・リュイス・パリセーの絵を掲げた図録は、全編がモデルニスモへの新たな期待を熱烈に表明していた。労働者に無料入場券が配布され、日曜の午前中には労働者向けの連続講座が開催されたということは象徴的である。講師にはフンタナルスやフィテー、ジャナラル・ギタール、ブナバントゥーラ・バサゴーダ、ガルシア・リャンソーそしてプーチ＝イ＝カダファルクといった錚々たるメンバーが名を連ねていた。ちなみに当時の社会情勢全体をさらに明確にする事実を述べておくと、この博覧会図録の非凡な画家ジュゼプ・リュイス・パリセーは国際労働者連盟スペイン支部の創設者のひとりであり初代議長だったばかりか、カタルーニャにおけるマルクスやバクーニン思想の代弁者でもあった。

一八九六年には「美術と芸術的産業の総合博覧会」と題した博覧会がまた催された。ポスターと図録の挿し絵はアラシャンドラ・ダ・リケーが担当した。一八九八年には対米戦争開戦のまさにその日に、同様な形の博覧会がまた開会され、スペイン植民地の大災厄をもたらす和平交渉開始のちょうど翌日に閉会した。一八九八年がもたらした精神的な危機と変化は、これ以後の博覧会に影響をおよぼさずにおかなかった。一九〇二年の博覧会は前年に市政の権力を握った新世代のカタルーニャ主義者によって組織され、カタルーニャの古い芸術の大々的なアンソロジーにあてられた。一九〇七年にも美術と応用芸術の展覧会が催され、ジュアン・リモーナがモデルニスモに浸りきったポスターを制作した。カタルーニャ人芸術家以外にフランスやベルギー、ドイツ、イタリア、イギリス、ポルトガルそしてオランダからの出展者があった。この種の最後のものが開かれたのは、モデルニスモもすでに最盛期を過ぎた一九一一年のことである。(16)

この改革運動をまえにして、またとりわけ工芸的伝統の探求においてめだっていたのが建築家たちであり、先頭に立って新しい職人芸の可能性への道筋をつけたのも建築家だったことは強調するまでもない。なかでも傑出していたのはアントニ・ガウディやリュイス・ドゥメナク゠イ゠ムンタネー、アントニ・M・ガリサー、J・フォン゠イ゠グマーであり、やや遅れてプーチ゠イ゠カダファルクがいた。ガウディの活動はその作品の様相と同様、きわめて孤立した個人的なものだったが、だからといって重要性が低いわけではない。鉄と陶磁器の世界への飽くなき探求はすでにビセンス邸(一八八三—八五)に始まり、のちの章でみるようにグエイ公園(一九〇〇—一四)や「パドレーラ(石切り場、ミラ邸の渾名)」(一九一一)などで瞠目すべき成果を収めた。ガウディのかたわらにはフランセスク・バレンゲーや建築家ジュゼプ・マリア・ジュジョールがいたことを強調しておかねばならない。ジュジョールは語り草になるほどの異能の持ち主であり、ガウディを中心としたどちらかといえば閉鎖的な世界のなかにあって職人芸を存分に発揮し、しばしば個人的才能を見せつけた。それはともかく、ガウディと協力者たちの活動は、新しい技術や設計者の育成とか、消滅したり相対的な停滞に陥ったりしていた芸術的職種を根本から回復する企てである以上に、よみがえった職人的伝統に由来する素材を用いた新しい造形や構成原理の企てなのである。

それに対しドゥメナク゠イ゠ムンタネーやガリサーの活動は、フォン゠イ゠グマーの活動の一部も含めて、新しい職種の修得を系統的にまた開かれた仕方で組織化することにあった。このような再活性化の重要な中心となったのが、万国博覧会のカフェ・レストラン、つまりピタ―ラの壮観な作品にちなんで観客が皮肉を込めて呼んだ「鼎龍城（カスティイ・ダルス・トレス・ドラゴンス）」だったのはまちがいない。この建物は一八八八年の博覧会時点では完成にいたらず、一八九〇年ごろになっても一定期間ドゥメナクが占有して、当時建設中だった重要作品の装飾制作のため工房として使用していたようである。

ドゥメナク自身が『カタルーニャの声』紙上の記事でこう明言している。(17)「あの当時コミーリャスにいくつか仕事があったほかに、当時のコイ＝イ＝プジョール市長がカフェ・レストランとか鼎龍城とか呼ばれていた公園の建物を完成させたがっていた。資金不足や不注意に起因するあいった怠慢や放置の風潮を一掃させようとしたのだが、市の建物はどれもそんな状態だった。そこにわれわれの工房を置いた。試みたのは技術と工程の再興である。ブロンズや鉄の鋳造から、テラコッタやバレンシア風金色タイル、型押し金属加工、マリョルカの唐草模様タイル、木彫、装飾彫刻まで、当時はどれも初歩的で非常に粗悪に制作されていた。ガリサーはいっときもじっとしないで設計室と工房を往復していた。われわれの集団は当時は未熟な部分が多かったが、いまではカタルーニャ工芸技術の誇りであって、これらの技術をわれわれは建築の仕事に導入しようとしていた」。古い工業技術が再発見されたこの時代全般については今日までほとんど記録に残されておらず、新しい装飾様式と産業精神の起源について十分に理解させてくれるような研究書が待たれる。アラシャンドラ・シリーシはこのテーマについて多くの情報をまとめてきた人物であり、当時を生きた人々から直接証言を集めている。(18)シリーシによれば、鼎龍城のなかでアウゼビ・アルナウはみずから最初の装飾彫刻の仕事をし、一緒に働いたマドリード出身のキンタールナは、建築家であり考古学者のアルトゥーロ・メリダの推薦で採用されていた。またフランセスク・ティエストスはハンマー加工鉄板の花型装飾を施した錠前工事から始めて、これをモデルニスモのもっとも特徴的な装飾要素に変えた。いっぽう陶磁器製作の伝統工法はカサニーという名のマニーセスの老人を介して再興され、採用された。この老人にはガウディやドゥメナクが話を聞いている。「鼎龍城のなかで働いていたなかには政治問題に熱心なアントニ・アウレスティアやプラット＝ダ＝ラ＝リーバ[8]といった若者たちがいて、かれらの議論がたいへん重要な働きをしたことは、カフェ・レストランの工房から「のちにおおいに物議をかもすことになるあのマンレーザ綱領が生み出された[9]」とドゥメナクが書いたほどである」

こういった先駆者やその修錬をとおして、カタルーニャに広範な専門職域を抱えた驚くべき職人集団が形成された。このような努力の成果に、たとえばイタリア人マリーオ・マラリアーノの手引きに負うモザイク技術や、ヴェネツィア式、ローマ式、アラブ式（アラビアタイルや施釉タイルの断片工法）、そしてトレンカディス（破片）式というその四工法の普及がある。最後の工法はモデルニスモ全般に広くみられる特徴的なもので、ガウディやドゥメナクの作品にとくに多い。カタルーニャ音楽堂やコミーリャスの神学校、サン・パブロ病院といったドゥメナクの作品を飾る多くのモザイクを手がけたのはマラリアーノである。同様な働きをした人物として思い出されるのがリュイス・ブルー（一八六六―一九三六）である。はじめは舞台美術に関わったが、のちこれを投げうってモデルニスモのモザイク施工者となり、リェオ・ムレーラ邸やカタルーニャ音楽堂（以上ドゥメナク＝イ＝ムンタネー設計）、クワドラス邸（プーチ＝イ＝カダファルク設計）、テイシドー店舗やラ・ガリーガのバルベイ邸（以上M・J・ラスパーイ設計）などを手がけた。

タイルは、このような技術の再興によってさかんに用いられるようになった要素のひとつである。バレンシアには数世紀におよぶ強い伝統があり、古くからの技術が多く残存していた。そのなかで金属質の反射光をもつタイルは、ドゥメナク＝イ＝ムンタネーが上述の記事のなかで言及しているものである。

設計者側のこのような決断やバルセロナ市民の要求によってこの伝統は強化され、とりわけ二次元装飾の分野でモデルニスモの装飾言語にとりいれられた。バレンシアの建物の内装やファサードにはモデルニスモ主義者の設計になるイギリス起源やフランス起源、のちにはオーストリア起源の意匠の化粧タイル仕上げが無数にあり、この様式の典型を形成するまでになり、結局は大量の通俗的建物へと堕していった。バルセロナではこの技術は「プジョール＝イ＝バウシス」ブランドの製品として実現し、平面施釉タイルから花などをかたどった立体品まで、ドゥメナク＝イ＝ムンタネーやガリサー、フォン＝イ＝グマー、プーチ＝イ＝カダファルクらのデザインで製作された。これに似た興味から、舗装用の水硬性モザイク技術がおもにアスコフェート社の努力で開発され、同社はデザインのコンクールを何度も主催したほどだった。そのもっとも知られた実例が、ガウディが「パドレーラ」のため計画した浮き彫りモザイクである。

先に述べたティエストトスに加えて、錬鉄の分野ではマヌエル・バリャリン（ペラ・ファルケス設計のバルセロナのグラシア大通りの街灯の制作者）とプーチ＝イ＝カダファルクに多くの作品を提供したアステーバ・アンドゥラーを強調せねばならない。

マスリエーラ家は再興された金属加工業に邁進した重要な家系である。一方では「マスリエーラ兄弟」商会として、貴金属や宝石加工の分野でモデルニスモの刷新の勢いにのって高い品質を維持した。それには画家で劇作家のリュイス・マスリエーラ（一八七二―一九五八）の働きが大きかったが、リュイスはまたスペインに半透明の七宝技術を導入した人物であって、これは「バルセロナの七宝」として知られるようになった。また、フラダリク・マスリエーラ（一八四六―一九三二）の主導によって最初の大規模な工芸鋳造所「マスリエーラ・イ・カミンス」が設立されたが、ここではカミンスみずからの手で、失われていた蠟を用いた鋳造技術がイタリアから導入された。同社は当時膨大な量の彫刻を生産し、その仕事はマドリードはレティーロ公園のアルフォンソ十二世の巨大な記念像からJ・ムンセラートのデザインによる小型金属人形におよんだ。

もうひとつのよく知られた貴金属加工業者カレーラス家は十八世紀にさかのぼるが、モデルニスモとともに「フランシスコ・デ・A・カレーラスの息子たち」商会として新たな創造性を発揮した。A・サンタマリーアは無数の金属オブジェの連作を製造し、とりわけ照明器具で知られた。

ステンドグラスではアントニ・リガール（一八六一―一九一四）がみごとな品質で制作し、のちに建築家グラネイの共同経営者となった。リガールのためには当時のあらゆる建築家や装飾芸術家、画家が図面を引いている。その弟子A・ボルダルバはバルセロナのリセウ劇場社交クラブで、ウラゲー・ジュニエンの図面にしたがってワーグナー風の作品を実現した。

最後に、建築以外の装飾的オブジェの分野でも、完璧な仕事ぶりと様式上の新傾向がみられた。アントニ・セッラ（一八六九―一九三二）は大小の窯で焼いた磁器製品で当時最大の陶磁器作家となり、自分自身やイスマエル・スミス、パウ・ガルガーリョ、[10] ジュゼプ・ペイ、マリア・ルシニョルらの下絵をもとに多数の壺や彫刻を製作した。バンビングート・サラ（一八七〇―？）は、のちに協力者となった息子のジュアンとジュアキムとともに、ガラス工芸の分野で同様な貢献をおこなった。クロス家[11]やガレ家[12]の路線にほぼ沿ったものだが、独創性がもたらしたその名声はカタルーニャ文化のゆるぎない中核となった。彫刻家ランベール・アスカレー（一八七四―一九五七）は施釉テラコッタ作品に専心し、植木鉢や壺、胸像、円形浮き彫り、置物を製作した。

ランベール・アスカレーの事例は、応用芸術の再活性化の過程の様相を示す一例にすぎない。つまりそれは「芸術を、建築から日常用の極小のオブジェにいたる社会生活のあらゆる部分にとりこもう」[19]とする意図のあらわれなのである。じっさいデザイナーや画家、彫刻家の大半は再生した手工業者たちとともに、新しい工業技術を用いて、また当時までは「大芸術」の対象とはみられなかった実用品の製作のため、さかんに協同して働いた。ラモン・カザス[13]やサンティアーゴ・ルシニョル、ミゲール・ウトリーリョ[14]、アラシャンド

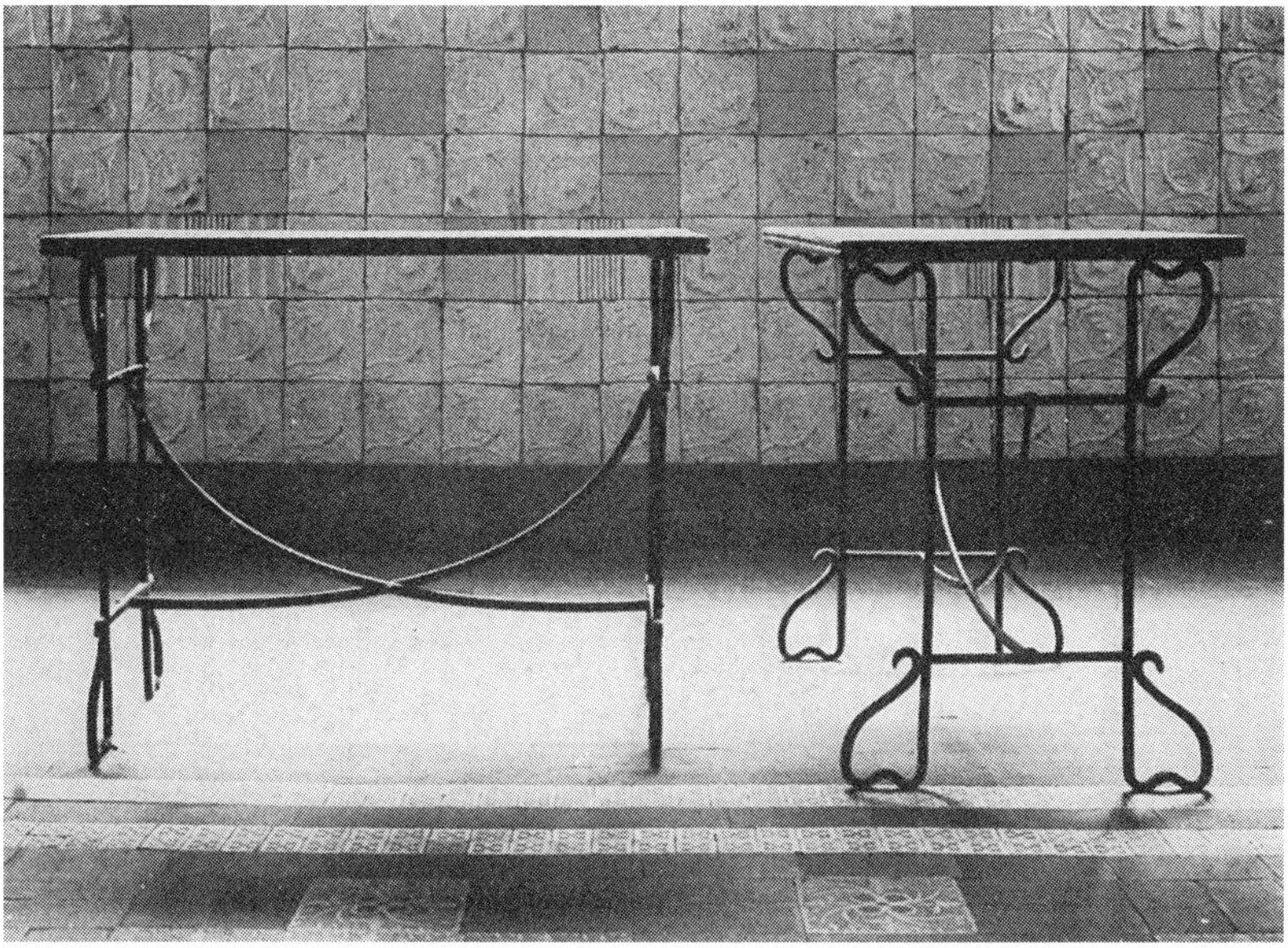

ドゥメナク＝イ＝ムンタネー、カタルーニャ音楽堂のカフェのテーブル

ラ・ダ・リケー、ラモン・ピショ、ジュゼプ・トゥリアドー、ディオニス・ラナール、アドリアー・グアル、ジュアン・リャバリアスといったデザイナーはポスターやタイポグラフィ、蔵書票をデザインし、象眼やモザイクの下絵を制作した。彫刻の分野では、建築やオブジェの世界への統合はさらに明瞭だった。アウゼビ・アルナウが重要な建築作品の一部として彫刻を制作した例はラクタンシアの家（ファルゲーラ設計）、リェオ・ムレーラ邸とカタルーニャ音楽堂、サン・パブロ病院（以上ドゥメナク＝イ＝ムンタネー設計）、アリベール・ポンス邸（スレー＝イ＝マルク設計）、アマトリェー邸（プーチ＝イ＝カダファルク設計）などがある。ミケル・ブライとパウ・ガルガーリョは協同してドゥメナク＝イ＝ムンタネーのさまざまな建築で制作した。イスマエル・スミスは優れた表現力とあいまいな退廃性を陶磁器人形に託した。エベリ・ドーリアとランベール・アスカレーが造った数々の暖炉は、控えめな彫刻作品で埋め尽く

されている。しかし彫刻がもっともめだったのはいわゆる「モデリスタ」、つまり建築用装飾を専門とする彫刻家の分野だった。この人々がモデルニスモのあらゆる作品にみごとな組織的統一を与えたのであり、細部の重要性を強調し、この様式がほとんど匿名で通俗的なほどまで普及するのを可能にしたのだった。もっとも名声を博した人物に、アマトリェー邸の彫刻装飾におけるプーチ＝イ＝カダファルクの共作者アルフォンス・ジュヨールをはじめ、フランシスコ・ムドゥレイ、ジュアン・プジョールらがいる。

芸術家のなかには、特殊なやり方で「工業デザイナー」ともいうべき職業を試みた者もいた。もっともめだった例としては、化粧タイルや織物、宝石、モザイクをデザインしたマテオ・クレイ（一八七九—一九四三）や、いつも家具職人や装飾家と協働したジュゼプ・ペイ（一八七五—一九五六）がいる。バレンシアでは陶磁器製造の分野で多数のデザイナーが輩出して、化粧タイルでモデルニスモ式の図柄を提案した。外国の流行からの影響ももちろんあったが、創作者の個性もしばしばみられた。内装業者もはじめて職業として認められるようになった。モデルニスモ熱にうかされた大規模なブルジョワ風内装やこのうえなくけばけばしい店舗が、絵画や彫刻の分野に閉じこもることを潔しとしない芸術家たちの活動と接合された。ラモン・カザスの住宅の内装を手がけたジュゼプ・パスコー（一八五五—一九一〇）や、リセウ劇場の社交クラブを装飾したアラシャンドラ・ダ・リケー（一八五六—一九二〇）、ジュゼプ・トリアドー（一八七〇—一九二〇）、リカール・ダ・カンマニー（一八七三—?）、エベリ・ドーリア、サルバドー・アラルマ（一八七〇—一九四一）などがいた。アラルマは「生きたジオラマ」やポリオラマ劇場、バル「ラ・ルーナ」、ドレ映画館といった特異な作品の作者であり、その多くはミケル・ムラーガス（一八四二—一九一六）の協力で実現した。

最後に、新技術の導入について述べねばならない。そのなかにはモデルニスモ運動の強い倫理観によって排除されたとはいいえ、一定の重要性や意義までをもつにいたったものがあった。その種のひとつに、アルマナジルド・ミラーリャスが硬質厚紙で実現した有名な模造材料がある。雑誌『イスパニア』の発行者で印刷や版画や額縁製作をおこなう会社の社主であり、またモデルニスモ流行の熱心な推進者であったミラーリャスは、施釉や立体タイルを含めたあらゆるものを模倣できるこの新素材を普及させた。「トリーノ」と名づけられたふたつのバルはこの技術を用いて、R・ダ・カンマニーの設計とその他モデルニスモ最良の建築家の協力で仕上げられた。一九〇〇年のパリ万国博では、この硬質厚紙技術を完璧に用いて豪華なアラブ風広間がまるごと建設されている。

もっとも重要で優れた成果をあげたのは、家具や内装だった。この分野ではふたりの傑出した施工者をあげねばならない。ガスパー・ウマー（一八七〇—一九五三）とジュアン・ブスケッ（一八七四—一九四九）である。[20] ガスパー・ウマーはフランセスク・ビダール芸術工房で仕事を始めた。ビダールは当時カタルーニャでもっとも重要な家具職人であり、完全に折衷主義的で複合した大仕事をいくつも進めていたが、それらは一貫して、全欧で進行していたさまざまな復興主義の自由な解釈に呼応する文化的状況を反映していた。一八九三年ウマーは独立したが、それ以前（一八九一年）にデザインした家具にすでに新様式を探ろうとする意図がみられた。というのもそれらには、ゴシックや東洋趣味にもかかわらず、すでにいわゆる「しなった鞭型」の装飾形態の早期の実例がみられるからである。これ以降、ウマーの主要作品はきわめて一貫した発展をとげる。初期のムンタネー邸内装工事は、依然としてビダールに非常に近い方向をたどっている。「鞭型」装飾モチーフをいくつか試みたのち、オルタやヴァン＝ド＝ヴェルドの路線に依りながら、ブレス邸の食堂ではっきりと単純化した曲線装飾に到達し、ほとんど繰り型なしの無垢の木材を用いた有名な断続する楕円曲線を導入した。ドゥメナク＝イ＝ムンタネー設計のリェオ・ムレーラ邸とナバス邸では、建物の外観に調和した完全な自然主義装飾が出現し、それが家具だけでなく塗装やガラス窓、絨毯に使用された。少しずつしかし確実に、ヨーロッパにおける同時代の実験と同類の、二次元の花模様装飾が充溢してくる。プーチ＝イ＝カダファルクのトゥリンシェト邸では単純化と構造化の過程がめだつようになる。ウリェー邸の寝室は、二次元花模様とかすかに植物由来を思わせる直線だけで構成された珠玉作品である。だがバレート邸の寝室ではすでに、すべてが純然たる構造と化している。一九一〇年から一九一四年にかけて単純化が確実に進行するが、二次元花模様や楕円や隅切り曲線のいくらかは残存している。一九一四年にウマーのモデルニスモ期は終了し、同時にその創造性豊かな時期も終わる。ウマーが残したのはいくつものみごとな内装にとどまらず、寄せ木細工や織物、モザイク、金属加工においても、カタルーニャ職人芸の再活性化を強く意図していた。

ジュアン・ブスケツ（一八七四―一九四九）は、十九世紀カタルーニャのブルジョワ層に大いにもてはやされた会社を経営した、同名の家具製作者の息子である。一八九五年にデザインの分野で仕事を始め、とりわけ一八九八年以降はモデルニスモ様式の家具で大成功を収めた。ブスケツが、先述した少数の進歩的ブルジョワ層御用達の内装業者だったことは疑いを容れない。世紀末にはブスケツの作品は、曲線で構造化された途方もない幻想性を帯びた。エクトル・ギマールの影響が大きかったが、非凡な個性と同時にいくぶんかはフランスのバロック芸術への信念を保持していた。一八九九年にジュセフィーナ・ブリンガスのため製作された家具は「鞭型」曲線を使った傑作である。一九〇〇年のパリ万博ではジュアン・バトリョのスブリーノス社のため展示会場を制作したが、ここにはすでに単純化への過程がはっきり認められ、バイシェラス未亡人の家具（一九〇二）やアルヌス邸（一九〇三）のための家具の特徴に似ているが、マジョレイの形態からの影響も保っている。[15] 二十世紀初頭のブスケツによるモデルニスモ作品の量は膨大であり、また多様である。[21] 最高級の贅沢品から多用途な家具の試みまで手広くこなすなかで課題を風刺した新製品としてきわだったの

ガスパー・ウマー、ルゼス邸寝室。バルセロナ

ウマー、ウリェー邸寝室。バルセロナ

が、有名なビデ兼用の寝椅子であって、カタルーニャの名門ブルジョワ一家のため設計された。単純化への傾向は、ウマーの作品について記したのと並行するようにめだってくる。弁護士でカタルーニャ主義政治家フランセスク・カンボーの寝室（一九〇五年ごろ）はたくましく重厚な形態を用いた例である。繰り型はほとんどなく、唯一の曲線要素は楕円や隅切り曲線であるが、これはウマーも使用していた明瞭な中央ヨーロッパ起源の要素である。その後ブスケッツはイギリス家具の翻案へと路線を変えていき、モデルニスモの流行が終わると、アダムス社やシェラトン社の厳密な複製に専念するようになる。だがブスケッツの貢献は並みはずれて重要な意味を残した。

ウマーとブスケッツとともに名前を挙げねばならない家具製作者が幾人かいる。いずれも狭い専門分野に閉じこもることなく、しばしば内部空間全体をデザインした。そのひとりがペラス・サマニーリョ邸（J・J・アルバス設計）の内部装飾の作者ジュアン・アステーバである。もうひとりのR・カロンジャは経営者としての性格が強く、店舗装飾に大いに邁進した。よく知られた作品には、失われたバル・アランブラや、リカール・ダ・カンマニー監修のみごとなバル・トリーノがあったが、これもとりこわされた。他のひとりアントニ・ペーナについていえば、より折衷的であり資質が疑わしいことはまちがいない。

ウマーやブスケッツが同時代ヨーロッパの多くの例と同様に新様式を求める重要な努力を代表するとしても、そういった努力がとりわけ家具のもっとも表層的な部分に向けられたことを忘れてはならない。家具の歴史、具体的には椅子の歴史において十九世紀が唯一果たした重要な新機軸は、一八三〇年ごろウィーンでミヒャエル・トーネットによって開始された連作椅子であるが、その理由は、それが蒸気による木材の曲げ加工というかつてない技術開発にたいする現在もなお妥当な「典型化」の可能性をもつ独創的な解答だったからである。この例と、場合によっては、とりわけ倫理的な提案としての意味をもつ美術工芸運動のいくつかの先

ジュアン・ブスケツ、アルヌス邸「松林の食堂」。バルセロナ、ティビダボ地区

ブスケツ、安楽椅子。バルセロナ美術館

例を除けば、この時代のヨーロッパの家具はたんに個別的な形態上の貢献を、しかもしばしば装飾への貢献をおこなったにすぎないといってよいだろう。しかしこのような展望のなかに、ひとつの例外的な名前が際立っている。アントニ・ガウディである。トーネットの連作の大成功を可能にしたような技術との完全な連携を欠いていたという問題はあったにせよ、ガウディの家具がもつ根元的な寄与は、それらがおそらく史上はじめて装飾の問題の彼方にある新概念を提起したことにある。

ガウディ、グエイ邸のための化粧台

ガウディが初期の家具に込めた意図は、グエイ邸のような初期作品のなかで家具職人フランセスク・ビダールとの限られた協働や簡単な助言から生まれた。グエイ邸の長椅子やカルベット邸の椅子や安楽椅子には、ビダールの折衷主義を解剖学的観点にたつ独創的形態と組み合わせて、これを構造化しようとする最初の意図があらわれている。しかしガウディの重要な作品はやや遅れてあらわれ、非常に興味深い創作過程をはっきりと示している。カルベット邸事務室やバトリョ邸食堂の木製椅子は、新しい椅子の類型論への決定的な一歩である。支持部材上の自律した要素として画定された座と背のありようは、何十年も後に鋼管と合板の技術によってチャールズ・イームズが決定的に、また一貫した方法で実現したものに似ている。カルベット邸の椅子にはまだ装飾的配慮の残滓が認められるが、バトリョ邸の椅子全体の単純な形態は独自の表現に到達している。それは観念が基本的役割を果たしているだけでなく、二十世紀の造形が生み出した最高のオブ

ガウディ、バトリョ邸（一九〇六）内観

同上。バルセロナ、グラシア大通り四三番地

バトリョ邸のための家具。ガウディ友の会、バルセロナ

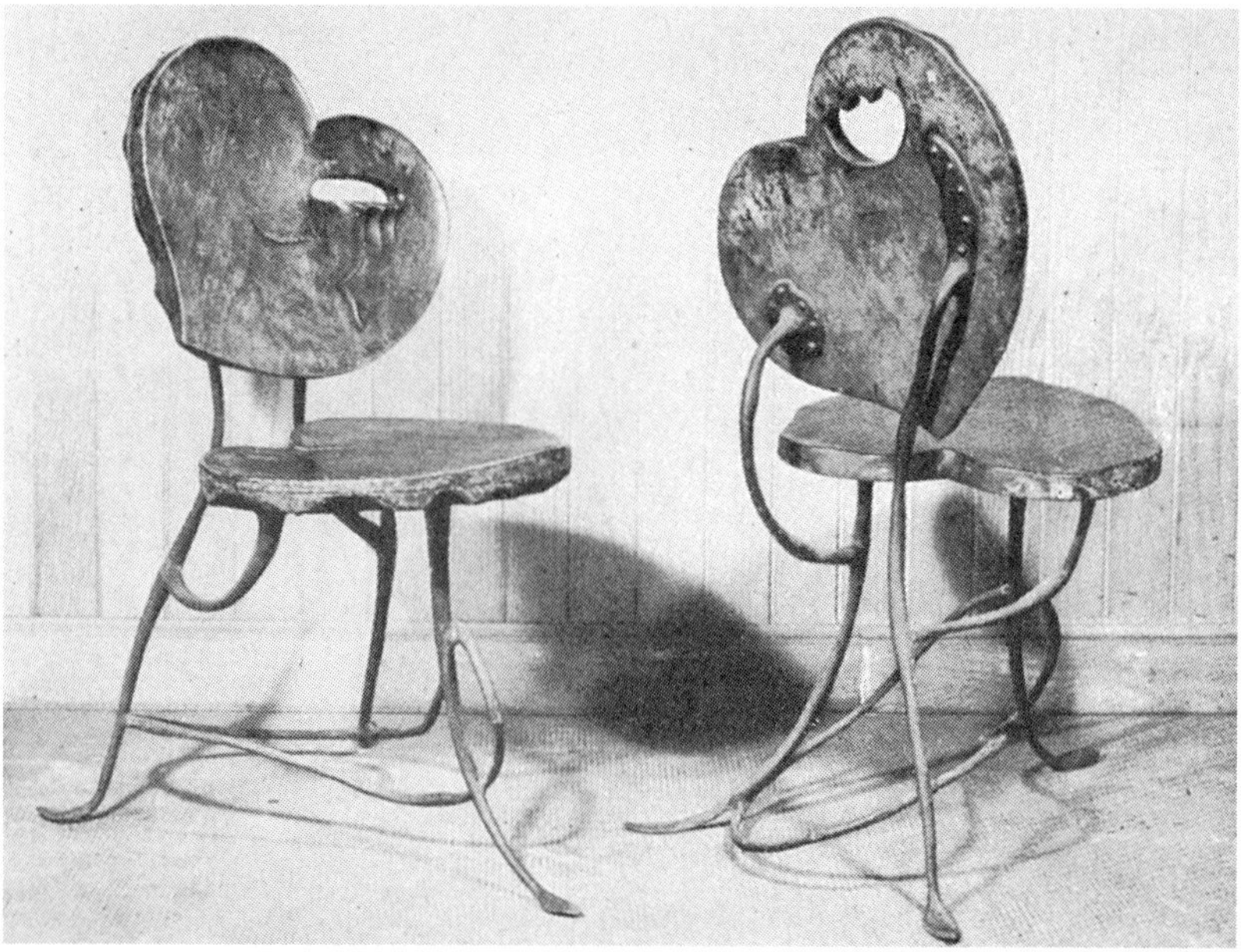

ジュジョール、マニャック邸の椅子。バルセロナ

ガウディ、クロニア・グエイの教会堂のためのベンチ

上・ロス＝イ＝グエイ、店舗「アンティグア・カサ・フィゲーラス」（1905）。バルセロナ、ランブラス通り 83 番地。
下・プーチ＝イ＝カダファルク、サストラ＝イ＝マルケス博士の薬局（1905）。バルセロナ、ウスピタル通り 109 番地

ジェなのである。クロニア・グエイの教会堂のベンチにもガウディの意図は持続している。支持部材は鉄製であり、それに座や背もたれ、肘掛けといった木製の要素が加えられることで支持材の独立性が強調されている。このような方向で理論上の最高点を示すのがバトリョ邸の曲がったベンチであり、そこではこの独立性は明瞭に構造化され、木材の「工業産品的」平面形態に合わせようとする意志が、幾何学的交差による驚嘆すべき戯れを生んでいる。ここには明らかに天才が予見される。だがガウディの作品につねに起こることだが、この予見的状況は作品の文化的価値を高めるいっぽうで、生産性の効率を低下させている。これらは工業化のための試作であり、類型化のための未完のモデルなのである。

ジュゼプ・マリア・ジュジョールも、弟子としての忠誠を示すように、ガウディに似た路線で仕事をした。マニャック邸の椅子はカルベット邸とバトリョ邸の椅子の図式を継承しているが、解剖を連想させてぎょっとさせるほど幻想的である。座と背は木製のふたつの巨大な心臓であり、血を噴き出す傷口が取っ手になっている。支持部材はクロニア・グエイのベンチと同じく鉄製である[22]。

ここまでモデルニスモの家具デザイナーについてみてきたが、じつはもっとも重要な人々についてふれていない。それはカタルーニャ全土に広がる、謙虚で無名なおびただしい数の職人たちである。かれらは芸術や倫理、社会に関する同じ理念を共有し、右に述べた大家たちとともにモデルニスモの流行に広がりと強度を与えた。職人たちの、祖国の片隅にある自分の手による創造行為が政治と社会の刷新についての新たな理念をつくりあげるのだ、という信念によって、この様式はカタルーニャ語を話す全地域に普及したのである[23]。

原注

(1) 近代カタルーニャの誕生と発展については以下の研究と、そこに添えられた文献目録を参照。J. Vives y Montserrat

Llorens, *Industrials i Polítics* (*Seble XIX*), Barcelona, 1958. *Un segle de vida catalana 1814–1930,* Barcelona, 1961. Pierre Vilar, *La Catalogne dans l'Espagne moderne,* Paris, 1963, R. D'Abadal y otros, *Moments crucials de la història de Catalunya,* Barcelona, 1962.

（2） Bruno Zevi, *Storia dell'architettura moderna,* Torino, 1950.

（3） George R. Collins, *Antonio Gaudí,* New York, 1960. モデルニスモについて深く研究した、外国語で書かれた最初の本。

（4） Pierre Vilar, *La Catalogne dans l'Espagne moderne,* Paris, 1963, カタルーニャ語訳、Barcelona, 1964–68.

（5） 前掲書。

（6） P. Romeva Ferrer, *Història de la Indústria Catalana,* Barcelona, 1952.

（7） J. Vicens i Vives y Montserrat Llorens, *Industrials i Polítics* (*Segle XIX*), Barcelona, 1958.

（8） Emilio Giménez y Tomás Llorens, *La imagen de la ciudad, Valencia,* 《Hogar y Arquitectura》, Madrid, enero-febrero 1970.

（9） Oriol Bohigas, *En el Centenario del Plan Cerdà,* 《Quadernos de Arquitectura》, Barcelona, 4º trimestre de 1958. Fabián Estapé, *Vida y obra de Ildefonso Cerdá,* Madrid, 1971. AA.VV., *Ildefonso Cerdá* (*1815–1876*), 没後百年記念展覧会のカタログ、Barcelona, 1976.

（10） カタルーニャにおける社会運動については、概説的著作のほか以下を参照。M. Reventós, *Els moviments socials a Barcelona durant el segle XIX,* Barcelona, 1925. F. de Solà i Cañizares, *Les lluites socials a Catalunya* (*1812–1934*), Barcelona, 1934. Antoni Jutglar, *L'era industrial a Espanya,* Barcelona, 1962. Josep Benet, *Maragall i la Setmana Tràgica,* Barcelona, 1963. Albert Balcells, *El sindicalisme a Barcelona* (*1916–1923*), Barcelona, 1965. Josep Termes, *El movimiento obrero en España. La Primera Internacional, 1864–1881,* Barcelona, 1965. その他に以下参照。Renée Lamberet, *Mouvements ouvriers et socialistes. L'Espagne 1875–1936,* Paris, 1953. Giralt, Balcells, Termes, *Els moviments socials a Catalunya, País Valencià I les Illes*, Barcelona, 1967.

（11） Nikolaus Pevsner, *Pioneers of Modern Design,* London, 1936. Nikolaus Pevsner, *High Victorian Design,* London, 1951. 豊富な文献資料を含む。

（12） P. Bohigas Tarragó, *Apuntes para la Historia de las Expositiones Oficiales de Arte de Barcelona,* 《Anales y Boletín de los Museos de Arte de Barcelona》, Barcelona, 1945.

（13） 《Diario de Barcelona》.

（14） Sanpere i Miquel, *Aplicació de L'Arte a l'Industria. Principis a que deurien subjectarse les institutions d'aplicació en Espanya,* Barcelona, 1881. この時期を通してこの種のコンクールはたびたび催された。たとえば以下を参照。*Conveniència d'establir Museus Industrials en els Centres fabrils de Catalunya I consideraciones referents als medis que deurien adopter-se per organizer-los contribuint a la profitosa ensenyança de la classe treballadora,* 一八九四年の《Foment Martinench》主催の科学文芸コンクール受章論文（《Revista de Catalunya》, Barcelona, noviembrre 1895 に収録）。以下も参照。M. Vega i March, *Las enseñanzas industrials in España,* 《Arquitectura y Construcción》, Barcelona, enero, marzo, mayo, septiembre 1903.

(15) A. Cirici-Pellicer, *El Arte Modernista Catalán,* Barcelona, 1951.

(16) この種の一連の博覧会を組織したこととならんで、建築と装飾の優秀作品にバルセロナ市が与えた年間賞を設立したことでモデルニスモの歴史と切っても切れない関係を保った重要人物が、カルラス・ピルッズィーニだった。

(17) L. Domènech i Montaner, *L'Antoni M. Galissà en l'intimitat,* 《La Veu de Catalunya》, Barcelona, 21 mayo 1903. 《Arquitectura y Construcción》, Barcelona, junio 1903 に再録。

(18) A. Cirici-Pellicer, *El Arte Modernista Catalán,* Barcelona, 1951. 以下も参照。José M. Garrut, *El Café-Restaurant de la Exposition Universal,* 《Cuadernos de Arquitectura》, Barcelona, 2.º y 3.er trimestre de 1963.

(19) A. Cirici-Pellicer, *A través de los objetos modernistas,* en *El Modernismo en España,* Madrid, 1969. この主題については以下も参照。A. Cirici-Pellicer, *Las Artes decorativas modernistas,* 《Destino》, Barcelona, 25 octubre 1969.

(20) ウマーとブスケッについてはA. Cirici, *El Arte Modernista Catalán* の一章以上の研究は見当たらない。その多くの記録はかれら自身との会話から直接得られたようである。近年出版された *Exposición de Artes Suntuarias del Modernismo barcelonés,* Catalogo, Barcelona, 1964 のなかでマヌエル・ジル・グアシュとジュアン・バルベータ・アントゥネスは以下の人物について具体的なデータを示している――ガスパー・ウマー、ジュアン・カレーラス、ジュアン・ブスケッ、ジュアンキム・カザス、フランセスク・グアルディア・ビダール、リュイス・マスリエーラ、ジュアキム・ラナール、ジュアン・ビダール＝イ＝バントーザ、パウ・ガルガーリョ、ランベール・アスカレー、ディオニス・ラナール、アウゼビ・アルナウ、アントニ・セッラ、ジュゼプ・ペイ、ジュゼプ・グァルディオーラ、マテオ・クレイ、セバスティア・ジュニエン、ジュゼプ・イグナシ・ジナブレーダ、「マスリエーラ兄弟」社、「F・デ・A・カレーラスの息子たち」社、「ウリオール宝石店」、「マスリエーラ・イ・カミンス財団」。同様のさらに詳しいものは *El Modernismo en España,* Madrid, 1969 にあるが、建築に関する記述には甚大な誤記がある。

(21) *Materiales y Documentos de Arte Español,* Barcelona, 1900–1903 参照。ブスケッの家具は大量に複製されている。

(22) もうひとつ忘れてはならない局面がある。深い配慮もなく流行を追って生産された無名で大衆的な家具がそれである。それらはときにカタルーニャの大家の独創的な創造を模倣し、あるいは外国モデルに従った。もっとも重要なのは角材を用いた椅子のシリーズであり、バレンシアの多くの工場で、トーネットのモデルや「ウィーン工房」を模倣した「ウィーン風家具」が再生産された。

(23) モデルニスモの工芸や建築彫刻の分野で、葬送用品の占める大きさに注意せねばならない。このテーマは専門化して建築部材や人物や装飾彫刻を含むようになり、とりわけ墓碑用の字体デザインが発達した。バルセロナのムンジュイクの新墓地とアレニス・ダ・マール、リョレット・ダ・マールの墓地には、たいへん重要な作例が多く集中している。

訳注

〔1〕 一六三五年、スペインとフランスとの戦争が勃発した。ピレネー北のカタルーニャ語地域ルセリョンが戦場となり、国家はカタルーニャに戦費の捻出を要求し、カスティーリャ兵はカタルーニャの農村部を占領地であるかのように蹂躙、略奪した。これが民衆の強い不満を呼び農民の暴動から収穫人戦争（一六四〇—五〇）に発展した。

〔2〕 一七〇〇年にカルロス二世が後継ぎを生さずに世を去ると、後継指名を受けたフランス王家出身フェリーペ五世とハーグ同盟列強の擁立するカルロス三世が対立した。カルロスを押したカタルーニャが戦場となり、神聖ローマ皇帝となったカルロスが去ったのち一七一四年にバルセロナは降伏した。

〔3〕 カシキスモはアメリカ大陸の旧スペイン領で行われていた、土着の慣習に由来する悪習。スペイン本土でもカシーケと呼ばれる地方の家父長的主導者が、役人や政党と一定の関係を保って社会制度を牛耳っていた。

〔4〕 ブナバントゥーラ・カルラス・アリバウ（一七九八—一八六二）カタルーニャの詩人、実業家。雑誌『欧州人』を創刊し自由主義経済とロマン主義文学を鼓舞し、カタルーニャ語による詩作、著述をおこなった。近代カタルーニャ語とその文芸復興への最大の貢献者のひとり。

〔5〕 『エル・バポール』は急進的民主主義者ペラ・ファリプ・ムンラウ＝イ＝ロカが一八三三年から三六年まで発行した政治・文芸週刊誌。

〔6〕 一八八八年のバルセロナ万博の詳細については、八嶋由香利「バルセロナ万国博覧会」、『近代都市バルセロナの形成』慶應義塾大学出版会、二〇〇九、参照。

〔7〕 マニーセスはバレンシア西郊の陶器産地。中世にイスラーム人の技術で窯業が興され、ルネサンス期以降も、マリョルカ島経由で全欧に輸出された「マジョルカ焼き」の主要産地として栄えた。

〔8〕 アンリク・プラット＝ダ＝ラ＝リーバ（一八七〇—一九一七）カタルーニャ主義の政治家。ドゥメナク＝イ＝ムンタ

ネーの片腕として頭角を現し、バルセロナ県知事を経て一九一四年にカタルーニャ連合体の初代議長となった。

〔9〕「マンレーザ綱領」は、マンレーザにおける一八九二年のカタルーニャ主義連合の会議で採択された、連邦制によるカタルーニャ自治のための指針。このときの「連合」の代表がドゥメナク、書記がプラット＝ダ＝ラ＝リーバだった。

〔10〕パウ（パブロ）・ガルガーリョ（一八八一―一九三四）彫刻家。サラゴサに生まれ幼時にバルセロナに移住した。アルナウに師事したのちパリで学び、その後もバルセロナとパリを往復した。初期には建築装飾用の石像彫刻を多く手がけたが、後にはキュビスムの影響を受けた銅や鉄の作品も多く手がけた。

〔11〕アンリ・クロス（一八四〇―一九〇七）ナンシー派の彫刻家。彩色蠟装飾で名を上げ、のちに多色ガラス彫刻に移り、セーヴルの陶磁器工場に工房を構えた。絵画と彫刻、美術と応用芸術の境界を取り払った。弟のシャルル・クロス（一八四二―一八八）はエキセントリックな詩人で発明家。

〔12〕ナンシーのガラスと陶磁器製作者シャルル・ガレの息子、エミール・ガレ（一八四六―一九〇四）はガラスや陶磁器、家具デザイナーで、父の隠退後事業を継ぐ。オリエンタル風装飾からはじめ、もっとも知られたアール・ヌーヴォーのデザイナーとなった。

〔13〕ラモン・カザス（一八六六―一九三二）バルセロナ生まれの画家、広告デザイナー。裕福な家系に生まれ、故郷で絵画を学んだのちパリで印象派に接し、それをバルセロナに伝えた。都市の風俗や風景、肖像画でモデルニスモ絵画を代表し、若きピカソに影響を与えた。

〔14〕ミゲール・ウトリーリョ（一八六二―一九三四）もモデルニスモの代表的な画家。パリではカザスやルシニョルと共同生活した。

〔15〕ルイ・マジョレイ（一八五九―一九二六）父の代からのナンシーの家具職人。ルイ十五―六世復興様式で製作したのち、一八九四年からガレの影響を受けたアール・ヌーヴォー様式に移った。一八九八年から十年間は最盛期で、工房では照明器具、金属装飾、ファブリックも扱った。第一次大戦後は抑制されたアール・デコ様式に向かった。

Ⅳ　新様式を求めて

応用芸術がこのような発展をとげていたかたわらで、当然のこととして建築もこれと平行した歩みをたどっていた。全欧を席巻したロマン的中世主義はここでは愛国主義の支持も得ていたし、文学における「ラナシェンサ」の世代や絵画や音楽における運動とも呼応していた。

一八三六年にバルセロナ商業連盟建築学校の校長職がアントニ・セッリャスからジュゼプ・カサダムンに引き継がれたことは、研究計画の転換を、具体的には中世芸術により配慮が払われるようになったことを意味した。(1) セッリャスがヘラクレス神殿〔1〕復元計画の責任者だったのにひきかえ、カサダムンは熱心な中世主義者であって、サンタ・カタリーナ修道院〔2〕が壊される直前に実測図を描き上げた人物である。この引き継ぎはカタルーニャにおける古典形式の伝統との明瞭な決別と中世考古学の第一歩とを記録する、きわめて特徴的な出来事だった。とはいえカタルーニャの建築は、大筋ではロマン的新古典主義の精神に沿った路線をたどっていた。

さらにのち、具体的には一八六〇年ごろになると、中世主義やロマン主義的「復興主義」、そして懐疑や創案にもとづく折衷主義といったあらゆる運動が文化的規模を帯びてくる。まさにこの時期にきわめて重要な出来事があいついで起こったのは、たんなる偶然ではない。一八五九年にはカタルーニャで「花の宴」が再興された。このよく知られたコンクールは中世の伝統を引き継ぐものであり、カタルーニャ語の復旧のため役立った。同じ一八五九年にはバルセロナの市壁の取り壊しが始まり、イルダフォンス・サルダーの進歩主義的な拡張計画が承認され、バルセロナは本格的に近代の段階に入った。[3] 一八六〇年、建築家アリアス・ルジェンはバルセロナ大学の設計を完了した。中世復興主義による最初の大規模な建築である。やはり一八六〇年に、アフリカ戦役の有名なテトゥアンの戦いでプリム将軍がカタルーニャ志願兵を率いて勝利を収めたことが、全カタルーニャに民族主義の高まりや熱狂を引き起こし、これと同時にロマン主義思想の流れを汲むオリエンタル趣味の造形がめだつようになる。

この段階のカタルーニャ建築について、くわしい研究はこれまでされてこなかった。[2] 重要な建築家のなかに先に述べたアリアス・ルジェン(一八二一―九七)がいる。ルジェンはマドリードで学んでいた一八四五年に、焚書抗議としてヴィニョーラの建築書を公前で焼いた人物である。[3] バルセロナ建築学校で指導的な役割を果たし、マドリードのサラマンカ地区の初期段階を建設し、バルセロナの大学と神学校を設計し、ロマネスク期のリポーイの修道院を修復した。ルジェンとともに忘れてならない建築家にジュゼプ・ウリオール・メストラス(一八一五―九五)、A・フォン=イ=カレーラス(一八四六―一九二四)、ジュゼプ・フンサレー(一八二九―九七)、ジュアン・マルトゥレイ(一八三三―一九〇六)、ジュゼプ・ビラセカ(一八四八―一九一〇)がいる。このなかにはすでに、新しいモデルニスモ精神の先駆者とみなしてもよい人物、マルトゥレイやビラセカが含まれている。

記録による十分な裏付けはないがひとつの示唆として、ここでアメリカからカタルーニャへ文化上のある種の影響があった可能性について述べておきたい。十九世紀を通じてカタルーニャとアメリカとは商業で強く結ばれていたことが知られている。基本的には中南米の植民地と強い関係があったのだが、北米と文化交流を確立するのも容易だったはずである。たとえば最近、カタルーニャの図書館のいくつかで、ハバナのある書店の商標が押された本が多数確認された。強調したいのは、ネオ・ロマネスクの運動はアメリカとカタルーニャでほぼ並行したかたちで興ったが、それ以外のヨーロッパではこれとは一種異なる性格をとったことである。たとえばリチャードソンのロマネスク風様式は、非常に時代の下るベルラーヘよりもアリアス・ルジェンに文化的にみてよほどよく似ている。それに加えて、コリンズも認めるように、「カタルーニャ人たちはルイス・サリヴァンを魅了したエジプト風の平滑な花柄モティーフに熱中した」[4]。ここにあるのは、カタルーニャ近代建築の真のダイナミズムを知ろうとするとき、深く探求すべき主題にほかならない。

これら中世主義やオリエンタリズムの要するに折衷的な世界全体が、過去へのいかなる参照にもよらない真の新様式獲得のための最初の一歩として、確実で固有な展開をみせる瞬間が訪れる。先述したようにそれが起こったのは一八八〇年から一八八五年にかけてであり、主要作品にはビセンス邸（ガウディ設計）とモンタネル＝イ＝シモン出版社（ドゥメナク＝イ＝ムンタネー設計）のふたつがある。

さかのぼること一八七一年、一連の経緯を経て商業連盟建築学校と建設現場監理者の学校が廃されてバルセロナに公立建築学校が設立され、一八七四年からはアリアス・ルジェンがその初代校長の任にあった。この出来事は、カタルーニャに建築教育が確立され、固有のイデオロギーをもつ教育と職業団体が生まれたという意味で重要である。このとき以来カタルーニャ「派」について、またその内部における相互の影響関係について、それ以前よりも厳密に論ずるのが可能になったことは確かである。この新しい中核組織は、いっぽうではセッリャスやカサダムンによる古い学校とはまったく異なる意図によって、またマドリードの建築学校とのちがいを際立たせるために、広く門戸を開いた。こうした姿勢は、近代の技術的学問的方法の採用や、古典の伝統のみならず真正な内容を伴わないあらゆる模倣様式の放棄に示された。アリアス・ルジェンの死後その文章を一九〇一年の建築家協会年鑑のためにブナバントゥーラ・バサゴーダが集めたなかには、そうした意図が明確に述べられるとともに、十九世紀前半を通して変わることのなかった状況に対抗する新たな教育の高揚が説かれている。

探求と決別へのこういった意識の高まりと呼応するように、まさにガウディが学業を終えようとしていたのと同じ一八七八年に、ドゥメナク＝イ＝ムンタネーは『ラナシェンサ（復興）』誌上に「新たな民族の建築を求めて」という表題の記事を発表した。(5) これこそ正真正銘の近代建築を理論的に定立しようとした、はじめてのカタルーニャ語の文章だった。この記事は折衷主義の時代の疑念や矛盾を洗いざらい集めるとともに、すでに決定的な刷新への信念をも含んでいた。芸術が文明という大河のなかのたんなる一成分ではないこと、そしてそれゆえに「近代的」であると同時に「民族的」であることがいかに困難であるかの説明から話は始まる。「ローマ芸術はその発祥地によってローマ芸術なのではなく、それがローマ文明を表徴するゆえにローマ芸術と呼ばれる。昨今の時代の要請に応えつつ、ひとつの国家のなかで新しい建築が創造しうるとしたら、それは同様の理念や手段を共有する他の文明国家に伝播するだろう。それは近代建築となるだろうが、もはや民族建築ではないだろう」。それにもかかわらず、「同じ理念の命ずることに対応したとしても」民族や地理上の差異が、さまざまに異なる民族的建築を生み出すことになろう。ドゥメナクの主張によればしかし、固有の建築を提示するにはスペインはあまりに雑多な国家である。そうしたなかに、どれひとつとして満足すべきものではないが、四つの方向性が認められる。ギリシャ・ローマ的なもの（「この建築はあらゆる民族が完全に放棄しているものだが、中世の優れた作品を無意識に破壊し、古代の情感を理解することなく形態のみを模倣したことからして、今日ではもはや死体であり、もっと言うなら醜くゆがんだ形態や、存在理由や生命の欠如ゆえに、古典建築の不気味なミイラとでも呼ぶにふさわしい」）、建物の類型ごとに歴史上の適正な様式を当てはめる「折衷主義的な、しかし尊重すべき様式」[6]（「古い形態は、われわれの現実的要求にも建設手段にも合致しないために、この主義を奉ずる設計者たちはあまりにしばしば伝統的な知識や目的に背き、近代の手法を覆い隠しているように見える。たとえば鉄製の大梁や柱のような近代の産物は、現実の要求に応えるものである以上隠されるべきではないし、はっきりと表現するに値するものである」）、ついでロマネスクやゴシックの歴史的建造物の伝統を継承する流派、そしてムデハル様式の再解釈である。ドゥメナクはこれら最後の二派の可能性について手みじかに擁護しながら、すぐに続けて、「これら二様式の提供する要素は、現代の要請を満足するには十分でない」と認めている。新しい要求に呼応する新しい建築を探求せねばならないが、それはあくまで歴史上の諸様式が示す建築の本質の教えに従いながらである。「新しい経験や必要性がわれわれに課す形態を隠すことなく採用し、そのうえで、あらゆる時代の記念碑や素材の本性が提供する装飾的資産によって、その形態を豊かにし、表情を与えねばならない」

　しかしわずか数年さかのぼる一八七四年、ドゥメナク＝イ＝ムンタネーはジュゼプ・ビラセカの協力を得て、複数の公共教育機関が入るはずの建物の設計競技に勝利していた。敷地はバルセロナのブルック通りとアウシアス・マルク通り、バイレン通り、ロンダ・サン・ペラに囲まれた場所である。[5] この計画が他の建築家たちの新たな企画に与えた重要性は甚大だった。一九〇二年、プーチ＝イ＝カダファルクは『イスパニア』誌に掲載された洞察に満ちた論文のなかで、一八八〇年代のカタルーニャ建築が三つの傾向にしたがって動いていたことを述べている。[7] 考古学では依然としてアリアス・ルジェンが君臨していた。折衷主義と呼んでよい流派の代表は、サレサス聖堂の設計者ジュアン・マルトゥレイだった。真正な革新主義はヨーロッパとりわけドイツの運動と連動し、ドゥメナク＝イ＝ムンタネーとビラセカの公共文化施設の計画で実現に向け動いていた。この計画案はまだモデルニスモ作品と分類されうるものではないが、過去の諸様式と明確

ビラセカ、フランセスク・ビダール工芸社（1884）。バルセロナ、アラゴー通り60番地

にまた決定的に決別し、新しい技術に建築的表現を与えようとした最初の計画だったことは確実である。ふたりの設計者みずからが、予備調査として研究した外国作品を列挙している。そのなかにはミュンヘンのピナコテーク（絵画館）、ドレスデンとカッセルの博物館、ドイツやオーストリア、スイスのさまざまな技術学校と美術館、とりわけシンケル設計の傑作ベルリンのバウアカデミー（建築学校）があった。しかしかなり雑多なこの作品リストよりも重要なのは、当時まではたんに技術的な意味あいでしか認知されていなかった要素を建築形態として採用するという決定だった。ファサード構成の軸となる大煙突や、窓周りや構造材に鉄を使うという前例のない果敢な決定、すべてをプレファブの原理にしたがって合理化し類型化すること、そしてなによりも、完全に構成要素自体で成立するような表現を優先して、いかなる様式的な定式化も避けようとする態度があった。

この計画が、のちにビラセカがフランセスク・

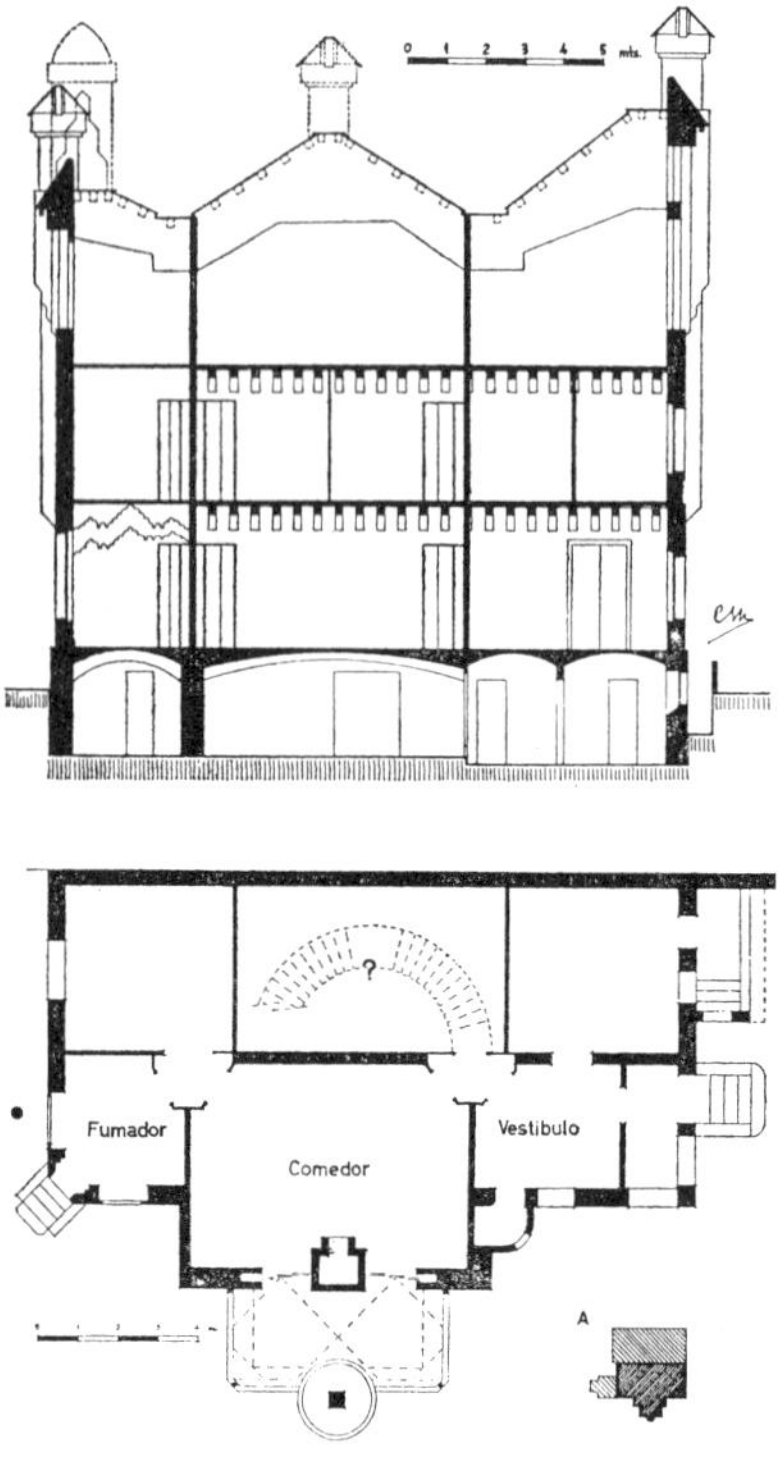

ガウディ、ビセンス邸断面図（上）と平面図（下）

ビダール工芸社を実現し、ドゥメナク＝イ＝ムンタネーがモンタネル＝イ＝シモン出版社を建てたときの出発点となったのはまちがいない。バルセロナのこのふたつの建物では、ドゥメナク＝イ＝ムンタネーが『ラナシェンサ』誌上で述べたことへいくぶん尊重を込めて呼ぶなら、「混合主義」がより自由で自律的な表現への道を開いていた。いうまでもなく、両者のうちではモンタネル＝イ＝シモン出版社のほうがはるかに重要である。理由は多々あげられようが、とりわけ一貫した煉瓦の使用のなかで折衷的ないくつかの試みが中心を構成しているためであり、これがモデルニスモ建築の開花にとっての出発点となり、後述するような特別の関心を引くのである。

もうひとつの基本的な作品が、ガウディのビセンス邸である。ここでは明らかにムデハル起源のいくつかの形態が採用されているが、これによってその後のモデルニスモの開花に新しいテクスチュアと新たな空間の可能性が導入された。この住宅は石造で、石の枠取りと施釉タイルで仕上げられ、立体的で複雑な活力に満ちている。これと同様な路線とほとんど同じ形態で設計されたものとして、やはりガウディがサンタンデール県コミーリャスに建設した別荘「カプリーチョ（奇想荘）」を強調せねばならない。

同じようにこの文化的な過渡期に属するものとして、先の章で述べたように、ジャロニ・グラネイ設計の

ガウディ、「カプリーチョ」(一八八五―八九)、サンタンデール県コミーリャス

ドゥメナク＝イ＝アスタパー、王立科学芸術アカデミー（1883）。バルセロナ、ランブラス通り115番地

ビラノバ・イ・ラ・ジャルトルーのバラゲー図書博物館（一八八二）や、ドゥメナク＝イ＝アスタパー設計のバルセロナの科学芸術アカデミー（一八八三）、ジュアン・マルトゥレイ設計のバルセロナのサレサス聖堂（一八八五）を挙げるべきだろう。最後の作品は煉瓦による外装表現を追求したものである。

これらの作品すべてが準備した決定的な飛躍を経て、一八八八年前後にドゥメナク＝イ＝ムンタネー設計の万博カフェ・レストランと、ガウディ設計のバルセロナのノウ・ダ・ラ・ランブラ通りのグエイ邸が建てられる。この二作品によってカタルーニャ建築はヨーロッパ芸術の前衛に躍り出る。のちにみるように、少なくとも形態上の局面において、世界的な展望のなかでカフェ・レストランに比肩する建築作品が出現するのは、十年ないし十五年後のベルラーヘ設計のアムステルダムの株式取引所を待たねばならなかった。またグエイ邸についてみるなら、この作品がヴィクトル・オルタがブリュッセルに建てたタッセル邸より四年早いことや両者が形態や素材の点で驚くほど共通していることを、図版まで用いて立証したジュゼプ・リュイス・セルト〔ホセ・ルイ・セルト〕やスウィーニーの権威を待つまでもなく(8)、この作品のモデルニスモ的性格のゆるぎなさや決定的な様式上の創案の数々は議論の余地がない。アール・ヌーヴォーの開始は一八九三年のヴィクトル・オルタのタッセル邸であるというのが定説だったが、この事実だけで、アール・ヌーヴォーが年代のうえでモデルニスモに先行するという考えが誤謬であることは十分明らかである。このように、仮にビセンス邸やモンタネル＝イ＝シモン出版社の歴史的価値についていくぶんの疑義を認める場合にも――それらにはあの特徴的な「鞭曲線」のモティーフの遠慮がちな初期例さえみられる――一八八八年と八九年に建てられたふたつの作品によって、建築史におけるモデルニスモの正当な位置がはっきり画定されるだろう。

迷妄に満ちた中世主義や折衷主義の時代も含めた、これら創生期の運動全体のなかにすでにいくつかの特徴が認められるが、いっぽうではそれらは同時代の外国の運動と共通するものであって、モデルニスモの発展過程全体を通して一貫して持続することになる。技術に対する関心やその技術を建築的にどう表現するかという問題とは別に、ここでおもに倫理問題に関する立場と社会改革への努力について考えておかねばならない。

これまでに述べてきた建築家たちの倫理上の立場は、ときには作品の建築的価値自体以上に重要な場合もあり、その意義は強調しておく必要がある。そこには何よりもまず、先行する新古典主義建築に含まれる虚偽や、滅びた様式の形態に隠された空疎な観念、そして材料や構造の恣意的な使用法に対する反発があった。こういった理由から、ドゥメナク＝イ＝ムンタネーやドゥメナク＝イ＝アスタパー、ビラセカがそれぞれモンタネル＝イ＝シモン出版社や科学芸術アカデミーの、そして凱旋門[6]のファサードを、カタルーニャの新古典主義的ロマン主義様式に通例だった石造の模倣によってではなく、テラコッタ（焼成粘土）の浮き彫り仕上げで構成した決断を、造形的な企てとしてよりむしろ倫理的な側面から考える必要がある。あるいはまたアリアス・ルジェンが、イギリスやフランスの例と時を同じくして、鋳鉄製の円柱を他の仕上げ材で覆い隠すことなくバルセロナ大学の内装に用いた例も同類である。いまここでカタルーニャにおける鉄の使用を縷々検証することはしない[9]。それらは国際的な事例に呼応してほぼ同時に生まれたものであり、すでにギーディオンやペヴスナー、ゼヴィの著作によって十分知られているからである。土着的であるがゆえにより重要と思われるのはむしろ、前述のテラコッタの使用と、全面的に化粧煉瓦仕上げを採用した建築が急速に、またまとまって出現したことである。

カタルーニャにおける煉瓦造の優勢を語るまえに、スペイン全土、とりわけマドリードで並行して発展していたネオ・ムデハル様式についてみておかねばならない。[10] すでにとりこわされたマドリードの闘牛場は、E・ロドリゲス・アユーソとL・アルバレス・カプラの設計で一八七四年に竣工した。これはおよそ一八七四年から一九二五年にいたる煉瓦造建築隆盛の端緒をなす作品であって、その様式は「スペイン建築史の記述から抽出されたものであり、その端正な形の下に、スペインの伝統に長く培われた材料の採用にもとづく職人仕事という社会経済上の堅固な構造を証言していた」。この種の建造物はまちがいなく、十九世紀のカスティーリャ建築のもっとも興味深い成果である。その影響は広範に広がり、カタルーニャの折衷主義のみならず、モデルニスモに先立つ過渡期にまでおよんだ。すでにみたようにドゥメナク゠イ゠ムンタネーは論文「新たな民族の建築を求めて」のなかで、建築刷新の選択肢のひとつとしてムデハル様式に言及していた。またムデハル様式の諸要素が認められる統一性を備えた同時代の作品例としては、モンタネル゠イ゠シモン出版社やビセンス邸、「カプリーチョ」、サレサス聖堂が挙げられる。この位相において非常に重要なのがルカス親方の作品であって、この人物はバレンシアで復興主義者と刷新主義者の役割を同時に、たいへん効果的に演じていた。いっぽうでこの影響の震源地はマドリードの建築学校にあったとみることができ、ここで折衷主義や初期のカタルーニャ・モデルニスモが、バルセロナ建築学校が活動を始めるより前に形成されていた。これらすべてがスペイン全土で「近代的で民族的な」建築を見いだそうとする企てへと集結していたが、このころにはカタルーニャにおける民族主義の形成は、建築の領域で様式上明確に定義づけられるほど十分に具体化してはいなかった。

しかしながら、この様式がマドリードを中心に普及したことが明らかだとしても、ゴンサレス・アメスケタも説くように、カタルーニャで根強く定着していた煉瓦造の伝統技術がそこに影響をおよぼしたこともまた強調せねばならない。この技術を支えているのは厳しく統御された素材の品質だけでなく、これを要素の重合した集成材による均質な構造体とみなす考え方である。そのもっともきわだった特徴は「平煉瓦」によるドーム構造にみられるが、これを規定する方法と要素は多数存在する。カタルーニャ起源のこの技術の影響についての証言は、一八九八年にファン・バウティスタ・ラサロが建築家中央協会で開催した「カタルーニャ起源の材料と工法の移入によって昨今進歩した建設」と題する討論のなかで、ゴンサレス・アメスケタがおこなった発言にみられる。作品自体の分析から確認されることに加えて、もうひとつの証言がファン・バウティスタ・ラサロ設計のウルスラ修道会礼拝堂やレパラドーラスの聖堂へのビセンタ・ランペーラスの批評にみられ、そのなかでは「カタルーニャ式と呼ばれる工法」(11)の仕様が詳細に説明されている。

しかしカタルーニャにおいては、その後ネオ・ムデハル様式はイベリア半島の他の地域ほど流行することはなかった。その前に立ちはだかったのはまず、もっと純粋にカタルーニャ的な様式の流れを引き継ごうとする企てであり、もうひとつは、より厳密な「反様式主義」に対応するものとして、工法自体に含まれる構築的合理性に迫ろうとする動き、そして最後に、近代性やヨーロッパ性への要求があった。そしてこうした要求が新様式の探求や歴史主義的折衷主義への軽蔑、そしてヨーロッパやアメリカの文化への開放をもたらしたのである。

マドリードの建築学校からの影響を脱した煉瓦造建築の最初の例がおそらく先述の万博カフェ・レストランであって、この作品で採用された煉瓦による巨大で平滑な量塊は、モデルニスモ始動の歴史的指標としての価値を獲得した。カタルーニャのゴシック建築のいくつか、具体的にはバレンシアとマリョルカのリョッチャ（商品取引所）にみられるような量塊の構成が、この作品の論理的で慎重な煉瓦の新しい使用法と共通点を持っていた[7]ために、この作品は近代建築へ向け、また様式的な論理にしたがって展開された典型例とみなされるようになった。つまりカフェ・レストランは煉瓦造のネオ・ゴシック様式の定式化を開始したのではなく、モデルニスモそれ自体の独創的表現の一類型を築き上げたのである。同じころジュゼプ・ビラセカは、議論すべき要素がなきにしもあらずだが、ある程度まで並行した道程を進んでいた。古典的な図式にしたがった凱旋門を、煉瓦とテラコッタで解釈してみせたのである。

煉瓦造の建築を挙げていくと、じっさいたいへんな数になる。カミール・ウリベーラス設計のバルセロナのラス・コルツ通りの産院（一八八三―一九〇二）、A・フォン＝イ＝カレーラス設計のバルセロナの「アレーナス」闘牛場（一九〇〇）、プーチ＝イ＝カダファルク設計の「クワトラ・ガッツ（四匹の猫）」の建物（一八九六）。バルセロナのビラノバ大通りのきわめて興味深い「カタルーニャ水力発電」（一八九七―九九）でペラ・ファルケスは、仕上げなしの煉瓦と鉄を組み合わせた。J・ルビオ＝イ＝バリュベー設計のバルセロナのホセ・アントニオ大通り（現在のグラン・ビア）のグルフェリクス邸（一九〇一）。プーチ＝イ＝カダファルク設計のバルセロナのディアゴナル大通りの「ラス・プンシャス（タラーダス邸）」（一九〇五）は、カフェ・レストランの平面と量塊表現の構想を焼き直したものである。ジュアン・アルシーナ設計のルスピタレート・ダ・リュブラガート[8]のトゥリンシェト工場（一九〇七）、ドゥメナク＝イ＝ムンタネー設計の「カタルーニャ音楽堂」（一九〇八）、テラーサのアイマリク＝イ＝アマート工場（一九〇七）をはじめとするリュイス・ムンクニイ設計の多数の工場建築。ドゥメナク＝イ＝ムンタネー設計のバルセロナのサン・パブロ病院（一九〇二―一〇）、バルナルディ・マルトゥレイ設計のバルセロナのバリュドゥンセーリャ修道院（一九一〇）、プーチ＝イ＝カダファルク設計のムンジュイクのカザラモーナ工場（一九一一）、ドゥメナク＝イ＝ムンターネー設計のレウス[9]のペドロ・マタ研究所（一八九七—一九一九）、カタルーニャの村落に多数散らばるセーザー・マルティネイ設計の農業施設（一九一九—二五）。このリストに、引っ張り補強材があるものもないものも含めた、煉瓦造のヴォールト天井を備えつけることで空間を活性化しているあらゆる建物を加えるべきかもしれない。それらはカタルーニャの興味深い伝統の一部を構成している。たとえばサン・パブロ病院の天井は、さまざまに異なるヴォールトで覆われている。カタルーニャのどこへ行こうと工場建築はこの種の膨らんだ形態で覆われていて、もはや典型的な風景となっている。ジャロニ・マルトゥレイは一九一〇年に建築家協会の『年鑑』に記事を寄せて、煉瓦造ヴォールトを備えたカタルーニャの近代建築の総体について書いているが、これはこの主題の理解のため基本的な文献である[12]。

煉瓦造によるこの種の建築はカタルーニャにおいてたいへん重要なものであって、世紀末芸術の包括的特徴を研究した多くの批評家がこれを無視してきたことはまことに理解しがたい。ウィリアム・モリスが、他の多くの事象とともにこの件でも先導者の誉れを受けるのは確かである。モリスは仕上げなしの煉瓦壁の「誠実さ」を訴えた最初の人物であるし、一八五九年にこの材料を用いて有名な「赤い家」を建設させたからである。アメリカにおけるリチャードソンやサリヴァン、そしてシカゴ派のかなりの部分の経験も考慮せねばならず、このことはここでも、アメリカとカタルーニャの間になんらかの影響関係があったというわれわれの仮説を再確認させる。だがヨーロッパの他の実例の大半は、もちろんもっとも重要なベルラーヘやアムステルダム派を含めて、明らかに遅れて登場する。

すでに述べたように、倫理上の基調となるこうした条件とともに社会変革への要請が存在した。この面でのモデルニスモの端緒は——多くの特色を備えた一地方という規模のなかに——美術工芸運動と同じ理念を共有していた。運動形成初期の根本的要因は、産業革命という主題と、それがもたらしつつあった社会的不均衡の萌芽にあった。職人的手仕事への回帰の動きには、機械化に向かう避けがたい未来への展望が相対的に欠如していたが、ひとつの応急処置でもあり、社会問題に目を向けさせる警告ともなった。アリアス・ルジェンは一八八〇年にサン・クガートの修道院[10]を訪れたさいに、生活様式としての中世の政治社会基盤の重要性をはっきりと評価していたが、ここにもヨーロッパの改革運動がそっくり反映されている[13]。

だがあらためて主張しておきたいのは、倫理的規律や社会改革の企てといった状況に加えて、愛国主義の高揚が広がっていたことである。この傾向は同時代の文学や芸術上の運動にともなう運動と同類のものであり、モデルニスモの全盛期に頂点を迎えるはずであった。建築様式の形態上の発展が、七〇年代から八〇年代の作品において、どれほどカタルーニャ主義思想の展開と同調しているか研究するのは興味深いものがあるだろう。上述のようにそこにはスペイン建築の伝統へのいくらかの傾倒が認められ、それが世紀末まで続くのだが、そのころになると純粋な土着的表現の試みは、ヨーロッパの潮流への統合の動きとともに一九〇一年の世代への合流で終了する。したがって、モデルニスモの偉大な創作者のなかに、並みはずれた才能をもつ建築家であるのみならず、カタルーニャ連盟（Lliga de Catalunya）を設立し、最初の自治綱領の起草である有名な「マンレーザ綱領」制定時の代表をつとめた敏腕政治家であるドゥメナク＝イ＝ムンタネーのような人物がいるのも、少しも偶然ではない。いっぽうのガリサーはカタルーニャ主義連合（Unió Catalanista）の党首であったし、プーチ＝イ＝カダファルクは、北方世俗ルネサンスの愛すべき心地よさをカタルーニャにもたらしたあと、カタルーニャ四県を統治する最初の政治組織カタルーニャ連合体（Mancomunitat）の議長にまで昇り詰める。ガウディの場合は政治活動から比較的距離を置いていたようにみえるが、自分の遺産をカトリック教会とカタルーニャ連合体に分配したという象徴的な逸話を忘れるべきでないし[14]、歴史上のあらゆる人々の贖罪教会、「貧民の大聖堂」サグラダ・ファミリアの工事をめぐるガウディの行動は、深い宗教心とともに社会的愛国的熱意にもとづく、建築を超越したあの高貴な価値を示したのである。したがって、モデルニスモ全体への関心をたんに技術や視覚上の資料だけに限るべきではない。それに加えて、この運動の倫理的な中身や、建築家ひとりひとりが生きるなかで直面した歴史的瞬間に下した態度を評価すべきなのである。

最後にもう一度確認しておきたいのは、世紀末においてカタルーニャが、ということはつまりモデルニスモが、文化的に孤立していた、というあれほど流通した誤謬についてである。この様式の形成にとって重要な時期を特徴づける、ヨーロッパとの文化交流を示すおびただしいリストを提出したらおもしろいかもしれない。残念なことにこの種の問題について掘り下げた研究は十分におこなわれておらず、それどころかむしろ数が少ないといわざるをえない。まず第一に、カタルーニャにとって非常に重要な人物がふたりいたという周知の事実を強調しなければならない。ラスキンとヴィオレ＝ル＝デュクである。ラスキンは非常に早くから翻訳され、しかもスペイン語だけでなくカタルーニャ語にも、クラウディ・グラウやマヌエル・ダ・ムントリウやサブリア・ダ・ムントリウの手で訳された。この最後の人物はウォルト・ホイットマンやエマーソンの訳者でもあった。ラスキンの翻訳はカタルーニャの知的世界全体に普及し、おそらくは建築家たちよりもむしろ画家や装飾家のあいだではるかに広まった。建築家たちはヴィオレ＝ル＝デュクへの特別な信頼を堅持していた。「ヴィオレ主義」がこれほど深く浸透し、これほど広範にしっかり根づいた地域は他にないだろうし、このことはとりわけ、純粋なゴシック「復興」以上に合理主義的態度の数々にあてはまる。アリアス・ルジェンがすでにヴィオレの『建築事典』[11]を建築学校で必携の基本教科書に指定していた。ヴィオレの著作はガウディにとっても唯一の理論的総体であって、コリンズの言葉によれば、ガウディは日々これを「建築に関する聖書」としてとりあつかっていた。

だがこのふたりだけが特別な事例だったのではない。A・シリーシはかつて『カタルーニャのモデルニスモ芸術』のなかで、モデルニスモ文化の基礎を同時代のヨーロッパ思想にまで広げて説明しており、後続のさまざまな研究がこれを具体的に解明してきた。このことはたんに地元の重要作品の分析のなかで観察されるだけでなく、当時翻訳されたカタルーニャ語の文献にも認められ、その語彙に並みはずれた活力と前衛性の響きを与えるのに役立った。哲学や芸術、文学の領域の翻訳が多数掲載されたカタルーニャ語の雑誌には『カタロニア』(一八九八―一九〇〇)と『ジュバントゥート(青年)』(一九〇〇―〇六)があり、後者の美術監修はアラシャンドラ・ダ・リケーだった。この二雑誌が発行されていた年月が、盛期モデルニスモにほぼ一致している。だがこの時代の思想をもれなくすくいあげた小出版物にも目を向ける必要がある。独創的な成果の大半がそこに見いだされるからである。『ラベンス(進歩)』(一八八一―八四、一八八九―九三)『カタルーニャ・アルティスティカ』(一九〇〇―〇二、一九〇四―〇五)『東方の光(Illustració Llevantina)』(一九〇〇―〇一)『ペル・イ・プロマ』(一八九九―一九〇三)がそれであり、『ペル・イ・プロマ』はサンティアーゴ・ルシニョルやラモン・カザス、ミケール・ウトリーリョといった、シッジャスや「四匹の猫」に集まったモデルニスモのグループを代弁する雑誌となった。これらに加えねばならないのが、スペイン語で出版されたもののカタルーニャのモデルニスモ運動に深く関わった多数の雑誌であり、『イスパニア』(一八九九―一九〇二)がその代表例である。

これと並行して、世紀をまたぐ二十年間のあいだにさまざまな出版社が――そのほとんどが上述の定期出版物と関連していた――その時代の思想や文学を系統的に紹介した。そのなかでも重要な叢書には「ビブリオテカ・ポプラール・ラベンス(ラベンス国民叢書)」や「ビブリオテカ・ジュバントゥート」、「ビブリオテカ・ダ・トツ・クロール」があった。これらの叢書やその他のなかに、たとえばプンペウ・ジャネー訳やジュアン・マラガイ訳を含むニーチェがあり、これらは大衆と個人の関係のとらえ方から新たな特権階級の概念にいたるまで、決定的な影響を残した。[15] イプセン劇の上演はたいへんな成功を収め、一八九三年の『民衆の敵』の(パリよりも早い)初演や一八九六年の『幽霊』の初演によってバルセロナに「イプセン協会」の設立が企画されたほどであった。イプセンとともにメーテルリンクの戯曲も多数翻訳され、シッジャスの第二回「モデルニスモ祭」の基礎となり、カタルーニャに「芸術のための芸術」の理念を具現化した。イプセンへの関心がトルストイを通して高められたとしたら、バクーニンとクロポトキンは無政府主義の文学的側面に影響をおよぼし、メーテルリンクは高踏派や象徴主義者の曖昧模糊を助長した。ホイットマンからビョルンソン、ストリンドベリ、ハウプトマン、ダヌンツィオ、そしてすでにみたラスキンの著作のカタルーニャ語訳もベストセラーになった。[16] しかしこの方面で特記すべき労作は、リヒャルト・ワーグナー作品全集という困難極まる翻訳であって、これは「ワーグナー協会」を創設し推進したジュアキム・ペーナの名うての偏執的博覧のおかげで実現した。ワーグナーがモデルニスモ全体の象徴であり要約であることに、誰も異論はなかった。バルセロナのリセウ劇場における一八八二年の『ローエングリン』初演は画期的大事件となり、全カタルーニャはワーグナーに驚愕すべき天才の権化を見たが、カーライルやエマーソンの翻訳によってその理論構造がすでに知られていたことが受容の素地となった。触れるものすべてを芸術に変える新たな魔師ワーグナーは、「総合芸術」の絶対的成果の擬人化でもあり、この統合こそマラガイが訳したゲーテのテクストに求められていたものであり、全芸術のこのような統一こそ、すでにラスキンが別の出発点からめざしていたものだった。

文化のこうした同化の例はおびただしく、じっさい歴史のあらゆる細部を構成している。プンペオ・ジャネーは一九〇一年のある講演のなかで、カーライルとエマーソン、ラスキン、そしてニーチェの名前をひっくるめて新芸術を統合する試みをおこなっている。[17] ゲーテの作品の側面のいくつかも複雑な反響を引き起こした。その影響は建築家連中にまでおよび、極端な場合はガウディ自身がドイツでシュタイナーが主宰したのと同様な運動を企てた例がある。[12] ワーグナー対ニーチェ論争は、雑誌や新聞記事からみるかぎり、ほとんど大衆的といってよい反響を引き起こした。ラスキンの死に際しては、詳細な内容の記事が続々と書かれた。絵画や彫刻の分野では、印象主義とラファエル前派がサンティアーゴ・ルシニョルやR・カセーリャスによるパリ情報を介して速やかに伝えられ、ただちに反応を引き起こした。一九〇六年に始まったシェーニウス筆のコラム「語彙集」は、まもなく反モデルニスモの旗色を鮮明にするノベセンティスモ的立場にもかかわらず、カタルーニャ文化に前例のない厳密で的確な記述によって、あらゆる人々の哲学や芸術の話題にとって尽きせぬ情報源となった。

建築の具体的な領域、そして一般的にデザインの領域においては、さまざまなレベルにおよぶ情報の量が大いに効力を発揮した。この領域全体に、そのような情報が反映されていった。それを示す以下のような例が思い起こされる。一九〇二年に『イスパニア』に掲載された記事のなかでプーチ＝イ＝カダファルクは、カタルーニャの側からみて同時代のヨーロッパのどんな人物が、またどんな建築的状況が重要視されているかを詳細に説明している。[18] またサブリア・ダ・ムントリウの多彩な活動のなかには、一九一二年の「田園都市協会」の設立があったし、重要な国際交流を確立したことが挙げられる。[19] モデルニスモの建築家たちによる、ドイツとオーストリアを中心とした視察旅行もあった。[20] ウィーン分離派の運動が、オットー・ワーグナーのもっともあいまいな路線からオルブリヒやホフマンにいたるまでそっくり、バルセロナにおいてもバレンシアにおいても正確に把握されていたことは、たとえば一九〇三年にジャロニ・マルトゥレイが雑誌『カタルーニャ』に発表した記事や、一九一五年のサン・セバスティアンにおける国内建築家会議の際のダメトリ・リーバスの報告、あるいは一九〇九年のバレンシア国内博覧会のガイドが「近代的で抑制されたウィーン様式」について語っていたという逸話、そしてとりわけ建築学校の設立に向けた具体的な動きや、バルセロナとバレンシアの拡張地区における活発な建設運動によって確かめられる。マドリードで一九〇四年に開催された国際建築家会議はくわしく研究する価値があるだろう。そこでは新しい建築について、ヘルマン・ムテジウスやP・J・H・クイペルス、H・P・ベルラーへの直接参加を得て、国際的基準の議論が戦わされた。またこの会議にプーチ＝イ＝カダファルクが全自作を収録した有名な写真集を携えて参加したが、これについては後にとりあげることになろう。(21)

もうひとつの興味深い出来事は、アール・ヌーヴォー様式の全面的礼讃とみなされる一九〇〇年のパリ万国博覧会がカタルーニャに与えた衝撃である。スペイン館を設計したのは建築家ウリオステであり、マドリードの公的文化当局の要求にしたがって、きわめて反動的な規則に従いつつおおよそプラテレスコ様式で建てられた。(13) 文化的後進性を示すこのまぎれもない実例にたいしカタルーニャはいっせいに反発した。『イスパニア』や『ペル・イ・プロマ』をはじめバルセロナのほとんどあらゆる新聞雑誌は展示館のコンクールについて詳細に報道し、そのなかではほぼ例外なく、オーストリア館が評価の高さできわだっていた。(14) M・ルドリゲス・クドラーはバルセロナ県から依託を受けて博覧会の多彩な内容について報告しており、その情報は『イスパニア』誌上に一九〇三年六月三十日から掲載された。

ヨーロッパ文化がこのようにカタルーニャにとりこまれていったことに加えて、カタルーニャ建築が外国に認められるようになったことを認識せねばならない。この普及にとってもっとも重要な役割を果たしたのが、パリで一九一〇年に開催されたガウディ作品の展覧会である。ブルーノ・ゼヴィはこの展覧会に反発して抗議運動が起こったと述べているが、ジョージ・G・コリンズは展覧会の成功を史料によって明らかにし、寄せられた幾多の賛辞やフランスやイタリア、ドイツ、アルゼンチンなどで出版された記事を引用している。[22]カタルーニャ建築についての情報は一九〇三年から増え始めたようである。一九〇九年にアンリク・ジャルディは、ブリュッセルの雑誌『アール・ピュブリク（公共芸術）』にモデルニスモ建築についての記事を何本か寄せている。[23]『アーキテクチュラル・レヴュー』誌はガリサー設計のラ・リーバ家墓廟[15]を掲載した。[24]一九〇四年にプーチ＝イ＝カダファルクの全作品を集めた写真集がフランス語のテクスト付きで出版されたが、[25]プーチ自身はこれとは別に、考古学研究の業績によってヨーロッパ中の大学と緊密な関係を保っていた。こうした事例の列挙はこの程度にとどめるが、厳密な研究を進めれば、カタルーニャ建築の運動がヨーロッパ文化の潮流から遠くなかっただけでなく、可能性の許す範囲内でかなりの普及を果たし、少なからぬ名声を確立していたことが証明されることだろう。[26]このように書くのも、過大評価には慎重でなければならないが、モデルニスモの現象を生み出したカタルーニャ語を使用する文化的領域の限界それ自体が全世界的な普及を困難にしたのであり、いまも困難にしているからである。

原注

（1）カタルーニャにおける建築教育の歴史については以下を参照。Buenaventura Bassegoda, *Divagaciones retrospectivas de un secretario indiscreto*, Barcelona, 1950. Juan Bassegoda Nonell, *Primer centenario de la Escuela de Arquitectura de Barcelona*,《La Vanguardia Española》, Barcelona, 2 octubre 1971. AA.VV., *Exposició Commemorativa del Centenari de l'Escola d'Arquitectura de Barcelona 1875–76/1975–76*, Barcelona, 1977. 工事監督の役割やカタルーニャにおける初期の建築家については、J. Bassegoda Nonell, *Los Maestros de Obras de Barcelona*, Barcelona, 1972 参照。

（2）カタルーニャにおける折衷主義建築に関する最上の記録は、ジュアン・バサゴーダが指導するバルセロナ建築学校ガウディ講座の資料室に、未刊のまま保存されている。

（3） Buenaventura Bassegoda, *Elías Rogent, nuestro primer director,* Barcelona, 1958.

（4） George R. Collins, *Antonio Gaudí,* New York, 1960.

（5） スペイン語訳が《Quadernos de Arquitectura》, Barcelona, 2.º y 3.er trimester 1963 に掲載されている。いくつかの点でこれと並行する以下のテクストを参照することもできる。Leandro Serrallach y Mas, *Discurso sobre el tema: observaciones acerca de las causas que influyeron en el estado actual de la arquitectura,* Academia Provincial de Belles Artes, Barcelona, 1984（抜粋が《Nueva Forma》, Madrid, enero-febrero 1972 に再録された）. 建築刷新の提案である以上にこれは、十九世紀の建築の諸様式に認められる衰弱した無秩序状態に関する痛ましい断言が、明らかに反動的な響きをもつ郷愁とともに提示されている。とはいえそこには、社会や文化の刷新への要求というある種の進歩主義も接ぎ木されている。セラリャックによれば、衰退の原因は学校教育における排他主義や個人主義、目まぐるしい変化、そして物質主義にあった。こういった諸悪に対抗するものとしてセラリャックは折衷主義を弁護し（「現今における折衷主義の使命は知識階級を啓蒙し、精神の平明さを推進し、ある種の緩衝地帯を提供すること以外にない。この緩衝地帯は力が結集される場所となって、混乱や災難に疲れたとき、民衆がその目や心を倫理的な秩序の支配した偉大な過去に向け、どれほど道を誤ってきたか、いかに進路を正すべきかを理解するのだ」）、社会的利益の至上性、流行の軽薄さとの戦い、そして「理念と情感」の必要性を説いた（同じ著者にもうひとつの記事があるが、われわれの議論からすれば興味は薄い。*Consideracións acerca de la intervención del arte, de la ciencia y de la industria en la Arquitectura.* Acta de la sesión delebrada el 20 de diciembre de 1885. Real Academia de Ciencias Naturales y Artes. Barcelona, 1886）。

（6）「そのためには墓地はエジプトかそれに類する様式でなければならず、博物館はギリシャ様式で、会議場はローマ様式で、修道院はビザンティンかロマネスク様式で、教会堂はゴシック様式で、大学はルネサンス様式で、劇場は半ばローマ様式半ばバロック様式でというように、すべてが様式上のいささかの変化をつけられる」

（7） J. Puig i Cadafalch, *Don Lluis Domènech y Montaner,*《Hispania》, Barcelona, núm. 93, 30 diciembre 1902.

（8） James Johnson Sweeney y Josep Lliís Sert, *Antoni Gaudí,* New York, 1960.

（9） A. Cirici-Pellicer, *Visión retrospectiva de la arquitectura en hierro,*《Cuadernos de Arquitectura》, Barcelona, diciembre 1945.

（10） ムデハル様式についての最良の研究は以下である。A. González Amézqueta, *El neo-mudéjar y el ladrillo en la arquitectura española,*《Arquitectura》, Madrid, mayo 1969.

（11） V. Lampérez y Romea, *Crónica,*《Revista de la Sociedad Central de Arquitectos》, Madrid, 1899. ゴンサレス・アメスケタによる

引用。

（12） Jeroni Martorell, *Estructuras en ladrillo y hierro atirantado en la arquitectura catalana,*《Anuario de la Asociación de Arquitectos de Cataluña》, 1910. この主題と同年鑑からの抜粋は、以下を参照。Donenèch i Estapà, *La fábrica de laddrillo en la construcción catalana,* 1900. Jaime Bayó, *La bóveda tabicada,* 1910. それ以外に以下参照。Buenaventura Bassegoda, *La Bóveda Catalana,* Barcelona, 1947. より広い文化的射程をまとめたものとして、Collins, *Antonio Gaudí: Structure and Form,*《Perspecta 8》, 1963 参照。一九〇四年四月にマドリードで開催された第四回建築家国際会議に際してプーチ＝イ＝カダファルクはカタルーニャの構造手法について講演をおこない、大きな反響を呼んだようである。「現実に適用されるかれらの知識を合理的に実証するために、煉瓦職人の助けを借りてカタルーニャ構法のヴォールトを破壊してみた」（《Arquitectura y Construcción》, Barcelona, abril 1904）

（13） Elias Rogent, *San Cugat del Vallés,* Barcelona, 1880.

（14） George R. Collins, *Antonio Gaudí,* New York, 1960.

（15） ニーチェについてスペインで最初の記事はマラガイが『ラベンス』（一八九三）に発表したものだが、ニーチェを論じた別の記事が『バルセロナ日報』への掲載を拒否されたあとのことだった。カタルーニャへのニーチェの紹介については以下を参照。Eduard Valentí, *El primer modernismo catalán y sus fundamentos sociológicos,* Barcelona, 1973.

（16） カタルーニャにおけるこれらの文化についてはA. Rovira i Virgili, *Quinze articles,* Barcelona, 1938 の以下の文章にみられる。「文化の伝道者たちを読むのは楽しかった。そのなかにはルソー、プルードン、ショーペンハウアー、ルナン、スペンサー、ニーチェ、クロポトキン、ジョレス〔フランスの政治家、国際社会主義運動の指導者〕がある。文学ではシェイクスピア、モリエール、ゲーテ、スタンダール、ヴィクトル・ユゴー、レオパルディ、カルドゥッチ、イプセン、ビョルンソン、メーテルリンク、ズーダーマン〔ドイツの自然主義劇作家〕、ハウプトマンを読んだ。このような人名リストを挙げたのは、今世紀初頭にアナーキズムやカタルーニャ主義の進歩的若者のあいだでもっともよく読まれた著者を知ってもらうためである」

（17） P・ジャネーによる一九〇一年の学芸協会講演から。A. Cirici-Pellicer, *El Arte Modernista Catalán,* Barcelona, 1951 の引用。

（18） J. Puig i Cadafalch, *Don Lluis Domènech y Montaner,*《Hispania》, Barcelona, núm. 93, 30 diciembre 1902.

（19） 協会は一シーズンにわたり雑誌『都市（Civitas）』を発行した。以下を参照。Enric Jordí, *Cebrià de Montoliu, urbanista,*《Serra d'Or》, Montserrat, abril 1964. Francesc Roca, *Cebrià de Montoliu y la*《*ciència cívica*》, Cuadernos de Arquitectura y Urbanismo, Barcelona, enero-febrero 1971. 以下の未刊の博士論文も参照。M. Torres Capell, *El planejament urbà i la crisi de 1917 a Barcelona,*

Escuala de Arquitectura de Barcelona, 1978（一章がムントリウにさかれており、当時のバルセロナの都市計画について貴重な情報を含む）.

（20）様式形成の初期段階についてもっとも重要な情報を伝えるのは、学業を終えたばかりのジュゼプ・ビラセカがおこなった外国旅行だった。ビラセカの伝記（J. Bassegoda y V. Artigas,《Anuario para 1911》, de la Asociación de Arquitectos de Cataluña）には、フランスやイギリス、ベルギー、ドイツ、イタリア、ギリシャ（「アテネでは研究対象をパルテノンに定めて数週間にわたり鑑賞し実測して過ごした」）について記述があり、なによりも当時さまざまな記念建造物の建設が真っ最中だった、オーストリアのウィーンがあった。

（21）この会議についてかなり完全な概要が《Arquitectura y Construcción》, Barcelona, abril 1904 にある。会議のプログラムは非常に広範であり、建築における新芸術、建築遺産の保存と修復、建築教育、近代工程の工芸作品への影響、建築の知的所有者、建設作業員の訓練、建築所有物の管理、強制収用、労働問題のなかの建築家、といった内容だった。めだった出来事として、クイペルスとプーチ＝イ＝カダファルクの議論では「近代様式」を擁護するプーチがクイペルスを攻撃し、新素材の審美的価値の提案はグスタヴィーノとベルラーへの発言でとりわけ鉄筋コンクリートに向けられ、また機能性の擁護と技術者による芸術についてのムテジウスの議論などがあった。

（22）カタルーニャ建築家協会の『年鑑一九一一年』にはフランスで報道された記事のさまざまな断片が再録されており、それによって展覧会が引き起こした衝撃を確認できる。そのうちとくに強調すべきはMarius-Ary Leblondによる《L’art et les artistes》, Paris, XI 1910 の記事である。ジャロニ・マルトゥレイが『カタルーニャの声』に発表した記事には、観客の反応がかなりはっきりと記録されている。「熱狂的に賞賛する観客たちは、カタルーニャにおけるのと同じように、この偉大な首都で巨匠ガウディを見いだした。だがそれと同時に、誹謗者や憤激する論敵にもこと欠かなかった。展示品をまえにして熱っぽく議論する姿が見られたし、ときにはそれが昂じて、遺憾ながら暴力沙汰にまで発展しかねないほどであった」

（23）Enric Jardí, *Renaissance catalane: architecture*,《Art Public》, Bruxelles, décembre 1909.

（24）《Architectural Review》, 1896-II, p.113.

（25）*L'oeuvre de Puig Cadafalch, architecte. 1896-1904*, Barcelona, 1904. プーチ自身によるまえがきにはカタルーニャ語訳が添えられている。以下がそれである。「このように、走るように急いで（カタルーニャでは）建築教育が急造され、さらに大急ぎで教師や学生がつくられ学校がいくつか組織されたが、それぞれがまったく好き勝手に我流で進める始末であった。ある者はロマネスク芸術を新たに修復する方法を空しく捜し、かたやヴィオレ＝ル＝デュクのフランス式ネオ・ゴシックの学派を輸入し、またある者は新芸術の実現のためドイツやオーストリア、フランスを探し回り、あるいは材料や構造を外観にあらわした建築の合理主義を確立しようとしていた。われわれのなしとげたすべてのなかでもっとも可能性のあるのが近代芸術であり、伝統芸術を基礎にそれを新素材による美で飾り、民族的精神によって今日の要求を解決しながら、そこに中世の豊潤な装飾からほとんどイスラーム風の凹凸装飾や、極東の曖昧で奇妙な形までのなにがしかを注入している。それは無意識な夢想家や真摯な先達たち、そして親方と弟子による共同作業であった。それは文学や歴史、社会すべての再生の助けとなったし、その結果芸術の光を各種の手作業にたずさわる人々にまで伝えた。そうした手仕事は、建築をとおしてわれわれの芸術作品に協力することで、いちどはとだえた各種の工芸のなかから蘇生したのである。われわれのなかにしらずしらずに形成されたこの技芸をわたしが明確に意識したのは、この地方の人々の目よりもむしろ外部の人々をとおしてであって、かれらの目がわれわれの共同作業のすばらしさに輝くのを見たからである」

(26) G. R. Collins, *Antonio Gaudí* の参照文献にはモデルニスモについて、さらに具体的にはガウディについて書かれた、この運動とほぼ同時代のスペイン語以外のテクストに関するかなり充実したリストがある。以下の著者が注目される。Marius-Ary Leblond, Umberto Tavanti, Evelyn Waugh（Waugh の意見については David Mackay, *Tres escriptors estrangers encarats amb Gaudí,* 《Serra d'Or》, Montserrat, marzo 1961 を参照), Mildred Stapley, Fritz Mielert, G. Desdevises du Dezert, Emmanuel Sorra. 脚注で添えられた Le Corbusier, Walter Gropius, Albert Schweizer, Luis Sullivan 等の意見も参照。日付によってとくに興味深いのが G. Lainé, *Barcelone,* 《Monde Moderne》, enero-junio 1898 である。さらに詳しい情報についてはコリンズの書の参考文献を参照。

訳注

〔1〕 バルセロナ大聖堂の裏手、古代ローマの中央広場に接した場所に、アウグストゥス神殿の三本のコリント式円柱遺構が保存されている。この神殿はヘラクレスに捧げられたとも考えられていた。

〔2〕 バルセロナのゴシック地区内サン・ペラ地区にあったサンタ・カタリーナ修道院は、一八三五年に自由主義派の扇動者にあおられた反教会暴徒による焼き討ちにあい荒廃し、三七年に取り壊され、跡地に同名の市場が一八四七年に建築家ブイシャレウの設計で建てられた。

〔3〕 サルダーのバルセロナ拡張計画については山道佳子「都市拡張の夢――イルダフォンス・サルダー（一八一五―七六）の理想とバルセロナ」、『近代都市バルセロナの形成』慶應義塾大学出版会、二〇〇九、にくわしい。

〔4〕 ヘンリー・ホブソン・リチャードソン（一八三八―八六）はパリに留学したアメリカの建築家。ニューイングランド地

方に適した様式として、ネオ・ロマネスクによる多数の作品を設計した。

〔5〕「ロンダ」は中世バルセロナの市壁を撤去した跡に敷設された環状道路。他の三つはサルダーの拡張計画で敷設された直交街路であり、敷地は拡張地区のうち旧市街の北側に接した一等地に位置する。

〔6〕一八八八年万博のシウタデーリャ会場へのグラン・ビア方面からのアプローチ、リュイス・クマニス大通りの入口に建設された。次章で詳説。

〔7〕カタルーニャのゴシック建築の特徴は、しばしば構造上の合理性や経済性、無装飾壁面などで要約される。

〔8〕ルスピタレート・ダ・リュブラガートはバルセロナの南隣の工業地域。現在では市街地はバルセロナと一体化している。

〔9〕レウスはタラゴナの西隣に位置する地方の中心都市。古くから商業で栄えた。

〔10〕サン・クガートはティビダボ山を越えたバルセロナの北西にあり、古くからベネディクト会修道院の門前町として知られてきた。ロマネスク期にさかのぼる聖堂や回廊が残る。

〔11〕『フランス中世建築事典』（一八五四―六八）。

〔12〕ルドルフ・シュタイナー（一八六一―一九二五）ドイツの哲学者、教育思想家。自然科学的思考法と精神的直感の統合をめざした「人智学」を提唱した。精神科学研究のため「ゲーテアヌム」を創設し表現主義的なその中心施設を二度建設した。また子供の内的生命と自発性を尊重したバルドルフ学校を設立し、みずからの理論を実践した。

〔13〕「プラテレスコ」は精巧な装飾に特徴がある十六世紀スペイン黄金期のルネサンス様式。その命名は「銀細工」に由来する。

〔14〕ここで言及されているのは、ヨーゼフ・ホフマンがグラン・パレのなかに設計したオーストリア美術と工芸の展示室（実質的にウィーン分離派の作品の展示）であろう。ホフマンはこれ以外にもウィーン派と美術工芸運動の展示室や民間の展示館を設計した。ワーグナーは審査員のひとりであった。

〔15〕ラ・リーバ家墓廟は一八九一年、バルセロナのムンジュイク新墓地に建設された。

V

ガウディとドゥメナク＝イ＝ムンタネー

モデルニスモのあらゆる登場人物のなかでもっとも重要で、また資質に優れた建築家がアントニ・ガウディ（一八五二―一九二六）とリュイス・ドゥメナク＝イ＝ムンタネー（一八五〇―一九二三）であることはまちがいない。そのいっぽうで、さまざまな傾向や散発的な成果や様式上の相互関係の坩堝のなかに、はっきり特徴あるふたつの路線が見分けられるだろう。ふたつの発展は並行しており、上記の二建築家がそれぞれを代表しているとみることもできる。

モデルニスモの全体像が一般にまだよく知られておらず研究も十分されていないなかで、ガウディの事例が唯一の例外であるのはおそらく、ガウディがもっとも見応えある事例であり、誰よりも毀誉褒貶の激しい個性として扱われたためである。だがそれとともに、活動の初期からガウディと個人的に接していた地元の建築家連中のなかに、ガウディの言葉や個人的ふるまいに心酔した支持者が少なくなかったためでもある。しかしこういった建築家はガウディの建築の正当な文化的位置づけや遺産的価値よりむしろ、サグラダ・ファミリア聖堂の社会や宗教上の重要性のような、非本質的なあるいは建築外的な価値を賛美する傾向が強かった。そのあげくに起こったのが、これら建築家がノベセンティスモの隊列に大挙して加わり、一九三六年から三九年にいたる内戦が終わるとブルネッレスキ風の反動的傾向に参加したという異常な出来事である。

これは要するに、建築の正規の発展過程から逸れ、モデルニスモの使命から、つまりガウディの遺産から遠く隔たった運動だった。それにもかかわらず、普及のため払われた労苦の甲斐あって——なかでもラフォルスとフルゲーラの研究のもたらした効果は大きい——地元の新しい批判的世代がガウディ現象を正確に提起し、その成果をゼヴィやヒッチコック、コリンズのような世界的にすぐれた専門家に提供するといったことが起こってきた。今日では文献の数の多さでガウディに匹敵する建築家は他にあまりないほどであるが、それにもかかわらず依然として既往文献のほとんどが試論的性格の範囲内にあり、これを超えるような実証的専門研究が待たれる(1)。

それにひきかえドゥメナク=イ=ムンタネーは、つい最近まで事実上ほとんど研究されてこなかった。その理由はおそらく、「趣味のよさ」や整形の美学によって極度に変形された作品の表層が、作品にもっとも近い世代から敬遠されていたためと思われる(2)。このためドゥメナクの作品は最近までほとんどまともに評価されたことがなかったし、ヒッチコックのような優れた批評家でさえ、それをガウディの風変わりな弟子によるものとみなしているほどである(3)。

ガウディとドゥメナクが代表するふたつの路線は、ある意味では同じ近代運動の起源から派生したふたつの基本的傾向である。今日もなおある種の論争を引き起こしているが、いまではそれにさほど意味があるとは思えない。発展過程をみると、これらふたつの路線はそれぞれ表現主義と合理主義につながるはずのものである。このふたつの用語はここでは厳密な概念としてではなく、建築経験の理解のためのふたつの方法を素描する形とでも理解されるべきであり、両者はときには互いに干渉することもあったし、ほとんどいつもあいまいに定義されてきた。

ガウディ作品の根本的な意味が構築性にあることは、とりわけ初期の批評と解釈のなかで非常に広範に語られた。こうした人々はしばしば大きく誤って、ガウディをある種の合理主義の復興者——あるいはほとんど創造者——にまつりあげようとした。作品が建設されていた時代からすでに批評家や建築家の一団は、作品をいつも技術合理主義的観点だけから解釈することで、ガウディ主義が建築史に決定的な一歩を示していると、そしてまた、ガウディの後ろに新しい決定的な様式への道が開かれ、ロマネスクやゴシックによる企ての失敗はのりこえられたと主張した。ヴォールトの推力を分厚い壁面で押しとどめたロマネスクや、交差リブで力を対角線方向に流して角柱に伝えダイナミックに相殺させたゴシックのあとにガウディ主義が現れて、自己相殺的な平衡ヴォールトを体系化し、反力構造や控え壁を廃して空間と構造の並みはずれた一体化をなしとげた、というのである。

ここにみられるのは率直だが一面的な解釈といわざるをえない。というのもこれは、この大建築家の作品のごくわずかな部分に適用された解釈であり、いわばサグラダ・ファミリアの断片やある様相だけをとりあげたり、サグラダ・ファミリアの構造の予備的試作として実現された、同類の作品群をもとに下された解釈だったりしたからである。サグラダ・ファミリアへの賞賛に引きずられた初期の解釈者たちが、この作品の構造上の処理を他のあらゆるガウディ作品に共通のものとみたとしても不思議ではない。だがいっぽうで忘れてならないのは、ゴシックの構造を超えようというガウディの関心は、当初から拙劣に計画されていたこの建物のなかで芽生えてきたものであり、その初期案はガウディ自身ではなく建築家フランセスク・デ・P・ビリャーによって、明らかにゴシック様式の平面と構造で計画されていたということである。(4)他方では、この歴史様式による石造建築の構造システムを改善しながら継続しようというガウディの配慮が、作品の重大な欠点となって現れることさえあった。なぜならこの配慮が、すでに欧米のあらゆる建築がめざしていた新しい構造へのガウディの無関心を引き起こしたからだ。たとえばそれは、鉄による構造の大きな可能性である。技術分野へのこうした無関心によって、ガウディは先駆的な天才としてではなく、むしろ輝かしい石造建築の時代の掉尾を飾る最後の建築家と位置づけられるだろう。とはいえ、こうした技術的観点からの分類はわれわれにはさほど重要でない。

もっとも重要でよく知られたガウディの作品にはグエイ邸（一八八五―八九）、バトリョ邸（一九〇五―〇六）、サグラダ・ファミリアの学校（一九〇九）、「パドレーラ（ミラ邸）」（一九〇五―一一）、クロニア・グエイの教会堂（一八九八―一九一五）、グエイ公園（一九〇〇―一四）があり、また忘れてならないのが、建築的質において非常にきわだつとともにガウディ建築の発展過程のなかで特徴的な作品となった、サグラダ・ファミリア贖罪聖堂である。あえていえば、これらの作品すべてにおいて構築的側面や材料と構造の処理はそれら以外のさまざまな配慮に従属しており、これらが構築や様式的な意味での合理化にこだわって計画されたとか、

ガウディ、バトリョ邸（1906）
外観（上）と中庭側外観（下）

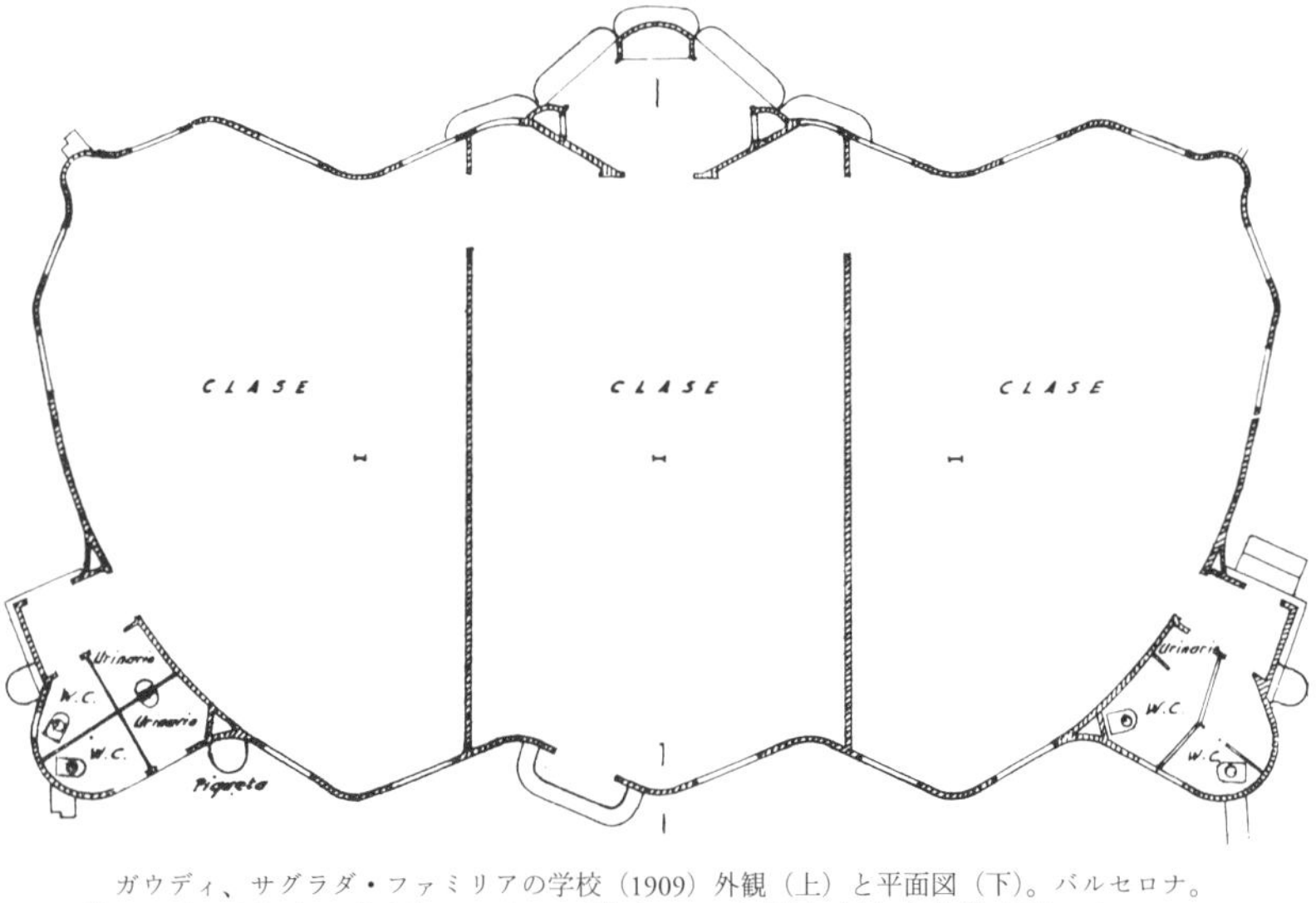

ガウディ、サグラダ・ファミリアの学校（1909）外観（上）と平面図（下）。バルセロナ。
次ページ・ガウディ、「パドレーラ」ミラ邸（1905–11）屋上（上）と外観（下）。バルセロナ、グラシア大通り 92 番地

まして合理性が建築的着想の出発点にあったなどとはとうてい考えられない。それとは逆に、いわば「時代遅れな」方法で処理された構造は想像を絶するほどの職人芸に負っており、新しい工業精神がすでに予告していたもろもろからは遠いところにあった。じっさい、こういってよいだろう。つまり、ヴィオレ＝ル＝デュクの影響で起こった成果のひとつである当時の合理主義的精神ゆえに、ガウディは本来表現主義的な自分の建築形態をかなり初歩的な力学によって説明しようとしたのだ、と。

ガウディと表現主義とをつなぐ線は非常にはっきりしている。たとえばニコラウス・ペヴスナーは、近代建築の発展がふたつの線で形づくられているという。ひとつはライトからロース、グロピウス、レヴァー・ハウス、ピレッリ・ビル、ローハンプトン団地にいたる「厳格主義」であり、もうひとつはガウディからペルツィヒ、メンデルゾーン、デ・クレルク、ロンシャン教会堂へと続く「表現主義」である。(5) これらの実例があまり等質なものとはみえないにもかかわらず、両者はふたつの思想あるいはふたつの方法論の存在を提起しており、その土台をなす基盤は七十年の長きにわたって持続してきた。その一方がまさにガウディの作品によって定式化されているのである。加えて、ガウディの作品にはすでにドイツ表現主義運動の主張が見え隠れするのだが、この運動は歴史上正確には第一次世界大戦のあとに形成されたものである。こうしてみると、ガウディの作品には大戦前の危機にたいし代案を提示するというよりむしろ危機を証言しようとする意図が認められ、さらには、世界とのつながりを失うことへの恐れゆえにドイツの「ブリュッケ（橋）」[1]の芸術家たちを歪んだ表象やグロテスクで象徴的な形態の採用への向かわせたような、反アカデミー的で反模倣主義的な態度が見いだされるといってもよいだろう。あるいは、「青騎士」[2]の芸術家たちが厳密に規定した手続きのなかで、解放の行為と理解された内面の表出にさらに似ている。

しかし厳密に形態的な側面に限っても、表現主義運動との明らかな一致が認められる。デニス・シャープが説くように、[6] ガウディ作品の特徴のひとつには可塑性や形態の運動をめぐるアール・ヌーヴォーやユーゲントシュティルの理念との連続性があるが、曲線装飾の資質は受け継いでいない。これはつまり、たとえばガウディとドゥメナク＝イ＝ムンタネーの態度を峻別するあの特性にほかならない。シャープによる同書の分析はもっと具体的な細部におよんでいる。ガウディには歴史上の先行例の自由な解釈があり、均質性や可塑性ゆえに彫刻的可能性を秘めた素材としてのコンクリートの利用がある。後者についてガウディはすでに直感していて、煉瓦と石材の非正統的な用法はそのあらわれだったようである。あるいは、生物学や有機体を参照した形態と空間の組織や、建物の量塊性が厳密に境界をもつのではなくさらに広い普遍的空間のなかに統合されるという考え方、そして建物ひとつひとつを総合芸術の作品でありひとつの「イメージ」や記念碑としてとらえようとする考えがあり、また、形態表現のなかで支配的理念を強調することで芸術作品の普遍的意味を明らかにしている。こうした形態の劇的表現や絵画的・彫刻的資質、空間の有機性、要するに純粋に表現的な価値に関するあらゆる周到な考慮ゆえに、ガウディはグロピウスや「デ・スティル」派の先鋒としてではなく、メンデルゾーンのもっとも激情的作品やシュタイナーやデ・クレルク、ペルツィヒ、あるいは後期のル・コルビュジエの先駆者と位置づけられる。要するにガウディは、表現主義路線の基礎を敷いた人物となる。

このような路線のなかに置いてみると、ガウディの見えがかり上の「構築的」態度はさらに理解しやすくなる。ガウディの表現主義的特質のうちには形態に意味を与えようとする意図が含まれ、その重要な内容のひとつがほかならぬ構造だった。ガウディが構造の客観的合理性を追求したことは一度もなかった。むしろ、ガウディはあらかじめ設定した構築原理をもとに形態を決定するのだが、その形態が構法の不純さや難点を劇的なほど明瞭にあらわすはずであった。さらに、構築原理の設定はさまざまな困難をともなう欲求や直感にもとづいていたが、その困難の先に表現の道が開けてくるはずであった。最終章でみるように、このような態度はモデルニスモの建築言語を生み出す幾筋かの道のひとつに数えられる。

前章で論じたビセンス邸とコミーリャスの「カプリーチョ」では、折衷主義を経て新様式がまさに達成されようとしていた。だがガウディの作品展開のなかで代表作とはいえず重要性も低いこの二作品にはこれ以上立ち入らないで、本章では本格的な活動時期の開始をしるすグエイ邸から見ていくことにする。グエイ邸の高度な表現上の資質はほかでもなく、人口に膾炙した内部空間の連続性と複合性に由来している。それは外光を透かし入れるファサードのような水平方向の変化をうみだすだけでなく、垂直方向への空間の貫通によってほとんどの階で床構造の一部を消し去っている。こうした結果、この建物のもっとも重要な空間要素は、ファサードのギャラリーを構成する二重構成の窓と放物線アーチ、そして垂直性の高い中央の大広間で

ガウディ、グエイ邸内観（上）とアクソノメトリク（下）

ある。大広間は二層分を貫いて立ち上がり、構造全体を貫通して星のように光がまたたくドームへと融合していく。ここにみられる空間と形態論的な資質は、あらゆる様式上の考察を超越している。だが厳密に歴史的観点や様式展開の意味からみても、グエイ邸は画期的な事例である。第一に、ここにみられる形態レパートリーへの確かな適応性はアール・ヌーヴォーを予見させ、とりわけ鉄加工品の詳細にそれが認められる。次に、一貫した進化をみせる一連の要素が、ガウディの詩法の明らかな基調を構成している。連続的な形態群の連なりを切断することで、空間を限定する平面よりも空間それ自体がいっそう強調される。些細な建築設備が熟慮された造形上のモティーフに転換される。たとえば屋上の煙突がそれであり、ミラ邸の狂気を思わせる彫刻性を予見させる。あるいはまた生気にあふれる荒々しい表面仕上げがあり、とりわけ地下ではそれが神経を逆撫でするほどの激しさに達している。

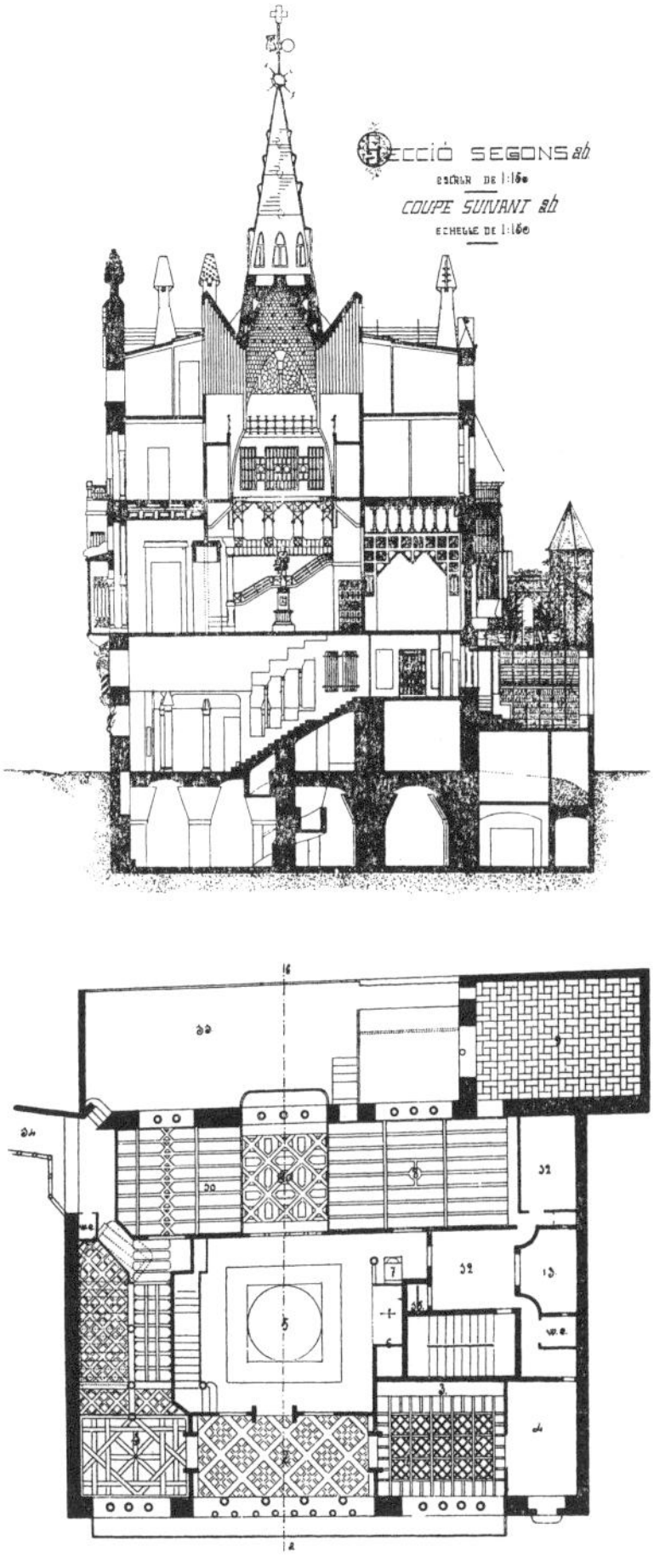

グエイ邸断面図 (上) と平面図 (下)

上・ガウディ、グエイ別邸（1887）
門と付属棟。バルセロナ、
パドラルバス大通り77番地。
右・同、司教館（1887–93）。
レオン県アストルガ。
次ページ・同、バトリョ邸
断面図（上）と2階平面図（下）

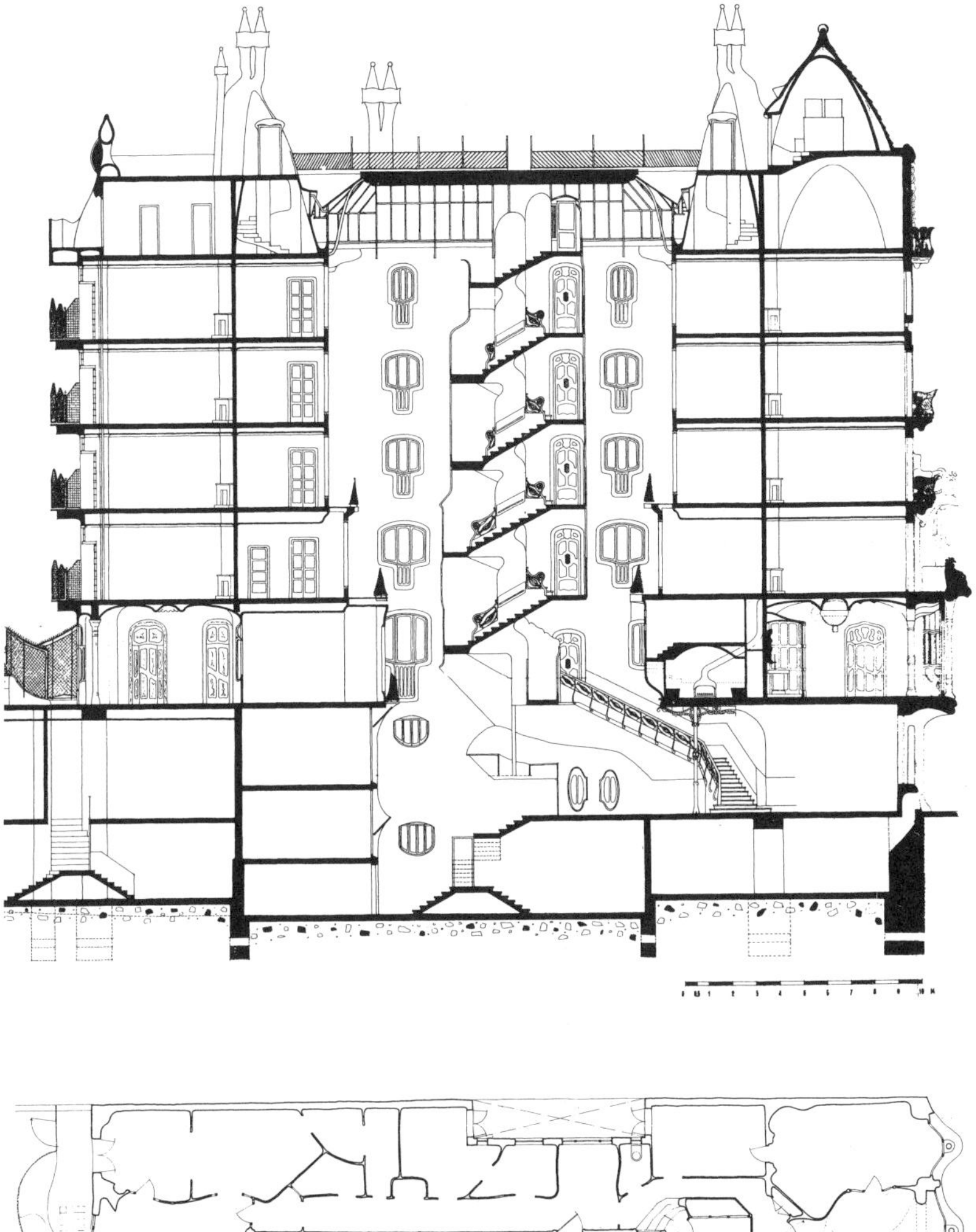

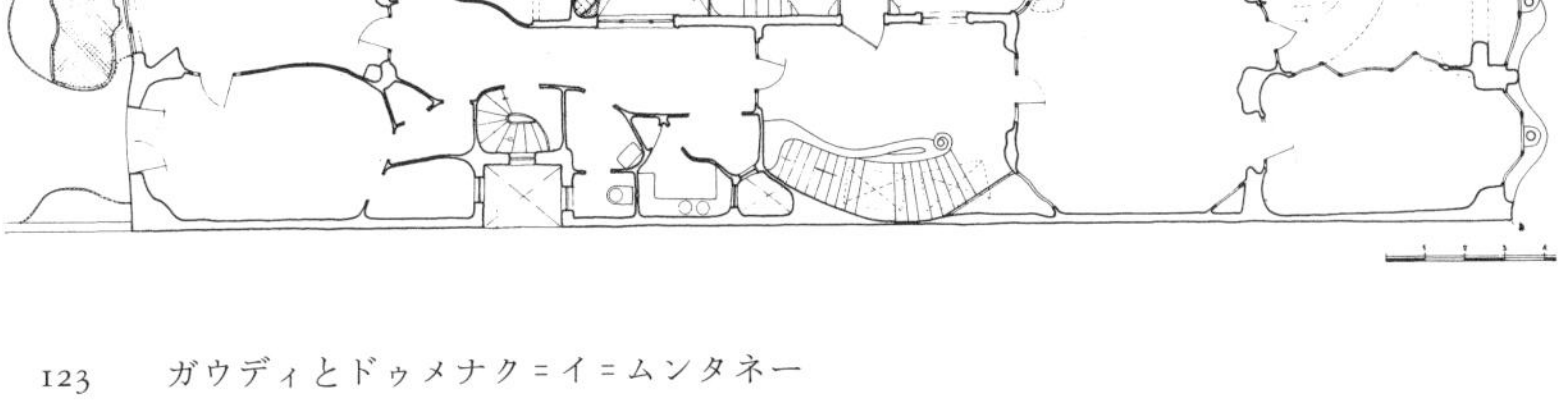

バトリョ邸バルコニーと二階（下部）外観

空間と量塊の複合性へのこの嗜好、有機的空間のためには平面をも犠牲にするこの欲求は、グラシア大通りのバトリョ邸の改築でさらに明瞭になる。というのもある意味で、ここでは与件がガウディの意図に不利に働いたからであり、つまりおおむね新古典主義にそった既存邸宅の構造がその意図を阻んでいたのである。この建物では、建物のあいまいな境界面としての内外空間の相互貫入が、ガウディにとってどれほど基本的な主題だったのかが明らかにされている。ファサードを構成していた当初の平面に、まず内外の境界線を消し去るバルコニーや出窓による彫刻的戯れがとってかわり、それが光沢ある多彩色によってさらにあいまいにされている。[7] 中央の中庭は、きわめて静的な主題を空間的シークエンスに変えるためのもうひとつの労作である。中庭の空間は階を昇るにしたがって広くなり、中庭に向いた窓は天空に近づくにつれ小さくなる。この変化は、青と白のタイルによる壁面の巧みなグラデーションとあいまって、体験する者に驚嘆すべき造

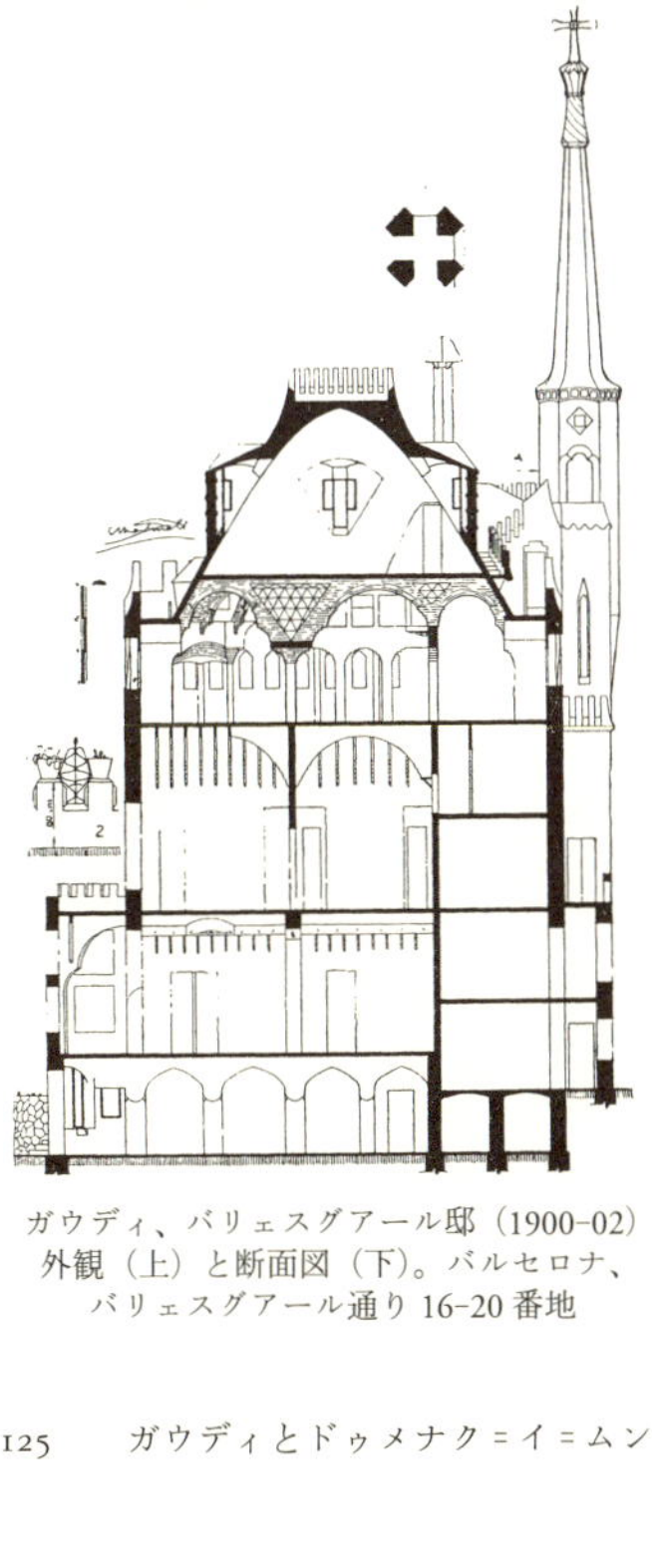

ガウディ、バリェスグアール邸（1900-02）
外観（上）と断面図（下）。バルセロナ、
バリェスグアール通り 16-20 番地

ガウディ、サンタ・テレーサ学院（1889–94）

形世界に沈潜していくような情感を与える。またバトリョ邸の屋根裏部屋は、煉瓦造のアーチとヴォールトによるこの種の構造の多彩な事例のひとつであり、ガウディの芸術の重要な一側面を明らかにしている。見方によれば、構造単位と空間とを一致させようとする企てとして驚嘆すべきバリエスグアール邸とサンタ・テレーサ学院の廊下の構造体のふたつは、その見事な先例である。この主題がさらに輝かしい表現を見いだすのは「パドレーラ（ミラ邸）」の屋根裏部屋においてであるが、近年の改修によってこの空間から当初の連続性は奪われてしまった。

ファサード表面の層をそれ自体がひとつの建築であるような空間と量塊に変換するという、この非常に興味深い傾向は強調しておかねばならない。グエイ邸やバトリョ邸の一、二階のファサードに明らかであるが、これが根本的な処理に達したものがサグラダ・ファミリアにほかならない。「生誕のファサード」（東側袖廊立面）はもはやファサードではない。それは立派なまた複雑極めたひとつの建物であり、教会堂の身廊の側面を閉じるためというよりむしろ——というのも、教会堂本体からみればそれはあまりに隅のほうにある——それ自体の内部空間を囲い込む構造として構想されている。このような傾向はひとりガウディだけでなく、モデルニスモ最上の建築家の作品にあまねく存在する。ドゥメナク＝イ＝ムンタネーはファサードの量塊性を空間的にまた構築的に独立した建物として処理する理論を組み立て、カタルーニャ音楽堂でそれを完

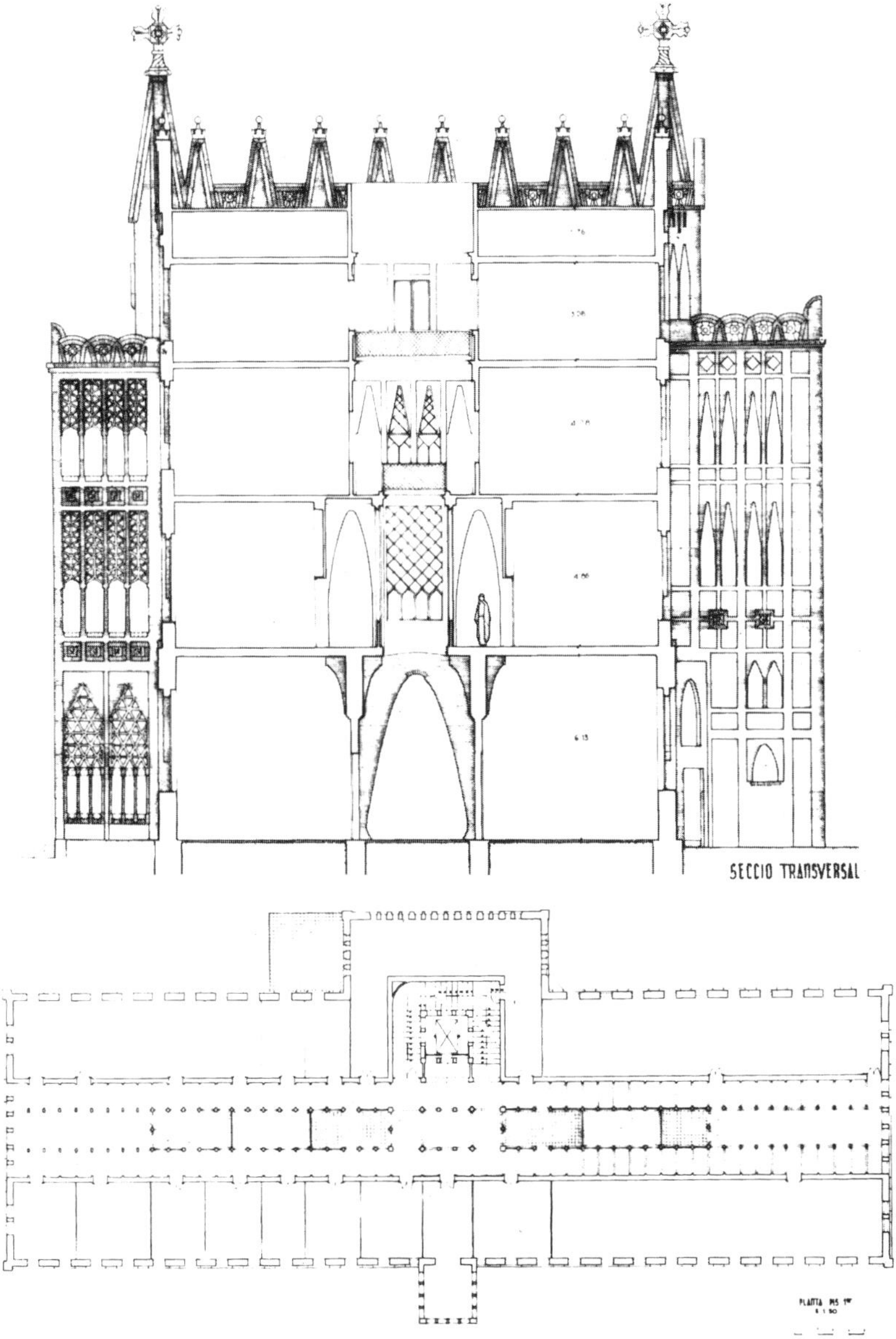

サンタ・テレーサ学院断面図（上）と平面図（下）。
バルセロナ、ガンドゥシェー通り 85–105 番地

壁なまでに実現した。同様な試みはルビオやジュジョール等の作品にも認められる。

有名な屋根裏部屋や、屋上から見た煙突や中庭の見応えある造形以外に、「パドレーラ」はガウディの作品にとって、また近代建築の発展にとっても、根本的な一歩を刻んでいる。「パドレーラ」の場合もサグラダ・ファミリアの学校においても、表現主義的造形の狂乱がおそらく史上はじめて、単純な空間と単純な量塊に現実の感覚を備えたような表皮を被せた、裸で純粋な形で姿を見せている。近代建築のなかの表現主義的作品との影響関係に議論の余地はなく、有名なアインシュタイン塔の設計にさいしてメンデルゾーンがこれらを直接参照しなかったと想像するのはむずかしい。手摺や扉格子のバロック風装飾（優れた助手であるJ・M・ジュジョールの設計制作）にもかかわらず、全体は完全な裸体であり、その印象を和らげる唯一の要素は、柱頭やコーニスの名残のわずかな突起だけである。あえていうなら、これほど激しくバロック的で個人的な要素の純化がこのように完璧に実現したのは、ガウディとライトの作品において以外にない。ただしペヴスナーは、このふたりをそれぞれ対立するふたつの路線の主導者として挙げているのだが。もう一度強調しておくなら、「パドレーラ」における純粋主義者あるいは合理主義者、構築主義者としてのガウディ像は明らかな誤りとして退けられる。ファサード全体は構造的には支離滅裂であって、粘土のように造形された石材の全重量を鉄製の梁や引っ張り材が見えないところで支えており、材料の要請する構法的配慮はみじんも省みられていない(8)。ここにこれまでになく明示されているのは彫刻的可能性を秘めた、可塑的で融通のきく材料への直感であり、ドイツの表現主義者たちはそれをコンクリートに見いだすことになる。

最後に、クロニア・グエイ（グエイ工業団地）の教会堂とグエイ公園は、この表現主義の道のおそらくもっとも特徴的な到達点を、またそれと同時に近代建築史のもっとも正統的な具体例をしるしている。クロニア・グエイとは、グエイ家がサンタ・クロマ・ダ・サルバリョーに建設した工場と労働者住宅の集合体であ

ガウディ、「パドレーラ」ミラ邸外観

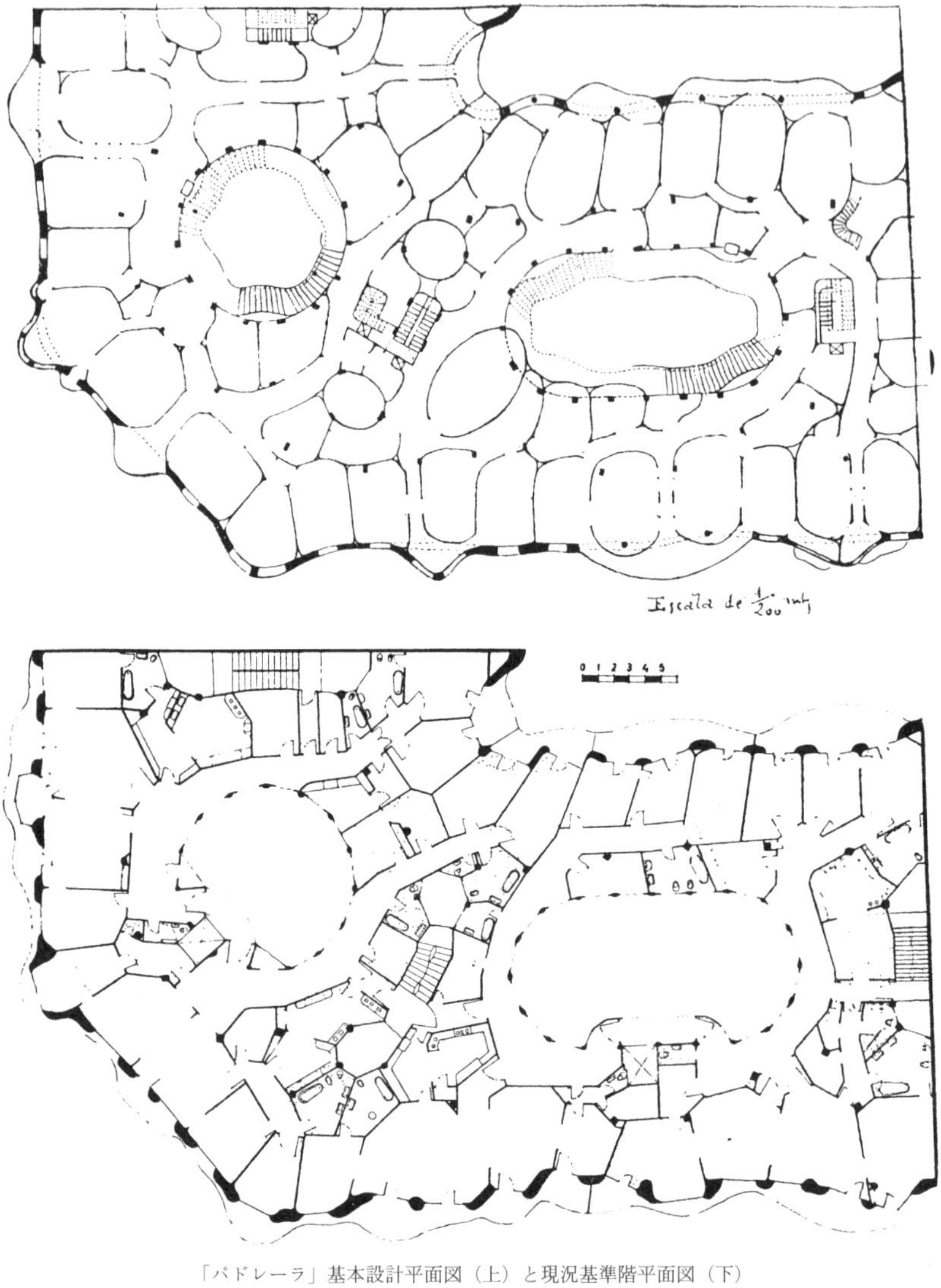

「パドレーラ」基本設計平面図（上）と現況基準階平面図（下）

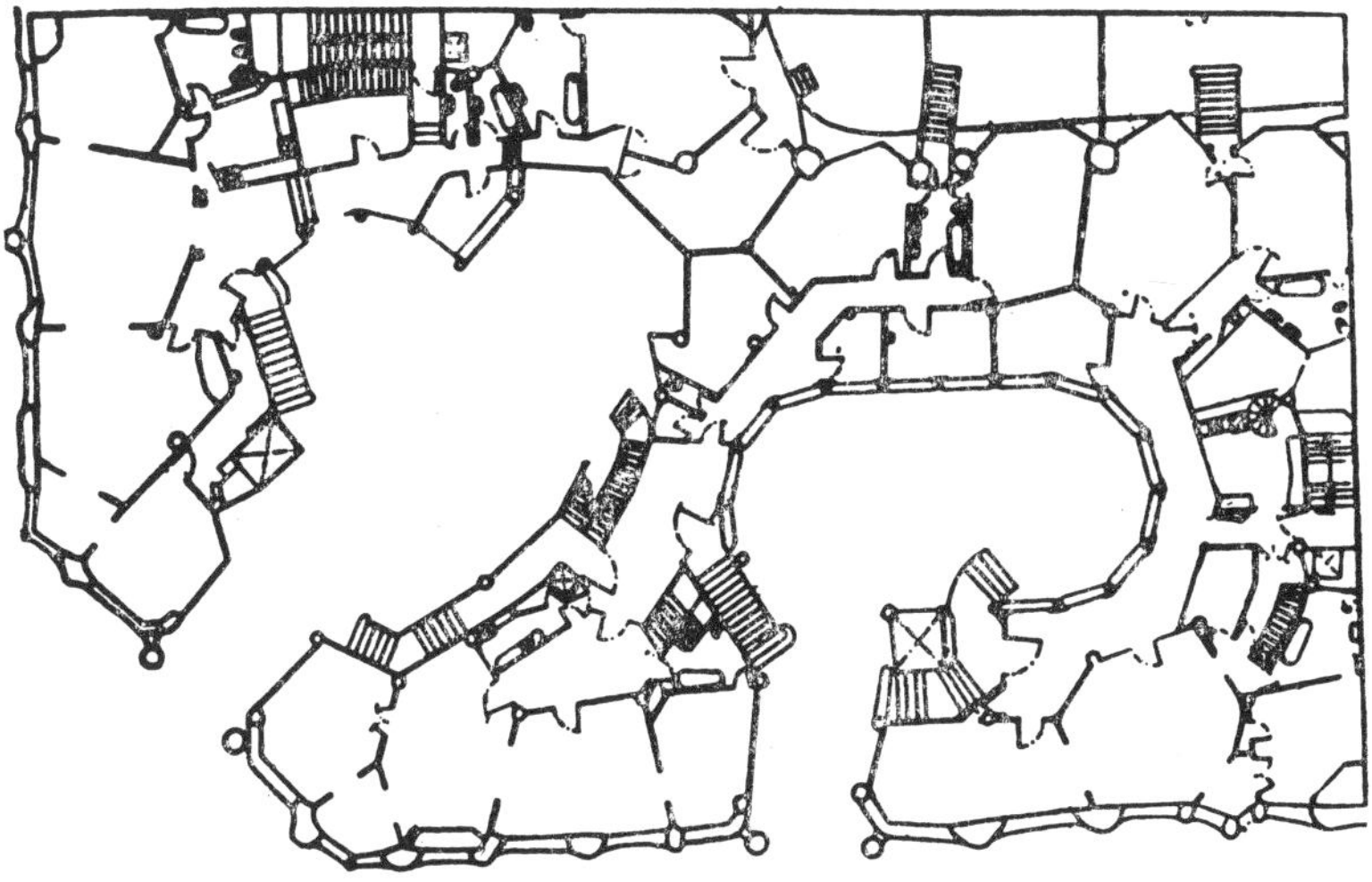

「パドレーラ」現況1階平面図

る。ガウディはここの教会堂計画に長い年月携わったが、その理由はこれが、ガウディが腐心していたサグラダ・ファミリア聖堂の諸工事のためのいわば実験室のようになっていったためである。この工事は非常にゆっくりと進行したため、完成したのは地下礼拝堂だけだった。それにもかかわらずこの地下礼拝堂はガウディのもっとも重要な作品であり、おそらく二十世紀建築のなかでももっとも根元的な作品のひとつである。これほど有機的力強さを獲得した作品はほかにない。知覚にかんするこれほどの多様性を備えた空間はかつてない。自然や生命や厳密な地質学的観点からして、建築が大地からじかに生え出るものとしてこれほど統合されたことはかつてなかった。この地下礼拝堂を記述するのは不可能である。伝統的な建築の語彙でこれに見合うものはないからだ。だが力学的観点からみれば、ガウディが荷重を綱で吊り下げた図式的な三次元縮尺模型の実験をおこなったのがまさにこの計画だったこと、そしてこれがのちにサグラダ・ファミリアの屋根構造の検討に役立てられたことを銘記しなければならない。

グエイ公園もまた、グエイ家の熱意と芸術擁護の産物で

ガウディ、クロニア・グエイの教会堂（一八九八―一九一五）地下聖堂ポーチ

同地下聖堂内観。バルセロナ県サンタ・クロマ・ダ・サルバリョー

同地下聖堂ポーチ詳細

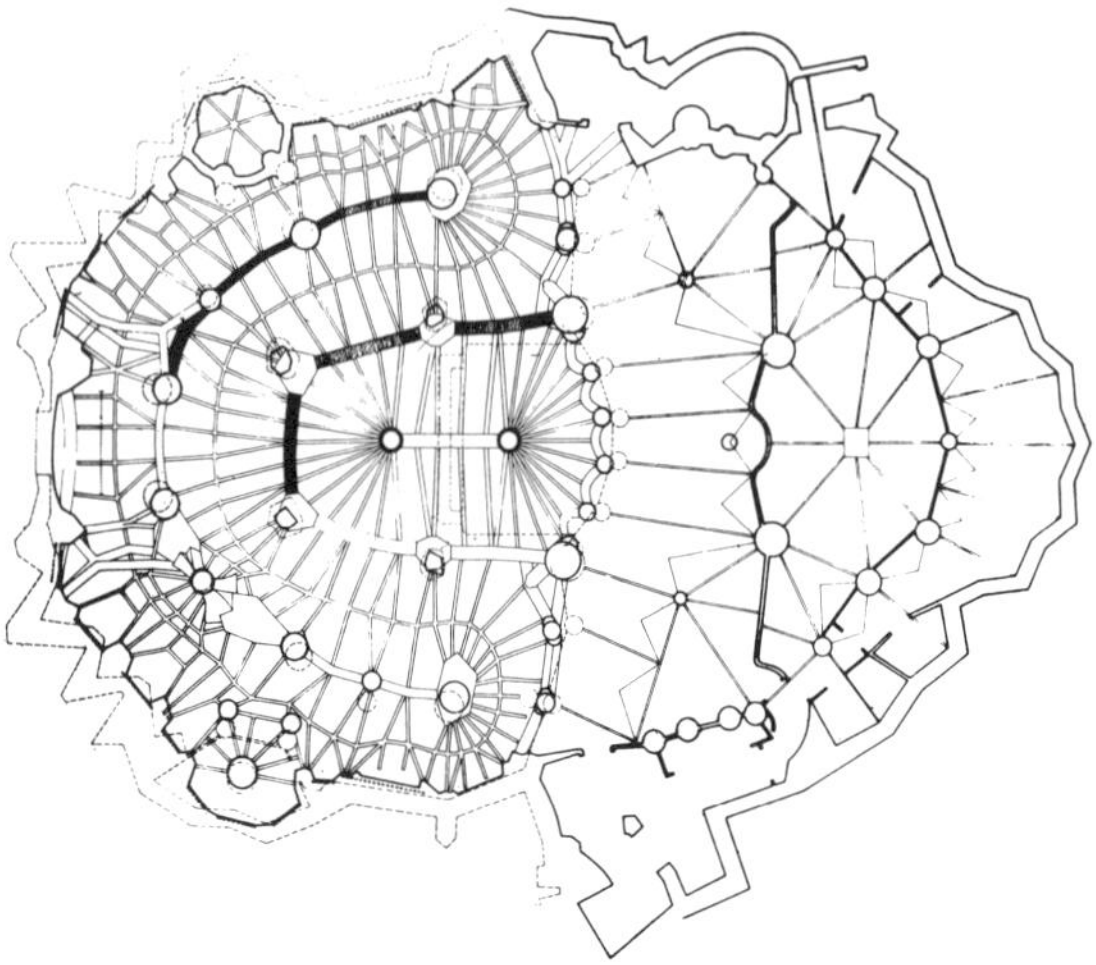

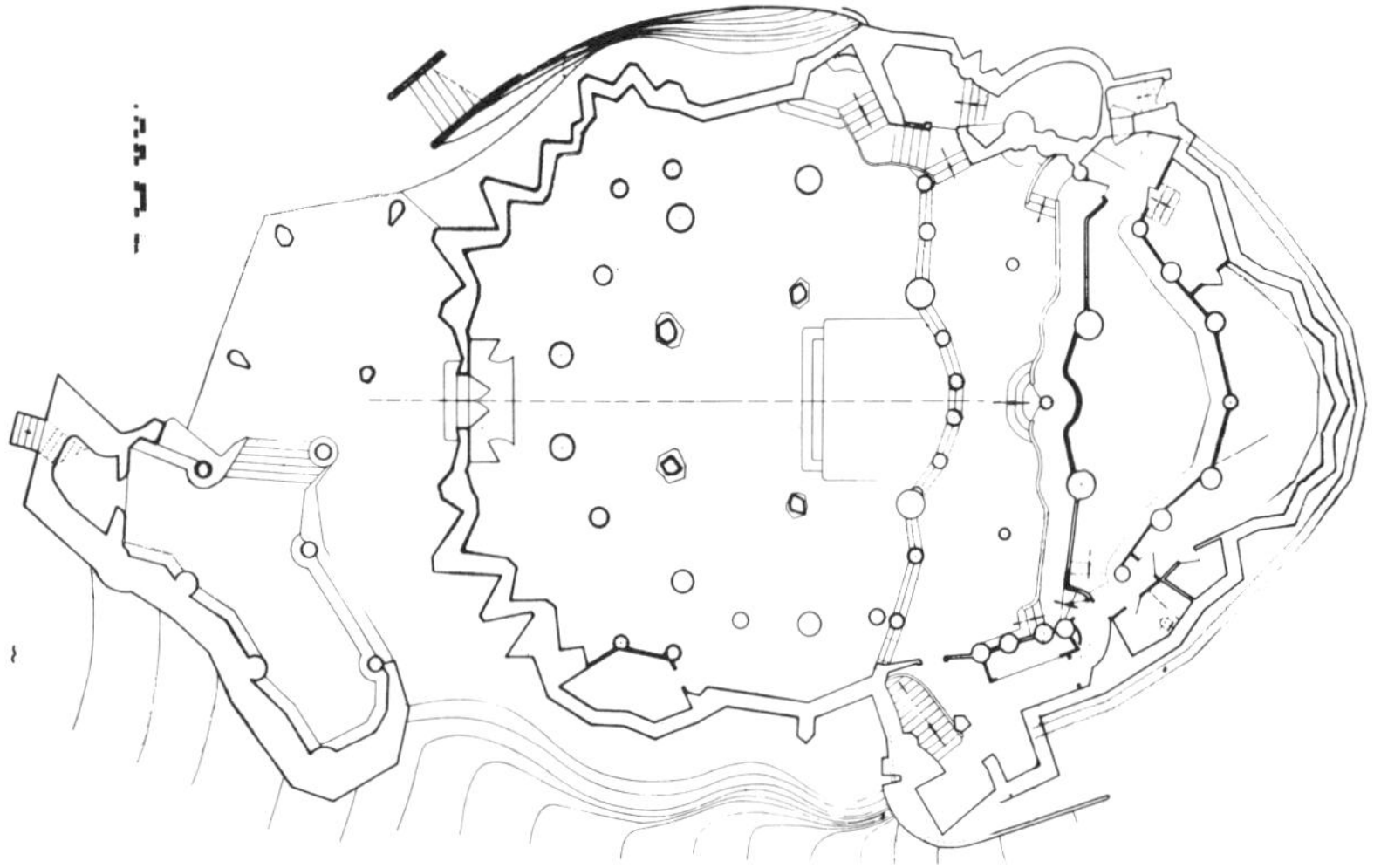

クロニア・グエイ地下聖堂天井伏せ（上）と平面図（下）

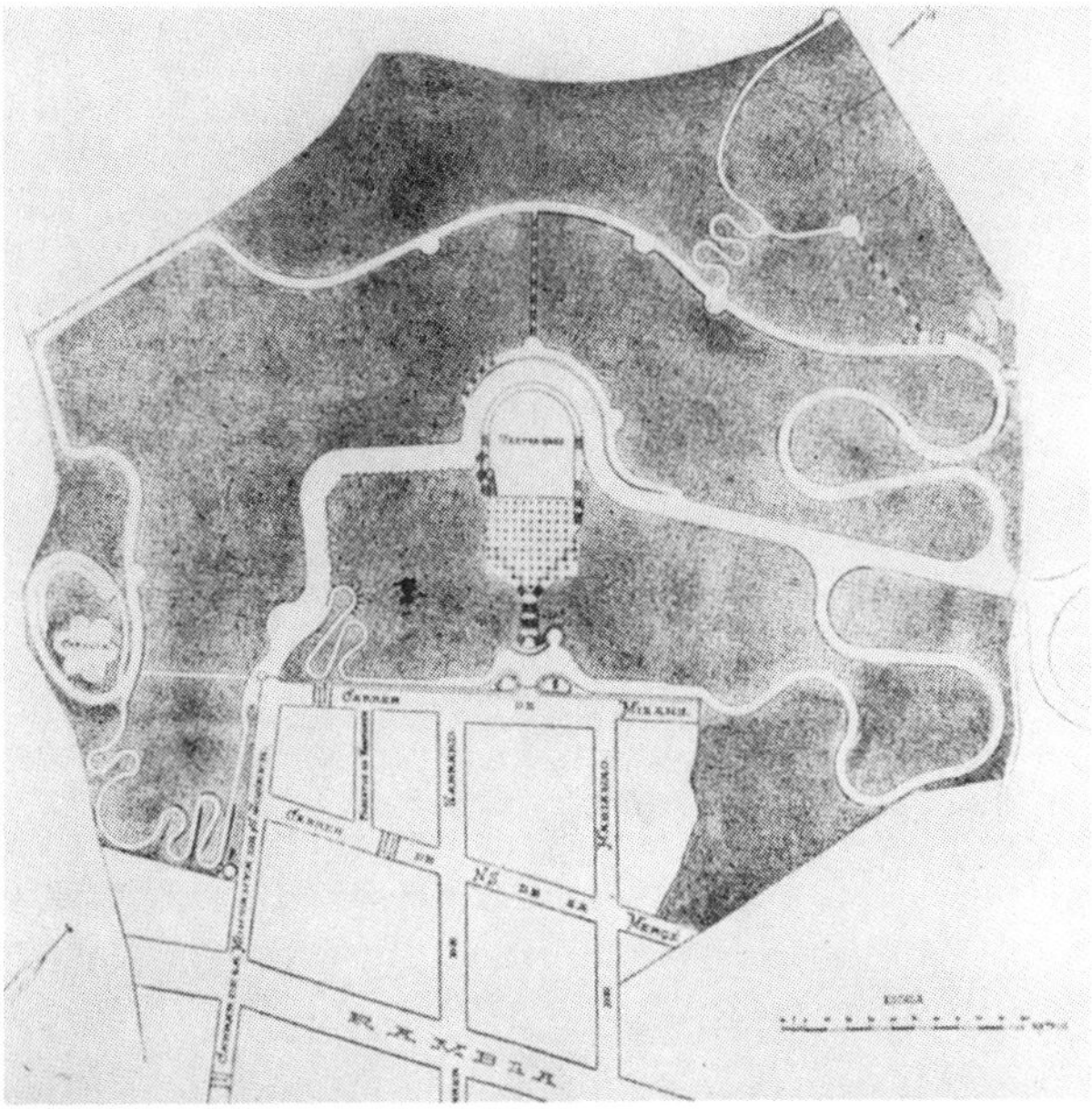

ガウディ、グエイ公園
(1900-14)
全体平面図（右）と
高架道路下の列柱
（下）。バルセロナ

ある。本来これは庭園に囲まれた住居のための宅地造成計画だった。ガウディは図面をすべて作成し補助的な共用施設をいくつか建設したが、開発計画はまもなく頓挫し、現在はバルセロナ市のすばらしい公園になっている。バトリョ邸の延長線上にあるきわめて幻想的な数棟の付属建築物を除けば、この公園でもっとも見事な部分は、空中に持ち上げられた通路と市場の壮大な多柱空間、それに有名な波打つ陶片ベンチで囲われた広場である。これらすべてが驚くべき光景を現出させている。建築と風景の驚嘆すべき相互貫入、訴えかける空間の巧みな創出とジュジョールが直接手を下して実現した驚くべき陶片装飾、これらがコラージュ

グエイ公園波型ベンチ（上）と多柱広場（下）

や幾何学抽象主義からシュルレアリスムによる日用品の再利用にいたる近代造形の偉大な発明を、不可思議なほど予告している。これら陶片仕上げの大半は、もはや厳密には絵画や彫刻の領域に属すると考えるべきである。モデルニスモに注入されたモリスの精神の特質である「総合性」に肉迫する努力が問題の方向性を転換させるにいたり、新たな統合という目的から発して、ここにはじめて伝統工芸の自立に向けた生き残りを許す実験的な路線が刻まれている。

グエイ公園の広場の波型ベンチをデザイン史上最高の作品だと呼ぶのは理にかなっている。なぜならこれこそまさにあの「総合性」のもっとも完全な表現であり、芸術の経験を超えた建築的複合性のすべてをあらわしているからである。このベンチは、それを下で支えている構成要素との関係をぬきに語ることはできない。この曲線の執拗な反復はギリシャ・ドーリス式の列柱とエンタブレチュア（軒の水平部材）からなる頂部処理であり、多柱空間は当初は屋根つきの市場として計画されていた。この列柱は、建築の歴史的形態にたいするある種の態度を明示している点で、ガウディの思想にとって根本的な要素である。ここでドーリス式と呼んだものには建築言語上のそれらしい特徴がいくつか存在するにすぎないが、どれもがまったく新しい意味を担い、異なった統語法で組み立てられている。これこそ建築文法における脱文脈主義や根元的置換のもっとも顕著な例である。たとえば周辺部の柱がはっきり傾けられている点や、規則的な格子上に並ぶ柱が何ヵ所かで唐突に間引かれていること、陶片装飾による浸食、多角形平面のエンタブレチュアがベンチの連続曲線に変わっていく様子などがある。だがこれに加えて、建築オーダーの基本的要素も変形を受けており、その過程で十九世紀の古典主義建築論の著者たちがギリシャ建築を解釈した類推法が、皮肉を込めて使われている。柱頭のエキヌスは柔らかい量塊が押し潰されたような形をしており、トリグリフやコーニスの下のグッタエ（滴状装飾）は石でできた滴の列そのままである。こうした徹底的な脱文脈化のあとで、二十世紀の建築家や第二次大戦後の反動的な人々が過去の古典主義の「復興」思想に回帰しようと考えるのが可能だったとは、理解に苦しむほかない。

サグラダ・ファミリア（聖家族）贖罪聖堂が、肯定的な面からも否定的な面からも他と異なる特別な事例と位置づけられるのは当然である。一八八四年にガウディがこの工事の監督を引き受けたとき、地下礼拝堂の建設は建築家フランセスク・デ・P・ダル・ビリャー・ルザーノによる完全なネオ・ゴシック式設計案にしたがってすでにかなり進捗していた。ガウディの参加とともに全面的な見直しがおこなわれ、当初の考古学趣味はみごとな創造的努力へと少しずつ変わっていったが、厳格で静的なゴシック式の平面は断ち切りがたい桎梏であり続けて、これがクロニア・グエイの場合のような生気に満ちた処理を不可能なものとした。現時点までに建設されたのは地下礼拝堂からアプシス外壁、生誕のファサードまでであり、幾人かの不遜な建築家がガウディ自身の意図を伝えるものと主張する図面にしたがって受難のファサードの建設が進められている。[3] これら断片的な要素のなかにいくつかの異なる段階を見分けることができるが、それらはモデルニスモの発展と完全に対応している。第一は復興運動としてのネオ・ゴシック主義であり、地下礼拝堂でこれから脱している部分は少ない。第二はアプシス部分のネオ・ゴシック式構造体の装飾にみられる自然主義の萌芽である。第三は生誕のファサード下部に見られるもので、充溢する自然主義や輪郭を消された形態、象徴主義、溶解といった装

サグラダ・ファミリア聖堂生誕のファサード

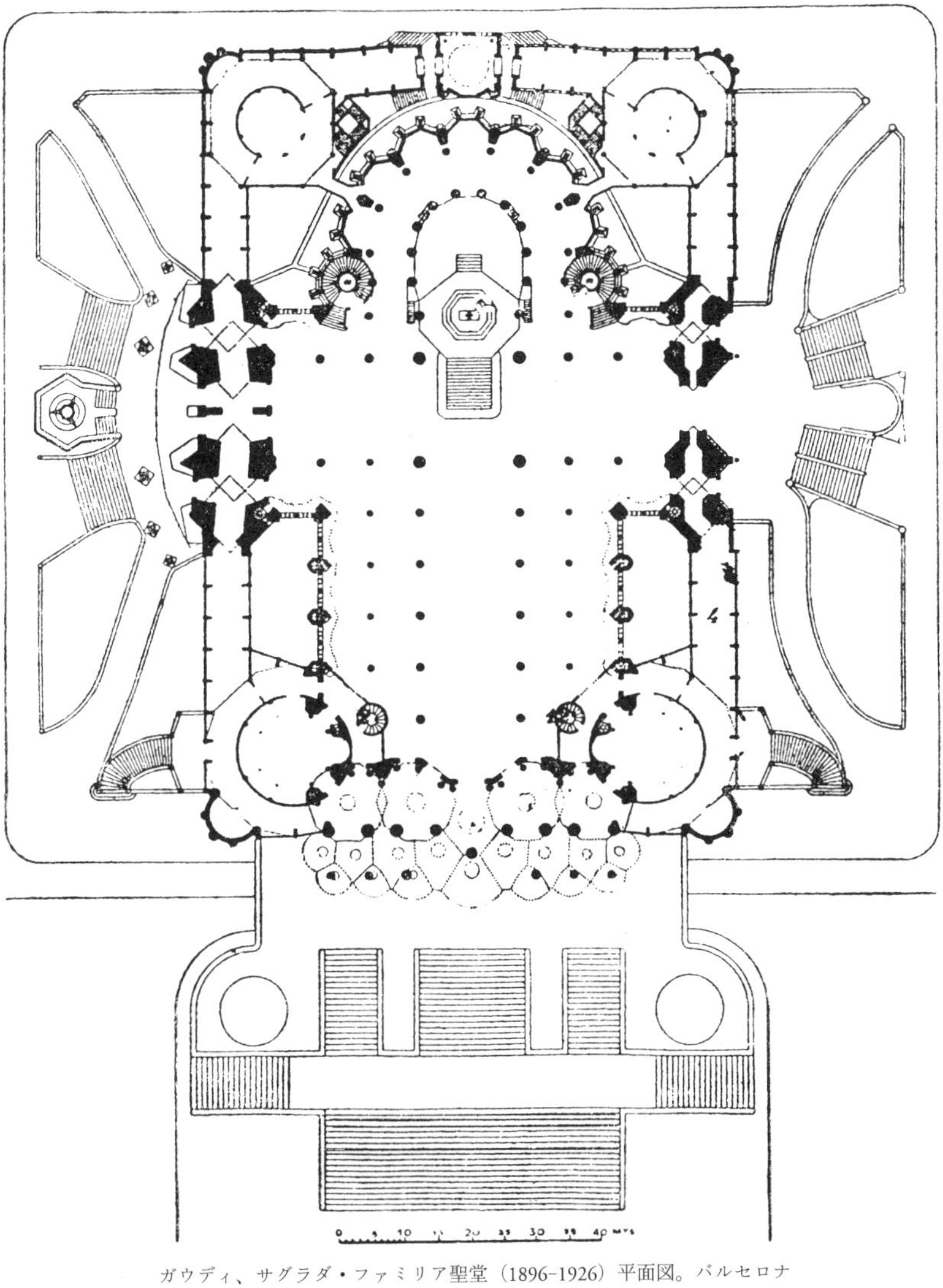

ガウディ、サグラダ・ファミリア聖堂（1896-1926）平面図。バルセロナ

サグラダ・ファミリア聖堂、生誕のファサード外観

同、生誕のファサード内観

生誕のファサード尖塔詳細

飾を特徴とする。第四は幾何学による様式化や装飾の剝奪、造形的な統合を特徴とするもので、生誕のファサードの四本の塔に見られる。上に行くほど塔は幾何学的になっていき、尖頭部のみごとな大彫刻群に到達する。幾何学形態による思考は、屋根構造やファサードのためにガウディが残したスケッチや検討模型からうかがわれる。最後を除いた残りの三段階はすべてモデルニスモの造形の異なる発展段階とほぼ対応しており、このことからもガウディがモデルニスモ運動の精神にしっかり留まっていたことがあらためて確認できる。はじめの二段階では、建築の質や成果の表情は玉石さまざまであるが、サレサス聖堂やモンタネル＝イ＝シモン出版社といった作品に対応している。第三段階は自然主義の最盛期に対応し、その典型例はドゥメナク＝イ＝ムンタネーのカタルーニャ音楽堂の総花的装飾やブスケツの家具にみられる骨格風の構造である。第四段階は――ここでとくに強調しておかねばならないのは他の段階との質のちがいであり、この差異は文化的な変化の兆候をも示しているのだが――ムンクニイやグラネイの作品、そしてラファエル・マゾーの初期作品の無装飾性に対応しており、あるいはドゥメナク＝イ＝ムンタネーのフステー邸の裏側ファサードにみられる平滑化への回帰も、これに対応している。

　それだけでなく、最後の段階はガウディの最晩年に特徴的な状況を示しており、活力の低下を示すようにもみえるのだが、批評家のなかにはこれをもっとも高く評価する人々もある。工法上の難問であった組積造で案を練るなかで、ガウディは湾曲した形態の相互貫入にもとづく、きわめて興味深く創意に富む幾何学的戯れの可能性を見いだした。ガウディはしだいにこの幻想的世界に分け入っていき、晩年にはほとんどみずからの検討案や計画案だけからなる形態の語彙集をつくるほどになった。この形態のリストは非常に偏執的なもので、しばしば無意味な目標に向かっているようにさえみえる。ここにいたって、ガウディはついにヨーロッパ文化の進歩的路線から逸脱していく。形態上の思索に沈潜するあまり建築上の基本問題を忘却していく。一九二〇年ごろになると、本来なすべきことはこの聖堂の精緻だが時代錯誤的なシンボリズムを見直し、密集した柱の森からなる五廊式聖堂を建設し続けるという重い矛盾を直視して、散漫な成果を見せつつある空間構成を修正することであった。それこそが、「パドレーラ」やクロニア・グエイといった創造の最盛期にこの工事に遭遇していたとしたらガウディ自身が打っていたはずの手であった。だがさらに重要なことを忘れてはならない。つまり、全面的な進化を続けてきたヨーロッパの建築文化はすでに新たな技術を獲得し、新たな形象の展開に広がる門を解放しており、こうした状況は本来なら計画の根本的な再編成を絶え間なく要請するはずであった。思い起こすべきは、これと同じころグロピウスとマイヤーはすでにファグス靴工場（一九一一）を建てて、J・J・P・アウトはロッテルダムに初期の低所得者用住宅（一九二〇）を、ル・コルビュジエはエスプリ・ヌーヴォー館（一九二五）を実現し、ブロイヤーは鋼管を曲げた最初の椅子（一九二五）を世に出していたことである。要するに、新建築の社会や技術上の兆候から遠いところでガウディは形態実験の研究室に閉じこもり、いわば純粋な彫刻や平面線描の世界へと沈潜していたのである。

サグラダ・ファミリアの建設続行のための具体的な決定図面を、ガウディはいっさい残さなかった。残されたのは散発的な素描やさまざまな説明書き、断片的な構造検討、そして湾曲した形態についての理論だけであった。そしてこうしたわずかな材料だけをもとに現在、不可能とも思われるこの聖堂の建設事業の続行が企てられている。あらゆる種類の不可能に加えて、文化的観点からも壊滅的な事実がある。少しずつ建設されつつある部分が、晩年の巨匠による形態の思弁の上に、要するにいかなる展開にも閉ざされた事実の上に屹立しているということである(9)。

本章の冒頭で述べた構造論者たちによる解釈とともに、ガウディは長いあいだモデルニスモ運動全体とはなんの関係もない、孤立した天才であるという確かな名声にも包まれてきた。このような解釈はやはりノベセンティスタの解釈基準にしたがった結果であるが、そういった人々はみずからのガウディ礼讃とモデルニスモ運動への軽蔑とのあいだに折り合いをつけることができなかった。かれらはモデルニスモ運動を誤った歴史上の挿入句と考え、それに対して新たな古典主義や地中海主義や「よい趣味」で武装して戦ったのである。これにたいしドゥメナク゠イ゠ムンタネーはつねにモデルニスモよりの建築家とみなされたが、そのような評価もがいして誤った批評解釈の範囲内においてであった。ノベセンティスタたちは当然ながら、ドゥメナクの作品のなかに限りなく充溢する装飾や、基本的な建築理念もない純粋に表面的な様式や、重要性の乏しい様相を見ることしか知らなかった。こうした解釈の第一の誤りは、「よい趣味」の世代をあれほど憤らせたドゥメナク作品の表層が、今日ではドゥメナクをモリスからラファエル前派やアール・ヌーヴォーの装飾品にいたるヨーロッパ文化の流れのなかにはっきり位置づけるための、もっとも重要な指標とみられうるという事実に由来している。きわめて独創的なガウディの個性へのあれほど広範な賞賛も、意識的か無意識的かは別として、ガウディがその創作の末期にモデルニスモ文化や当時の「ヨーロッパの流行」から距離をおいていたことを考慮すれば、容易に非難に転化しえた。ヨーロッパ文化の一領域に組み入れられることを急務としていたカタルーニャはこうして、天才的ではあるがいくぶん分裂的なガウディよりも、強力な統率者であり標準化の推進者であるドゥメナクによる優れて効率的な教えを採用したのだ。これについてはシェーニウス自身が「語彙集」に以下のように記すことになる。「ほんとうをいえば、われわれみずからのかくも不安定な常態のうえに、至高の異形であるサグラダ・ファミリアやマラガイの詩の、重みや偉大さ、栄光を支えねばならないわが民族の宿命をおりにふれ考えるにつけ、畏怖を禁じえない……」(10)

だがドゥメナクの場合には、考慮すべきさらに重要な点がある。ドゥメナクの建築から装飾という偶然を取り除いた状態を思い描くなら、残るのはふたつの重要な要素である。第一には建築的対象といううきわめて知的な普遍概念があり、そこでは内部空間が明確に具現化され、ほれぼれするような各階平面が確定されている。第二には、新技術があからさまなほど表現的に用いられている。これらふたつの要素によってドゥメナクは近代建築のもっとも強力な先駆者のひとりに位置づけられ、さらには、とりわけ合理主義的な流れの、また逆説的にみえるかもしれないが、形態と技術の「純粋主義」的傾向の先駆者ともみられる。

もう一方では、ドゥメナクが制度的な面でとりわけモデルニスモの世代全体におよぼした桁外れな影響力を考慮せねばならない。じっさいドゥメナクはじつに多彩な文化制度の先頭に立ったが、それらの制度が様式と運動を確立し、名もない建築家や底辺の大衆の多くのために手本を提供した。それに引きかえガウディはいつもいわば象牙の塔に閉じこもって、近寄りがたく非社交的な天才の確かな名声に包まれていた。ドゥメナクの指導性がもっとも強力に発揮されたのは、現実のというよりは形式上のわずかな中断期間をはさみながら、一九〇〇年から一九一九年におよんだバルセロナ建築学校の校長としての一貫した活動と、選ばれて一九〇一年から一九〇五年までコルテス(身分制議会)のバルセロナ代表議員だったことによる。まさにこの期間に、モデルニスモの建築家が多数大学を卒業している。一九二四年にF・ダ・P・ナボートが校長職に就いたときには、すでに文化だけでなく政治においても空気が変わっていた。建築におけるアカデミズムとプリモ＝デ＝リベーラ[4]の独裁が、カタルーニャ史に重大な中断期間を強制したのである。

先の第Ⅳ章で、J・ビラセカとの協働による公共文化施設計画とモンタネル＝イ＝シモン出版社について、新様式の探求の初期例として基本的な二作品であることを述べた。また『ラナシェンサ』に発表された記事「新たな民族の建築を求めて」がこの探求の方向性と希望を要約していたこともみた。しかしドゥメナクの才能の開花を示す作品は、一八八八年のバルセロナ万国博覧会におけるカフェ・レストランである。とりわけファサードの処理にみられる表現上の抑制や単純化への指向は、われわれの目にはたぶん原設計よりもいくぶん強く訴えている。というのもこの作品は一度も完全に仕上げられたことがなく、外観に予定されていた装飾の一部がいまも欠けているからである。この事実にもかかわらず、量塊と空間の骨組みや材料と構造の質によって、この建物は当時のヨーロッパ史でもっとも重要な作品のひとつに数えられ、新しいカタルーニャ建築の合理主義的な流れの出発点に位置づけられる。重要なのは、この建物を正当に評価するためにブルーノ・ゼヴィがアムステルダムの取引所、ベルラーへのあの有名な作品について述べていることをここにそっくり繰り返すことができることだが、ドゥメナクの作品がベルラーへより十五年も早く実現していることにも留意すべきである。「アムステルダムの株式取引所は、技術的にも完全でみごとな処理をみせる荘厳な広間や、芸術史への忠実さ以上に建築言語への忠実さに呼応する無装飾の密実な煉瓦使用に加えて、もうひとつ別の様相ゆえに興味深い。それは壁面の処理である。ここにはアーチや付け柱、柱頭といった伝統的な要素がすべて認められるが、それはほとんど壁面すれすれに切り落とされたわずかな突起や、かすかな浮き彫りである。丸い形状や造形上の気まぐれはどれも押し潰され、純粋な二次元平面に向かう壁面の指向に奉仕しており、あたかもベルラーへがまず平面を想定し、そのあとでそれを刻んだような効果を生みだしている。石造的なものは何もなく、無批判に積み上げられた柱基や付け柱や柱頭もアーチも壁もない。すべてがあたかもアイロンをかけ圧延され、苦心のすえの量塊性からの解放と平面への再統合を示すようである。

ドゥメナク＝イ＝ムンタネー、万博カフェ・レストラン回廊

第一次大戦後の新造形主義や平面貫入の詩学を思い描くとき、相互貫入への指向を準備したのがマッキントッシュだったとするなら、無垢の平面の再評価に貢献したのがベルラーヘであり、これがJ・J・P・アウトやドゥドックの言語の、そしてミース＝ファン＝デル＝ローエの詩学の基礎となるはずであった[11]」

しかし、もはや歴史記述上の価値をもつこのような考察は別としても、カフェ・レストランはそこに備わる本質的資質によって完璧な建築作品となっている。大きな中央広間が強調する空間構成の単純な構想、ファサードを構成する二枚のスクリーンのあいだを走る外周通路と四隅の塔、材料を露出したとりわけ煉瓦と

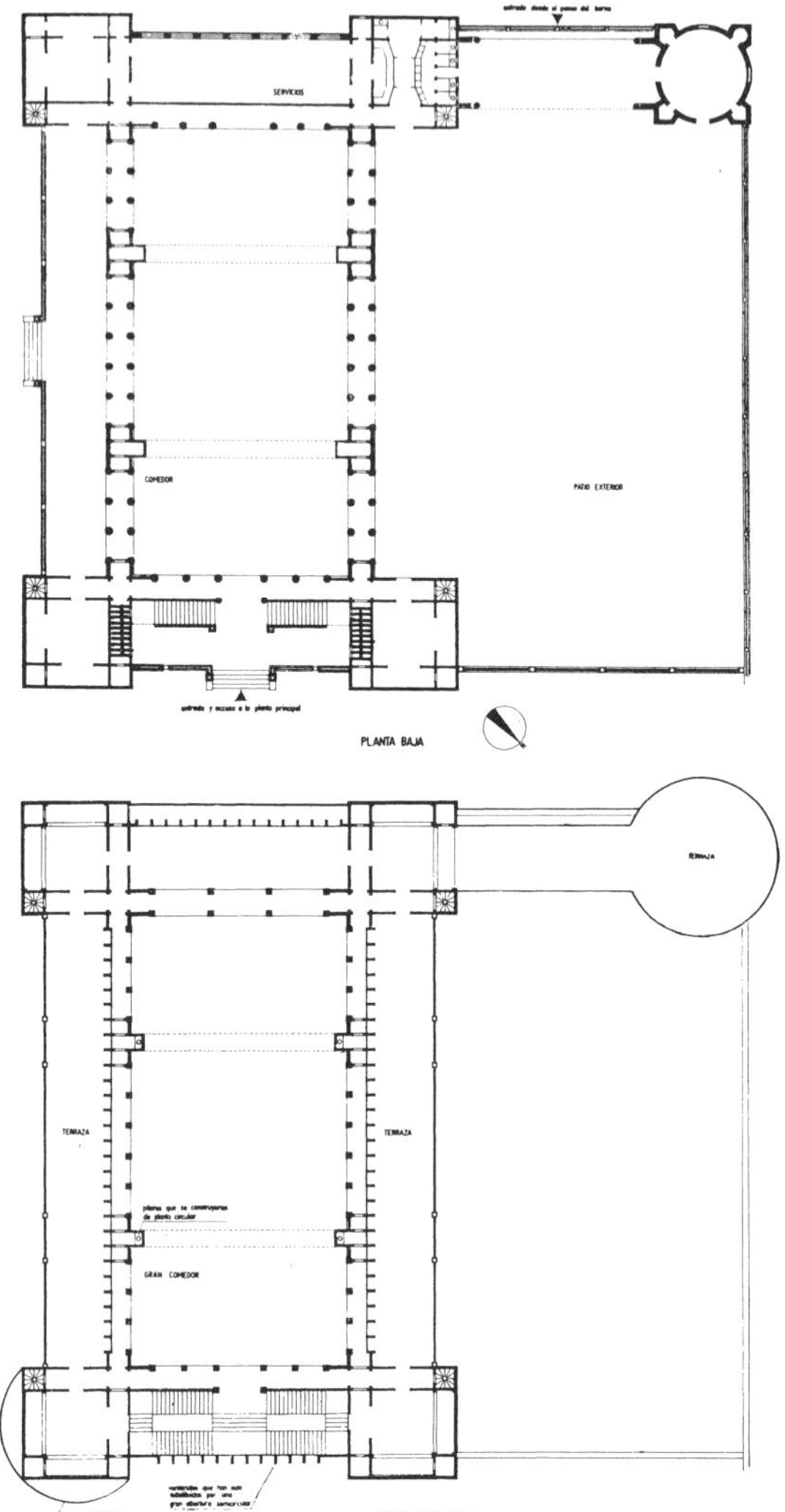

万博カフェ・レストラン、1階平面図（上）と2階平面図（下）

ドゥメナク＝イ＝ムンタネー、ホテル・インテルナシオナル（1888）。バルセロナ、クロム大通り

鉄板の表現的な用法、バレンシアのパラシオ・デ・ロス・ドゥクスやカタルーニャ・ゴシックの柱廊を思わせる構成の図式に始まり、陶製の盾型紋章を並べたフリーズや四つの塔の中世風胸壁にいたるアイロニカルなほど「気軽な」歴史への参照、高い大窓から入る自然光の制御やファサード下部の微妙な変化づけなどがそれである。もっとも重要なのはおそらくファサードの構造と造形上の処理である。ガウディについて語るなかで、壁体の境界をやや自律的な空間構造に転換しようとする企てに言及した。そこで示唆しておいたように、ドゥメナクの場合も意図は似ているが、ここには構築上の合理主義的配慮に支えられたさらに体系的な理論の裏付けがある。じっさいのところカフェ・レストランでは、ファサードは一貫して煉瓦造による平行二枚の薄い皮膜として構想され、これが構造をより安定したものとし、外周部に変化に富む空間を生み出し、この空間が中央広間に光を透き通すとともに視点の多様な変化と視界の新奇な効果を導入している。

同じ一八八八年の博覧会でドゥメナクはホテル・インテルナシオナルを建てた。この建物は博覧会の閉会後まもなくとりこわされた。五階建てでファサードの長さが一六〇メート

ドゥメナク＝イ＝ムンタネー、カタルーニャ音楽堂

ルあったが、たった六十三日で建設された。この記録はまったく異例なものだが、それが可能だったのはドゥメナクの優れた組織力だけでなく、綿密に練られた技術上の計画によってでもある。設計全体が煉瓦寸法を基本モデュールとして構想され、その結果、職工は煉瓦を一枚たりとも切る必要がなかった。建具や屋根構造材さらには装飾要素までも規格化したことは、建設産業における技術や組織の急速な進化を考慮に入れた、非常に先駆的で超人的な努力だった。

ドゥメナクの作品のうちあらゆる意味でもっとも驚異的なのはおそらく、一九〇八年に竣工した「カタルーニャ音楽堂」だろう。驚嘆すべきは花模様装飾や彩色陶片、空間の感動的な推移、確定された空間の統一性である。だがとりわけ驚くべきは構造上の計画であった。「音楽堂」の全体は直線材や圧延鋼材の梁による格子状構造でできており、これによって観客席の巨大なヴォリュームが貫通する自由な各階平面が可能となった。外側のファサードは簡単なガラスのスクリーンで閉じているが、これはカーテンウォールの先駆例である。鉄骨造を使用したごく初期の例であることも重要である。厳密に体系的な用法ではないがこの種の構造を使用した最初の建物はロンドンのホテル・リッツであり、一九〇五年の日付がある。[12] しかしこれに輪をかけて異例なのが、自由な平面計画の採用とガラスによる外観構成であり、後者は一九二〇年代には新建築のまぎれもない成果に数えられるはずであった。このガラス皮膜の連続性が途切れるのは客用ホワイエの部分だけであり、そこではカフェ・レストランの構成

カタルーニャ音楽堂（一九〇五—〇八）内観

同上。バルセロナ、アマデウ・ビーバス広場一番地

カタルーニャ音楽堂外観列柱詳細

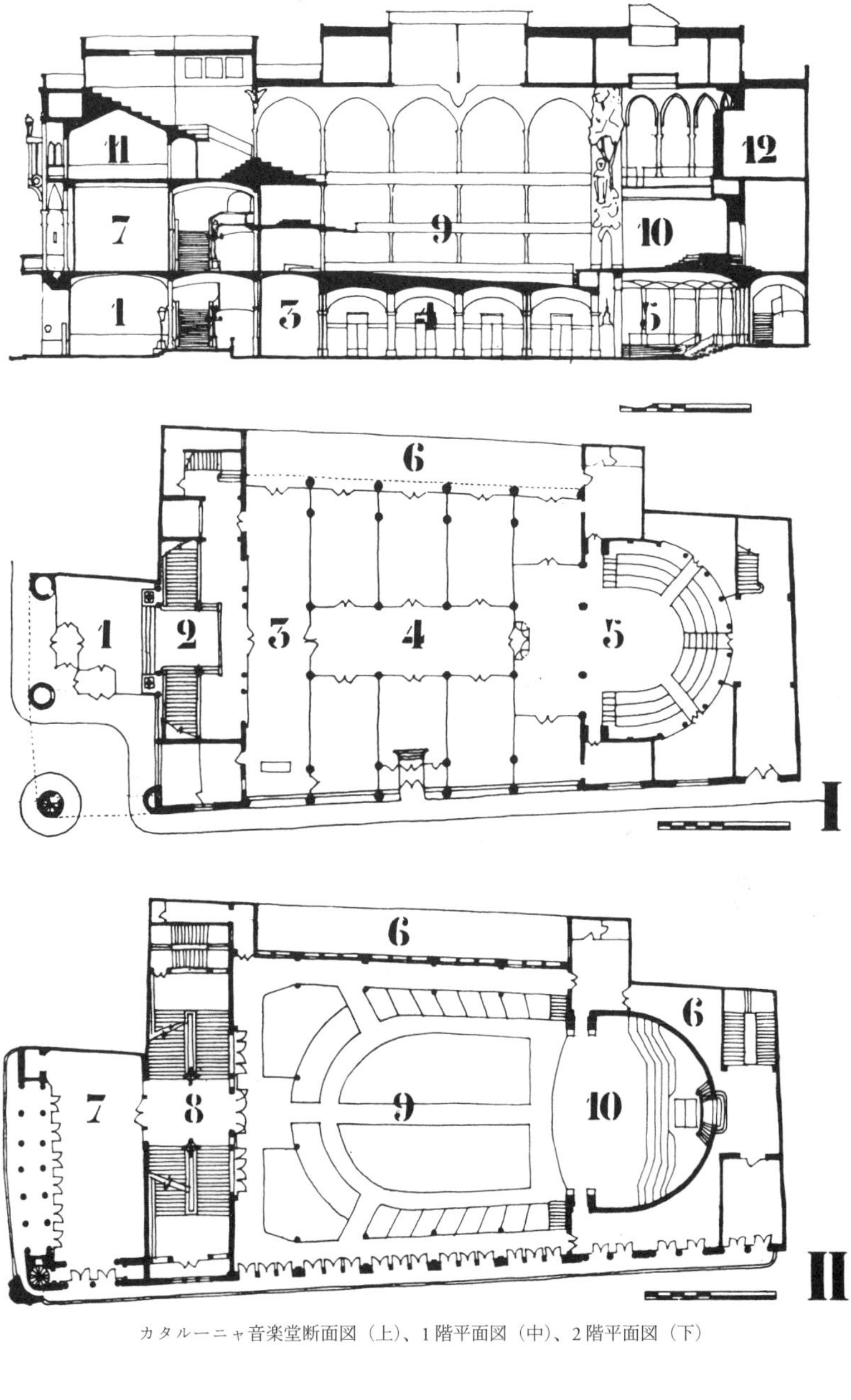

カタルーニャ音楽堂断面図（上）、1階平面図（中）、2階平面図（下）

カタルーニャ音楽堂、天井ステンドグラス

の基本であった二重ファサードの理論があらためて試みられている。ここでドゥメナクを、十全な合理主義の域には達しない特定の要素の字義どおりの創造者と位置づけて済ますような、軽率な過ちを犯さないようにせねばならない。強調すべきは、「音楽堂」の最大の魅力である完璧なまでのこの透明性であり、これは偶然の成果でも造形上の単純な挿話でもない。この建物の平面を見ると、不規則な敷地条件のなかで、連続したガラスの箱で覆われた純粋で美しい格子状の構造体という巧妙な解決案をこの建物のために見いだすことに、ドゥメナクがどれほど腐心したかを読みとることができる。

ドゥメナクの作品の数は非常に多く、ここでそれらをくわしく記述することは不可能である。とはいえ、そのいくつかについてふれずにすますわけにもいかない。トゥマス邸（一八九八）は、非常に個人的な要素を様式的に統一して表現しようとする意図を強く感じさせる。この建物は、のちに建築家グアルディア＝イ＝ビアールによって増築されたが（一九一二）、ちょうどガウディのビセンス邸の、建築家セッラ＝イ＝マルティネスによる増築と同じように（一九二七）、ドゥメナクの精神を正確に引き継いでおり、それによって個性や時代のちがいさえも超越

ドゥメナク＝イ＝ムンタネー、トゥマス邸（一八九五—九八）。バルセロナ、マリョルカ通り二九一—二九三番地

したモデルニスモ様式の普遍性をもう一度証明している。レウスのナバス邸（一九〇一）とバルセロナのホテル・エスパーニャ[5]の内部装飾（一九〇三）やリェオ・ムレーラ邸（一九〇五）は、花模様装飾の咲き乱れた時代に属するが、賞賛すべき建築空間につねに支えられ、表現上の一貫した論理と結びついている。ナバス邸の階段室と中庭、ホテル・エスパーニャのあらゆる装飾的要素の繊細さ、そしてリェオ・ムレーラ邸に全面的に展開された施釉タイルは特筆すべきであるが、ムレーラ邸でいちばん重要な部分であった、大きな石造の壺をはさんだ、遅れてきたラファエル前派風の二体の婦人像が置かれた中二階バルコニーはすでに失われた。

これらの作品すべてにおいて、構成要素は固有の関係性のなかで繰り返されるが、これを研究すれば類型の編成過程がそっくりわかるだろう。特徴的な様相をひとつ挙げるなら、たとえばドゥメナクの作品に花模様装飾がめだった時期の重要な要素だった柱頭の進化過程は、そのもっとも旺盛な創作時期、つまりふたつの世紀にまたがる十年ないし十二年間と一致している。しかもよく言われるように、この柱頭はドゥメナクの様式における特殊な「オーダー」の符丁でさえある。じっさいそれは、コリント式柱頭の形態がドゥメナク自身のゴシック解釈をとおして発展した最終段階を示しており、そこに揺るぎない合理主義精神が注ぎ込まれて驚くほど純粋な装飾性を達成したものなのである。初期の例、たとえばレウスのナバス邸のものを見ると、柱頭は周知の形態的役割を果たしている。柱身からアーチの迫り元への明瞭で急激な推移を示しているのである。そこでは花形装飾はほとんど独立した首輪であるが、その背後にはまだこの柱頭の伝統的な繰り型が存在する。それにたいしリェオ・ムレーラ邸では柱頭の構造的装飾は消失して、そこには丸く大きな花形が幾何学的に並べられている。これらの花々の茎はコリント式柱頭の形態を思わせるアラベスク模様を刻んでいるが、ここに新しい特徴的な類型が出現したということもできる。じっさいそれは歴史的要素を分

ドゥメナク＝イ＝ムンタネー、ナバス邸（一九〇一）。タラゴナ県レウス、エスパーニャ広場七番地

ドゥメナク＝イ＝ムンタネー、スラー邸（一九一三—一六）。ジローナ県ウロット、フィラール大通り三八—四〇番地

析し、合理的に具現化しようとする努力の成果なのである。論理的にみて柱頭は新しい建築に統合されうる要素ではない以上、アイロニカルなあるいは攪乱するような意味の転換によって、それを取り去り、極端に無用な長物、明瞭な装飾品に変えてしまおうというもくろみがそこにはあった。こうした意図のもっとも輝かしい瞬間をきざむのがカタルーニャ音楽堂やサン・パブロ病院のいくつかの柱頭であって、そこでは丸や四角の花弁を連ねた単純な花輪は完全に浮遊しており、その後ろを柱身が無関係に貫通して、アーチ迫り元との連続性はまったく解決されていない。このような進化の到達点に、フステー邸の奇妙極まる柱頭がくるのは必然だった。ここでは花弁模様への参照はもはやないが、これについてはのちに譲ることにする。ドゥメナク＝イ＝ムンタネーの別の時期の文化的貢献に対応する例だからである。[13]

ドゥメナクの作品でもうひとつ重要な分野が医療複合施設であり、バルセロナのサン・パブロ病院（一九一〇）とレウスのペドロ・マタ研究所（一九一九）がこれに含まれる。サン・パブロ病院はふたつの点、つまり都市や建築の配置に関することと、建築に固有の処理で重要である。第一には、病院は分棟式か集中式かという問題で制度上の二者択一に直面した。ドゥメナクは地下で複雑に連結して集中化することで、見かけ上独立した分離病棟のなかに快適さと正しい人間的スケールを維持しながら、分散式の技術的な不便を解決しようとした。第二の点について述べるなら、あらゆる建物が伝統的とかしばしば古くさいとさえいわれる、

ドゥメナク＝イ＝ムンタネー、リェオ・ムレーラ邸（1905）。バルセロナ、グラシア大通り35番地

ドゥメナク＝イ＝ムンタネー、
サン・パブロ病院（1902–10）、
病棟外観（上）と病院正面（右）。
バルセロナ。
次ページ・同病院全体平面図
（上）と病棟平面図（下）

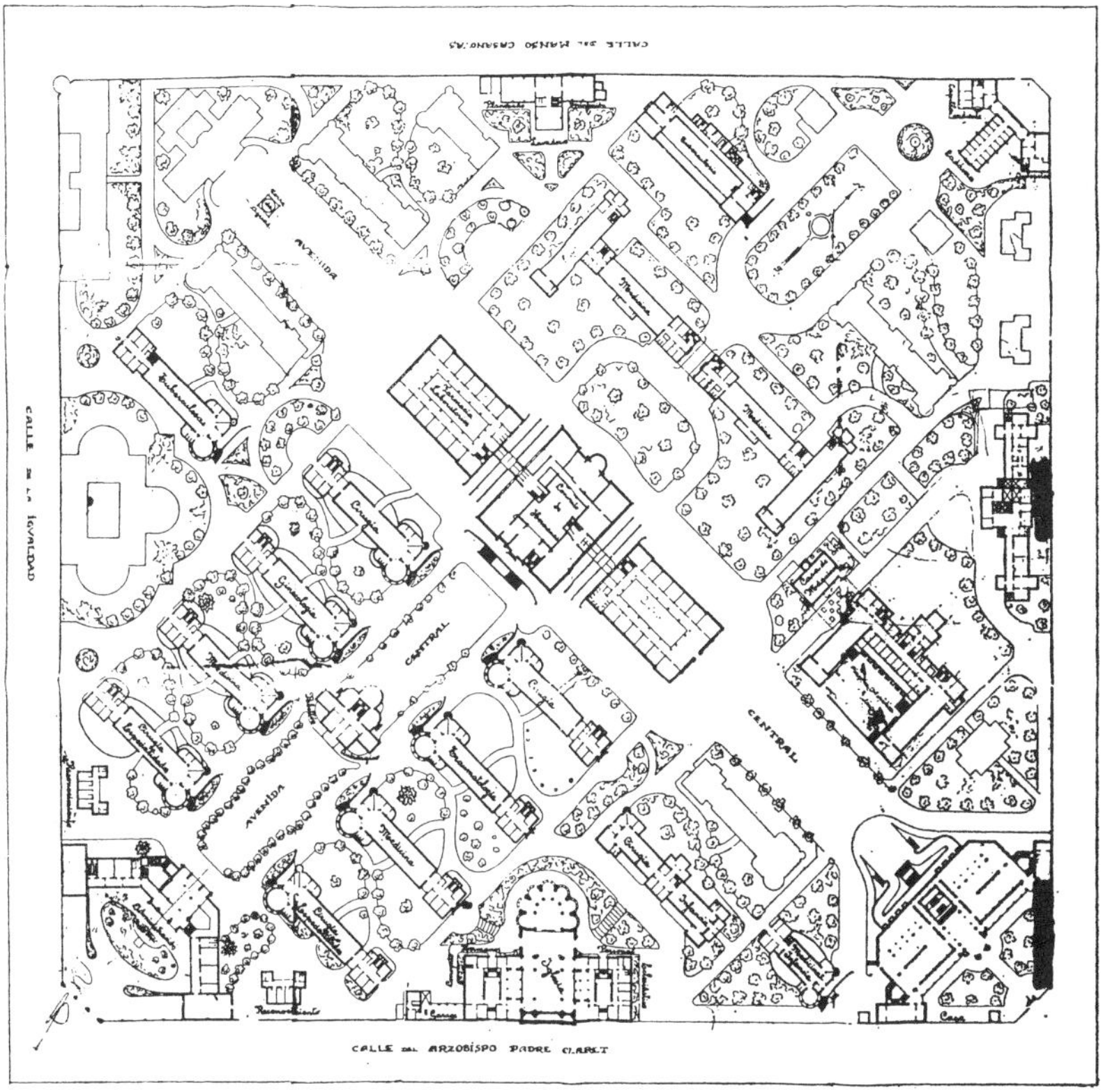
CALLE DEL ARZOBISPO PADRE CLARET
AVENIDA
CENTRAL
AVENIDA
CENTRAL

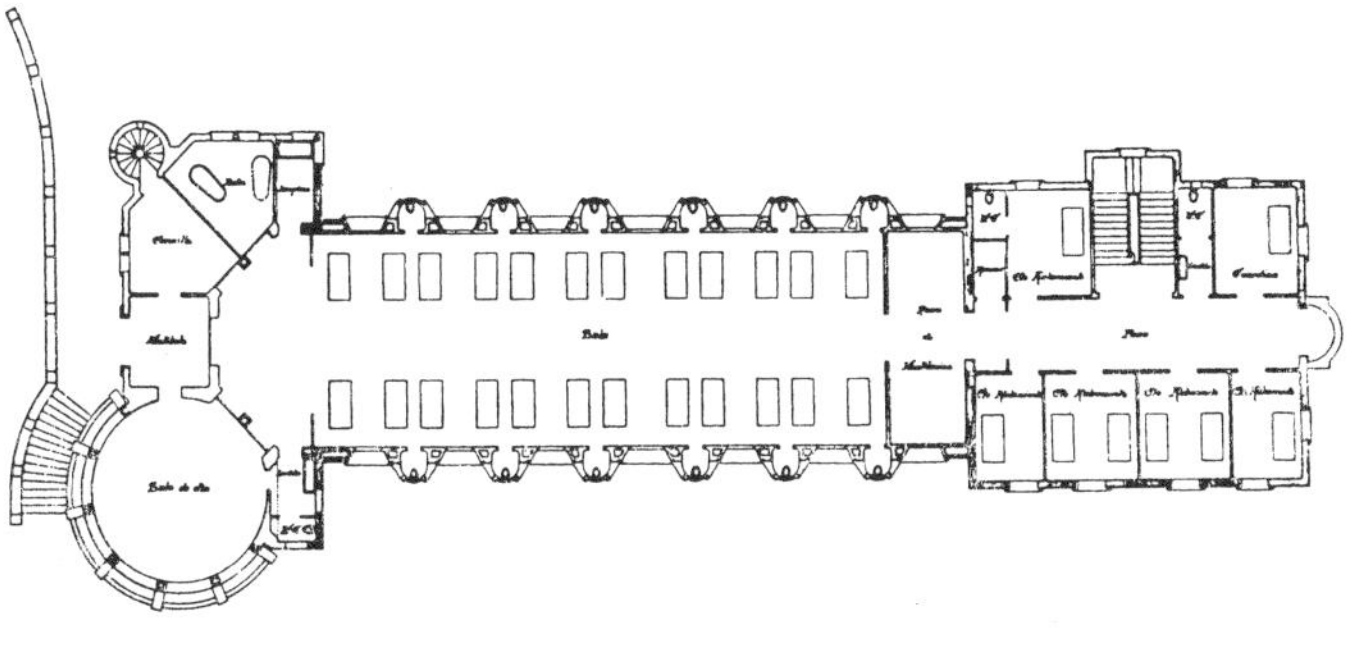

建築上のある種の基準にもとづくのは確かだが、われわれは美学だけによる純粋な秩序よりむしろ、倫理的な秩序をより重視する方向に進むよう努めるべきである。この作品では、伝統的な建築術をそのまま正直に適用した結果生み出されるヴォールト架構の連続性や構造的な誠実さ、空間の戯れ、装飾的な皮膜といったものが、末期の新古典主義的アカデミストたちが陥った倫理上の著しい後退をもう一度乗りこえてはいるが、かといって進歩路線にそった代替案を提示するにはいたっていない。サン・パブロ病院で達成された構築的および装飾的要素の大半は、ドゥメナクとその後継者たちの正統的な作品のなかでも最上に位置づけられる。たとえばその陶磁器タイルは——もちろんガウディやジュジョールの著しく個人的な絵画的探求を別にすれば——モデルニスモの特徴を要約しているし、連続模様の壁用化粧タイルや、モリスやヴォイジー、ウォルター・クレイン、ビアズリー、ミュシャの造形を批判しつつ同化している青と白の人物群像の装飾、施釉タイルによる全身像や人体部分の浮き彫り、ヴェネツィア風モザイクもある。同じように、いくつかの類型がきわめて体系的に採用されている。たとえばカフェ・レストランに由来する二重ファサードや、ほとんど天窓からのような光を入れる高窓、独立した首輪のようなバラ色の柱頭などがそれである。要するに、サン・パブロ病院の力づよい仕事と明確な理念によって偉大な建築家の立場は決定的に確立されたが、おそらくそれと同時にこの作品は、偉大な創造力にとって最初のつまずきであり、形態の惰性化へのはじめての兆候であった。

これと似た特徴がペドロ・マタ研究所にある。しかしここでは惰性化の危機はさらに明らかであって、それがときとして不可解で古拙な形態と合体している状況は、ドゥメナクの他の作品にはあまり見られない。

フステー邸（一九〇八—一〇）は事実上ドゥメナク最後の重要作品である。この作品では、いくつかの場面で当時のヨーロッパ前衛建築の路線にそった形態上の新提案をおこなうことで、病院建築の連作について述

ドゥメナク＝イ＝ムンタネー、
ペドロ・マタ研究所（1897-1919）、
外観（上）と門（右）。
タラゴナ県レウス

べたドゥメナクの創造力の低下傾向への反証が試みられているようだ。折衷的歴史主義の規則への違反があるにもかかわらず、背面ファサードのとりわけ下階部分には、平面上の表現方法を主題とするより自由奔放で独創的でさえある新たな言語の適用がみられるが、ドゥメナクにとってこれは、すでにみたカフェ・レストランに始まる一貫した関心のひとつである。ここにあるのは完璧なまでの描線で処理された極端に平滑なファサードであり、そこでは柱頭までもが——依然としてカタルーニャ音楽堂やサン・パブロ病院の花形装飾を繰り返すこれ以外のファサードとはっきりと対比するように——幾何学図形とも植物ともつかぬかすかな描線に還元されており、先述した重要な進化の最終段階を示している。ファサードのこういった構成要素すべては、ウィーン分離派の構成要素と強い類縁関係にある。もっとも、建築言語全体は忠実な反復ではなく、ときには対立的でさえあるのだが。たとえばホフマンの努力との平行関係は、ある程度まで自明なもの

ドゥメナク＝イ＝ムンタネー、フステー邸（1908-10）外観（上）と背面外観（下）。バルセロナ、グラシア大通り132番地

フステー邸背面外観詳細

フステー邸背面外観詳細

にみえる。

ドゥメナクのこの最終段階はほとんど定式化されておらず、また迷妄に満ちた態度に包まれてはいるが、二重の意義がある。つまり、すでに初期段階の作品で達成されていた同時代のヨーロッパ文化への参入と、モデルニスモ自体の内部での進化を方向づける潜在的可能性である。のちの章でみるように、たとえばグラネイのような建築家の作品や、さらにはウィーンの分離派に近い立場から形態上の合理主義の分派まで含めた建築家たちは、ドゥメナクのこの立場から出発し、あるいは同じ立場に立ってさえいたのであり、そこにカタルーニャ建築に連綿とつづく進歩主義的路線が再確認できる。そこにはドゥメナクやグラネイ、マゾー、プーチ＝イ＝ガイラールそしてGATCPAC〔6〕といった名前が連なるのである。

同じようにこれをガウディの最終段階と比較することも可能だろう。サグラダ・ファミリア聖堂の構造の試作を中心とした、あの幾何学的思索である。作品固有の資質以外に――そして興味深い研究になるだろう類縁関係以外に――歴史への直接的な参入によって、合理主義が正統の立場となっていく一九二〇―三〇年代の過程のなかに、ドゥメナクが容易に位置づけられるのは明らかである。いっぽうでまた明らかなのは、ガウディの貢献が、あの純真な正統派の統一性に裂け目が生じつつあった時代に、そして前途に進化のための動機づけや方法論が見失われていくなかで、より高い密度を保っていたことである。このことによって、モデルニスモの一時期の複雑な展望をゆるやかにせよ構造化したふたつの路線のある意味での主導者であった、ガウディとドゥメナクのきわだった重要性をいま一度確認しておきたい。

原注

（1）たいへん興味深いことに、ガウディの文献史ははっきりふたつの時期に分けられる。初期の著作はガウディの死後まもなく出版された。そのうちのふたつは基本的なもので、いまなお資料的価値では最良である（Josep F. Ràfols y Francesc

Folguera, *Gaudí*, Barcelona, 1928. I. Puig i Boada, *El Temple de la Sagrada Família*, Barcelona, 1928）。どちらも一貫して文化的コンテクストから切り離された具体的な解釈を示しており、資料は精選されているわけではないが、後続のあらゆる研究の不可欠な基礎として役立った。後続研究はこれらに含まれる的確な材料を活用したが、しばしば誤りも引き継いだ。*Album-Record a Gaudí i al Temple Expiatori de la Sagrada Família*, Barcelona, 1936 もあわせて参照。

その後ガウディ研究には長い空白期間が続くが、数少ない例外はしばしば否定的評価に傾いた。ただＧＡＴＣＰＡＣの合理主義者たちだけが、工法上の特徴や前衛的造形への賞賛を述べている。

一九四八年から五〇年ごろになると、文化的状況が改善したのに歩を合わせて、ガウディの地域的な再発見や国際的な発見といった性格の反応が現れる。最初の外国記事は Nils Tesh, *Antonio Gaudí*,《Byggmästaren》, Stockholm, no.19, 1948 である。しかし決定的な後押しとなったのは雑誌《Projects and Materials》, New York, September-October 1948 の J. Ll. Sert 編集の特集であり、カタルーニャ人や諸外国人による記事が掲載された。そしてとりわけ Bruno Zevi による啓発的な記事があった（*Un genio catalano: Antonio Gaudí*,《Metron》, Roma, settèmbre-ottóbre 1950）。同年に出版された *Storia dell'architettura moderna* のなかでゼヴィはガウディのためにくわしい記述を費やし、カバーにはグエイ公園のベンチがカラー写真で大きくあしらわれた。カタルーニャにおけるモデルニスモ運動の再検討はすぐ後にラフォルスとシリーシの著作で始まり（第I章の原注1参照）、そのうちのシリーシの本はモデルニスモ現象について新たな視点を提供したが、そこでは当時考えられていた以上にモデルニスモが文化一般との結びつきのなかで強調され、はじめてその後の近代文化と関連した事実として扱われた。これらはその後の J. E. Cirlot（*El Arte de Gaudí*, Barcelona, 1950）による研究などとともに、ガウディ的文化に対する新たな視点を形づくっていった。

これとは別に先行世代もまた新たな資料を提供し、とくに一九五二年には生誕百年を記念して「ガウディ友の会（Amigos de Gaudí）」が結成された。プーチ＝イ＝ブアーダはサグラダ・ファミリアに関する旧著をスペイン語に翻訳し（一九五二）、ラフォルスはフルゲーラとの最初の共著の伝記部分を拡充して再版した（一九五二）。Juan Bergós は *Antoni Gaudí, l'home i l'obra*, Barcelona, 1954 を出版し、César Martinell は一九五一年から五五年まで続く一連の著作によって興味深い寄与を開始した（*Gaudí i la Sagrada Família comentada per ell mateix*, Barcelona, 1951. *Gaudinismo*, Barcelona, 1954）。

この時期から文献の数は飛躍的に増加し、最終的に前衛建築思想に結びつけられていく。Nikolaus Pevsner はガウディ生誕百年を記念して開催された論文コンクールで勝利し（*The Strange Architecture of Antonio Gaudí*,《The Listner》, London, 7 August 1952）、有名な *The Pioneers of Modern Design*〔ニコラウス・ペヴスナー『モダン・デザインの展開』白石博三訳、みすず書房、一九五七」の一九五七年版の注記で加えたものをさらに拡大して、一九六〇年の再版にはガウディの作品への重要な言及を追加した。H. R. Hitchcock は著作のなかでガウディに重要な一章を捧げた（*Architecture 19th. and 20th. Centuries*, Baltimore, 1958）。J. J. Sweeney と J. Ll. Sert がアメリカで出版した本は大きな反響を生んだ（*Antoni Gaudí*, New York, 1960）。最後に、世界建築の巨匠たちを集めたアメリカのシリーズで、ガウディはライトやネルヴィ、ミース、アールト、ル・コルビュジエらのなかに含められた（G. R. Collins, *Antonio Gaudí*, New York, 1960）。Roberto Pane, *Antonio Gaudí*, Milano, 1964 は要約と編纂を意図した最初の著作であるが、いくつかの作品の帰属に伝統的な誤りが含まれる。モデルニスモやヨーロッパ建築思想全体についての言及（ヴィオレ＝ル＝デュクの影響など）はたいへん的確に記述されている。「資料と批判（Le fonti e la critica）」の章にはガウディ研究文献の展開について最良の要約がみられる。もっとも新しい著作は César Martinell, *Gaudí. Su vida, su teoría y su obra*, Barcelona, 1967 であるが、もっとも正確な歴史的著作であり、帰属や日付に関する誤りをはじめて訂正した。

（2）ドゥメナクは《Cuadernos de Arquitectura》の全巻特集（Barcelona, 2.º y 3.er trimestres 1963）より以前には本格的に研究されたことはなかった。この特集号には伝記的記事からさまざまな記録、重要作品の詳細な研究が含まれる。たいへん貴重な写真集に M. Lluïsa Borrás, *Lluís Domènech i Montaner*, Barcelona, 1970 がある。Oriol Bohigas, *Lluís Domènech i Montaner*,《The Architectural Review》, December 1967, M. Lluïsa Borrás, *Lluís Domènech i Montaner, prototipo*,《Destino》, Barcelona, 25 octubre 1969 も参照。本書の編集のあとにもっとも完備したふたつの研究が現れた。AA. VV. , *Lluís Domènech i Montaner. En el 50e aniversari de la seva mort*. Barcelona, 1973. Pilar Cleofé, *Lluís Doménech y Montaner*（*1850–1923*）, 1978. マドリード大学歴史学部に提出された未刊の修士論文。

（3）H. Russell Hitchcock, *Architecture Nineteenth and Twentieth Centuries*, Baltimore, 1958.

（4）Francesc de P. del Villar（1828-1903）はサグラダ・ファミリアを着工した建築家であり地下聖堂の初期施工部分の設計者であった。以下を参照。J. Bassegoda Nonell, *El proyecto de la primera《Sagrada Familia》, debido al arquitecto Don Francisco del Villar y Lozano*,《La Vanguardia Española》, Barcelona, 7 junio 1968.

（5）Nikolaus Pevsner, *Gaudí. Pioneer or Outsider*,《Architects Journal》, London, December 1960.

（6）Dennis Sharp, *Modern Architecture and expressionism*, London, 1966. 以下もあわせて参照。G. C. Argan, *L'architettura dell'Expressionismo, Progetto e destino*, Milano, 1965 に収録。V. Gregotti, *L'architettura dell'Expressionismo*,《Casabella》, n. 240, Milano. Wolfgang Pehnt, *La arquitectura expresionista*, Barcelona, 1975.

(7) バトリョ邸のファサードは、モデルニスモのなかにトレンカディスを巧みに採用した最初の実例と考えてまちがいない(第X章の原注7参照)。この技術が引き続き採用され派生していったことは別にしても、バトリョ邸の多色ファサードは直接的にまた素材の点からもしばしば模倣された。その典型例はパルマ・デ・マリョルカのパルメー伯爵広場にあるレイ邸である。

(8) ガウディの作品における構法や構造上の問題の研究は、長いあいだ不十分で偏ったままだった。カタルーニャのあらゆる伝統工法に含まれていてじっさいにはガウディの創造的才能だけに帰することのできない様相や、非常に普遍性に乏しい様相が強調されることが多かった。本書の第X章には、より一般的におこなわれる解釈への対照として、ガウディ作品の見かけ上の構造的合理性を成立させているものが要約される。とはいえ、以下の研究も参照すること。I. Puig i Boada, *El Temple de la Sagrada Familia*, Barcelona, 1929. J. Bergós, *Tabicados huecos*, Barcelona, 1965. G. R. Collins, *Antonio Gaudí: Structure and Form*,《Perspecta 8》, Yale, 1963.

(9) サグラダ・ファミリアの建設続行をめぐる論争に関しては以下を参照。Oriol Bohigas, *Problemas en la continuación de la Sagrada Familia*, en《Gaudí》, Centro de Estudios Gaudinistas, Barcelona, 1960. Oriol Bohigas, *Notes sobre Gaudí i la Sagrada Família*,《Serra d'Or》, Montserrat, abril 1965.

(10) Eugeni d'Ors, *Glosari*,《*Enllà* i la generació noucentista》, junio 1906.

(11) Bruno Zevi, *Storia dell'architettura moderna*, Torino, 1950.

(12) 奇妙なことにバレンシアにはこの意味で先駆的な住宅作品がある。一九〇三年建設のラ・パス通り十七番地の家(ホセ・カマーニャ・ライロン設計)である。全体が鉄骨造であり、内部の柱は鋳鉄だが、ファサード部分には圧延平板が使われており、その多くは仕上げ材なしで露出している。

(13) ガウディにおける柱頭の進化を研究してみれば、「表現主義」的解釈の側からの主張として興味深いものとなるだろう。伝統的なゴシック様式の範囲内にあるサグラダ・ファミリアの地下聖堂の柱頭から、淡い水平の襞にすぎない「パドレーラ」の柱頭にいたるあいだに、バトリョ邸の骨のような形態があり、その進化は合理主義的分析や論争的な意味づけによってではなく、表現主義自体の歩みから検証されねばならない。

訳注

〔1〕ブリュッケは一九〇五年ドレスデンで四人の建築学生によって設立され一三年まで活動した美術家集団。一九〇六年

「プログラム」と題した宣言を発表し、衝動や未来への信念、若さの強度を称揚し、既成秩序を拒否した。総合性を求めニーチェに心酔し、表現主義の発展に寄与した。

〔2〕青騎士は一九一一年から一四年までミュンヘンを中心に活動した表現主義的美術家集団。カンディンスキー、マルク、クレーなどが参加した。内的欲求をさまざまな手段で表現することを共通目的とし、ブリュッケよりも国際的な評価を確立した。

〔3〕原書第三版の出版からさらに四半世紀が過ぎるあいだに受難のファサードは完成し、外陣の工事が交差部から南東に向かって進んでいる。

〔4〕プリモ＝デ＝リベーラ（一八七〇―一九三〇）カディスの名門出身の軍人、政治家。一九〇九年からモロッコ戦役で活躍したが、その後左遷され二二年にカタルーニャ方面総司令官として着任、翌年九月クーデタ宣言をおこない、国王の承認を得て議会を解散し憲法を停止した。二四年には独裁制を確立し公共事業を推進した。世界不況や経済政策の失敗から反独裁運動が高揚し、三〇年に辞任し直後にパリで客死した。

〔5〕サン・パウ通り九番地。

〔6〕GATCPAC（現代建築推進のためのカタルーニャ芸術家技術者集団）はノベセンティスモに対抗して一九三〇年にジュゼプ・リュイス・セルトやジュゼプ・トーレス＝クラベーらが結成した、合理主義を標榜した団体。第二共和制下でいくつかの作品を実現したが、主要メンバーは内戦のため戦死や亡命に追い込まれ、フランコの独裁にいたって運動は霧散した。

Ⅵ　表現主義と合理主義

本書の冒頭に記したような理由から、モデルニスモの諸傾向のなかに明確な分類を確立するのは事実上不可能である。ひとりひとりの個性やほとんど個々の作品が、個人や作品それ自体の特性によって区別される。とはいえ、世代によるなんらかの分類をたてることが可能であるいっぽうで、ふたつの傾向の進化の道をたどろうとすることも可能だろう。その概略を単純化してわかりやすくいえば合理主義と表現主義と要約できるだろうが、両者を代表するのがドゥメナク＝イ＝ムンタネーとガウディである。

モデルニスモのもっとも重要で多作な建築家を学歴の修了年で分類すると、かなり明瞭なふたつの集団に分かれる。第一の集団が学業を終えたとき、時代はまだ十九世紀だった。ジュゼプ・ビラセカ（一八七三）、リュイス・ドゥメナク＝イ＝ムンタネー（一八七三）、ペラ・ファルケス（一八七三）、カミール・ウリベーラス（一八七七）、アントニ・ガウディ（一八七八）、ジュゼプ・ドゥメナク＝イ＝アスタパー（一八八一）、アンリク・サニェー（一八八二）、アントニ・M・ガリサー（一八八五）、ジュゼプ・フォン＝イ＝グマー（一八八五）、ファラン・ルメウ（一八八七）、ジュゼプ・プーチ＝イ＝カダファルク（一八九一）、ジャロニ・F・グラネイ（一八九一）、リュイス・ムンクニイ（一八九二）、J・ルビオー＝イ＝バリュベー（一八九三）が含まれ、無資格のまま活動した建築家フランセスク・バランゲーをこれに含めることができる。第二の集団は、モーラとバレーリ、スレー＝イ＝マルクを例外として、二十世紀になってから活動を始めている。フランセスク・モーラ（一八九八）、サルバドー・バレーリ（一八九九）、A・スレー＝イ＝マルク（一八九九）、アントニ・デ・フルゲーラ（一九〇〇）、バルナルディ・マルトゥレイ（一九〇二）、ダメトリ・リーバス（一九〇二）、ジェロニ・マルトゥレイ（一九〇三）、マヌエル・J・ラスパーイ（一九〇五）、エドゥアルド・M・バルセイス（一九〇五）、ジュゼプ・M・ジュジョール（一九〇六）、ラファエル・マゾー（一九〇六）、ジュゼプ・M・パリーカス（一九〇六）が含まれ、最後の生き残りセーザー・マルティネイ（一九一六）は、ただひとりで第三の波を構成した。

議論の余地は残るが、これら二世代のあいだに様式上の確かな差異を認めてよいだろう。とはいえ、それは様式上の差異というよりむしろ、到来した新様式に対する立場のちがいである。第一の集団にはモデルニスモ運動でもっとも傑出した人々、つまり運動の根底となる基準や傾向を定めた人々が含まれている。ガウディとドゥメナク＝イ＝ムンタネーが第一にあり、サニェーのあの不可思議な個性や、教養あり独立したプーチ＝イ＝カダファルクもいる。加えて、ふたりの巨匠の示した基準に直接従った六人の建築家、ガリサーとフォン＝イ＝グマー、グラネイ、ムンクニイ、ルビオ＝イ＝バリュベー、バランゲーがいた。これはしたがって、新様式を探求する社会や政治的な広がりを心底確信した、先鋭的な世代なのである。このなかにドゥメナク＝イ＝ムンタネーやガリサー、そしてプーチ＝イ＝カダファルクのようなカタルーニャ主義の明確な政治行動に身を投じた建築家が含まれることはたんなる偶然ではなく、こうした行動はおそらく建築家としての純粋な専門職以上に重要でさえあった。

じっさいにはふたつの集団は同じ世代に属していた。カタルーニャ主義の勝利の日付である一九〇一年[1]で示される世代はマンレーザ綱領から出発した人々であり、この世代とともに「暗中模索の探求は終わり、倫理上の革命はカタルーニャ人の心性のなかに消尽した」[1]。だが第二の建築家集団は、いわば仕事が一段落した後で実務に参加するようになったため、規範がすでに確立され、成果が達成されたかのように誤って確信していた。おそらくこの理由のため、この集団はもう一方よりも非政治的であり、あるいは政治上の闘争意識が低かった。この連中には、みずからの行動を社会的な意味に結びつけようとする傾向が第一集団の時代ほど強くはなく、この運動の深い根源をふたたび提示しようとしながら、形態上のマンネリズムに迷い込む傾向があった[2]。これがために、たとえばスレー＝イ＝マルクやラスパーイは、師であったドゥメナク＝イ＝ムンタネーの作品が備えていた内容と意味の大半を見失った。これがためにジュジョールは、その並みはずれた個性にもかかわらず、ヨーロッパが生んだもっとも激烈な表現主義者であり、時代を超えて興味と賞賛を引く人物として記録されるいっぽうで、ガウディの創造力への追随者にとどまらざるをえないのである。この世代を研究するとたいへん興味深いのは、それがある文化的な立場、すなわち意図的な、ときには強制された連続性を明示していることであり、この連続性によって、初期の改革者たちの尽力やこの様式のカタルーニャ全土への普及が保証されたのである。だが加えてこの世代には、とりわけ活動の初期段階に非常に重要な作品を建てたふたりの建築家がいる。ラファエル・マゾーとパリーカスである。のちにみるとおり、ふたりはモデルニスモの文化路線に忠実に従いつつ、ヨーロッパの主流も巧みに取り入れながら、近代建築に向けた歩み、あるいは少なくとも全世界的運動への忠誠を記すのである。

すでに述べたように、ガウディの崇拝者はノベセンティスタにも数多くいたが、それにくらべ現実にガウディの路線を継承した建築家はといえば、質の点できわだっていることはたしかだが、数からすればごくわずかだった。バランゲーとルビオー、ムンクニイ、ジュジョールがそういった人物であり、マルティネイは初期の農村作品によってこれに含められる。

フランセスク・バランゲー（一八六六―一九一四）はガウディのもっとも身近な助手であり、やみくもで激しいガウディの創造力のためつねに不可欠な存在だった。その死にさいしてガウディは「バランゲーの死で私は右腕を失った」と最高の弔辞を送ったほどである。ガウディの作品におけるバランゲーの仕事を正確に特定するのはむずかしいが、デイヴィッド・マッカイ(3)はバランゲーの関与が明らかな作品としてビセンス邸の鉄格子、グエイ邸のファサード、パドラルバスのグエイ家別邸、バリェスグアール邸、クロニア・グエイの地下礼拝堂、サグラダ・ファミリアの学校、同じサグラダ・ファミリアの多くの部分を挙げている。じっさい不思議なことに、一九一四年、つまりバランゲーの死の年とともにガウディの創造力に陰りがさし始めるのである。ガウディのもうひとりのきわめて有能な助手にジュジョールがいたこと、そしてガウディに帰せられる多くの重要作品、あるいは作品の一部（「パドレーラ」の鉄細工やグエイ公園の陶片）がジュジョールに負っていることを考慮に入れると、ガウディが「奴隷」たちの傑出した創造力の簒奪者だと裁断するという際どい結論を下したくなるが、これはもちろん誤りである。それどころか、あらゆる弟子が巨匠に感じていた賞賛と献身を知り、ガウディの吸引力を知ると、そのすべてにガウディをよりたくましく活動的にしたもうひとつの長所を認めざるをえなくなる。つまり、並みはずれた才能からなる集団をみずからの創造と統御の手綱のもとで効果的に働かせる能力である。ガウディの人使いの巧みさを認めたうえで、他方では統一的なモデルニスモの概念が助手たちに基礎として共有されていたがために、有能な集団の編成が比較的容易に実現したことを認識すべきである(4)。というのも、モデルニスモ運動のもうひとりの大家ドゥメナク＝イ＝ムンタネーにもややこれに似た状況があって、その周辺ではガリサーやフォン＝イ＝グマー、ラバルタ、グアルディア＝イ＝ビアール、ドゥメナク＝イ＝ロウラといった人物やさまざまな種類の職人たちが働いていたが、だからといってドゥメナクの創造性の強度が少しでも損なわれることはなかったのである。

バランゲー、オール通り44番地の住宅（1909）

建築家としての職歴を始めていたにもかかわらず、バランゲーはガウディに身を捧げ、その最初の助手となるためにグラシア市〔2〕の公的建築家のあいまいな保護のもとで一連の作品を建てる仕事をやめた。そこでの仕事の大半は、かなり没個性的な装飾的モデルニスモによる、ガウディの天才とはまったく縁のないものであった。それにもかかわらず、ガウディとの影響関係の明らかな、自由な創造性に従った作品も実現しており、そこにはバランゲーの個性が生んだ特徴も見分けられる。そういった特徴のひとつに、幾何学や文字どおり自然主義的な説明でモデルニスモの形態の創意に意味を与えようとする企てがある。とりわけそれは、装飾的要素や表層の仕上げに見いだされる。たとえばサグラダ・ファミリアの生誕の門の内側立面へのバランゲーの関与を裏づけるものに、隅々まで緊密に割り付けられた立方体の図案化があるが、これに類似する例は、ガウディ自身はもちろん、モデルニスモのほとんどいかなる他の作品にもみられない。形態にたいし妥協を許さない態度のもうひとつの極端な例が、ビセンス邸の鉄格子だろう。ここでの装飾的形態要素は実物から直接かたどられたヤシの葉の反復であって、いかなる様式化もほどこされず、厳密な幾何学形態でないとはいえ図面もほとんどなしで実現された。これと同じ立体構造への指向によって生み出されたものが、グラシア市庁舎のファサードやサン・ジュアン教区教会の建物（一九〇〇）である。ガラーフのグエイ家酒蔵庫（一八八八―一八九〇）や取り壊されたリナール・ダル・

バランゲー、グエイ家酒蔵庫（1888-90）、バルセロナ県ガラーフ

バリェスのマテウ邸（一九〇六）の鉄格子扉[3]は、形態上のみごとな創造性を見せながら、鎖の組み合わせから生まれる予想外の可動性という、見慣れない形態要素によるいわば「機械仕掛け」の特質を利用している。同様なことはグラシアのリベルタート（自由）市場（一八九三）の全体と細部や、クロニア・グエイの煉瓦造の作品にもいくらか認められる。いずれの場合もつねに、材料の戯れはムデハル風の形態を回避し、立方体状の構造化がはかられている。

もっとも完成度の高いバランゲーの作品が上に述べたガラーフのグエイ家酒蔵庫であるのは疑いの余地がないが、ここでは別の重要な特性を強調せねばならない[4]。この建物は表現的な性格がきわめて強いうえ、あらゆる構成要素と個々の細部が形態と材料の圧倒的な統合に一体化されているのである。統一性が極端なまでに推し進められた結果、壁と屋根との区別が消滅するにいたっており、あたかも三角形断面のプリズムが投げ出されて一

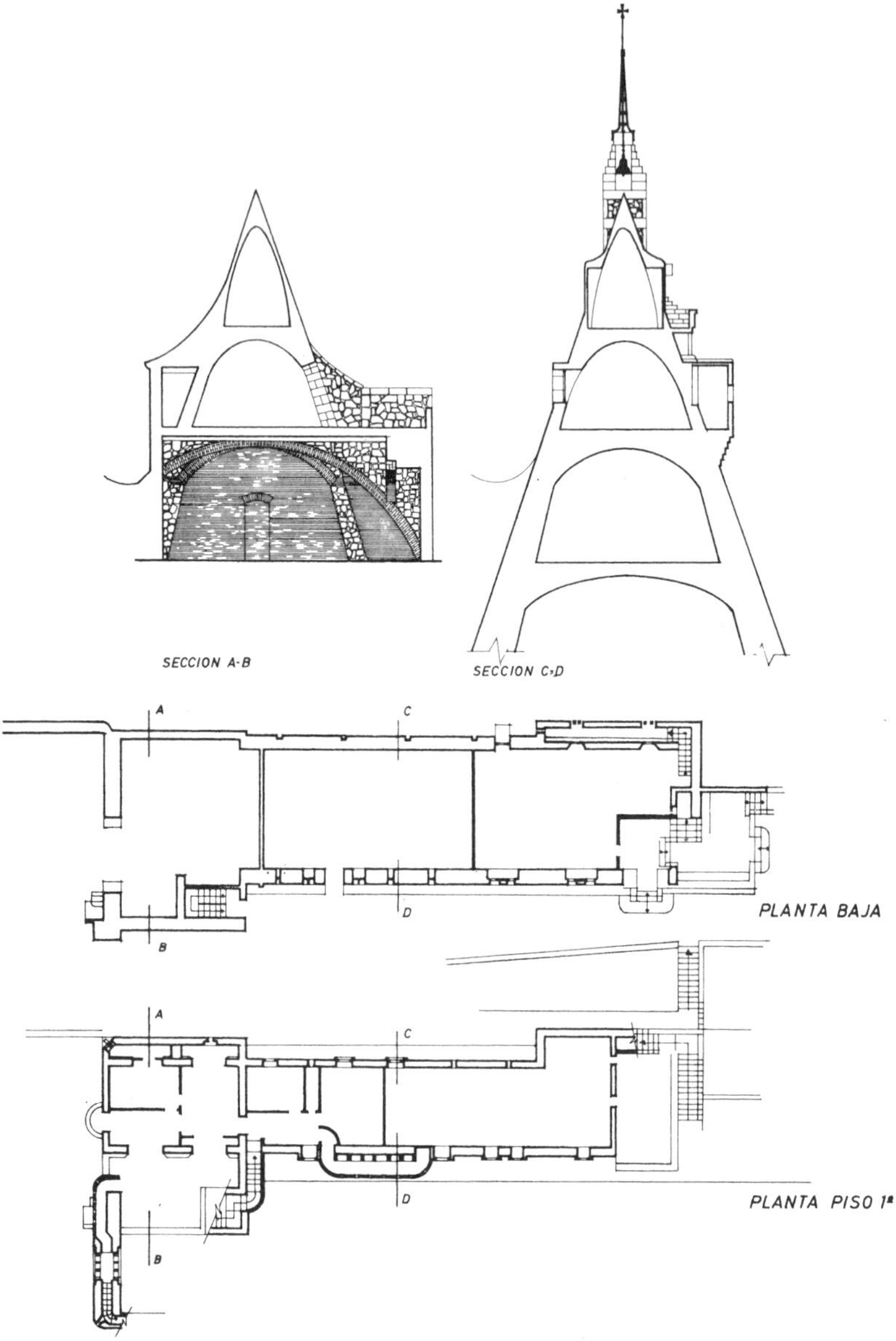

グエイ家酒蔵庫断面図（上)、1階平面図（中)、2階平面図（下)

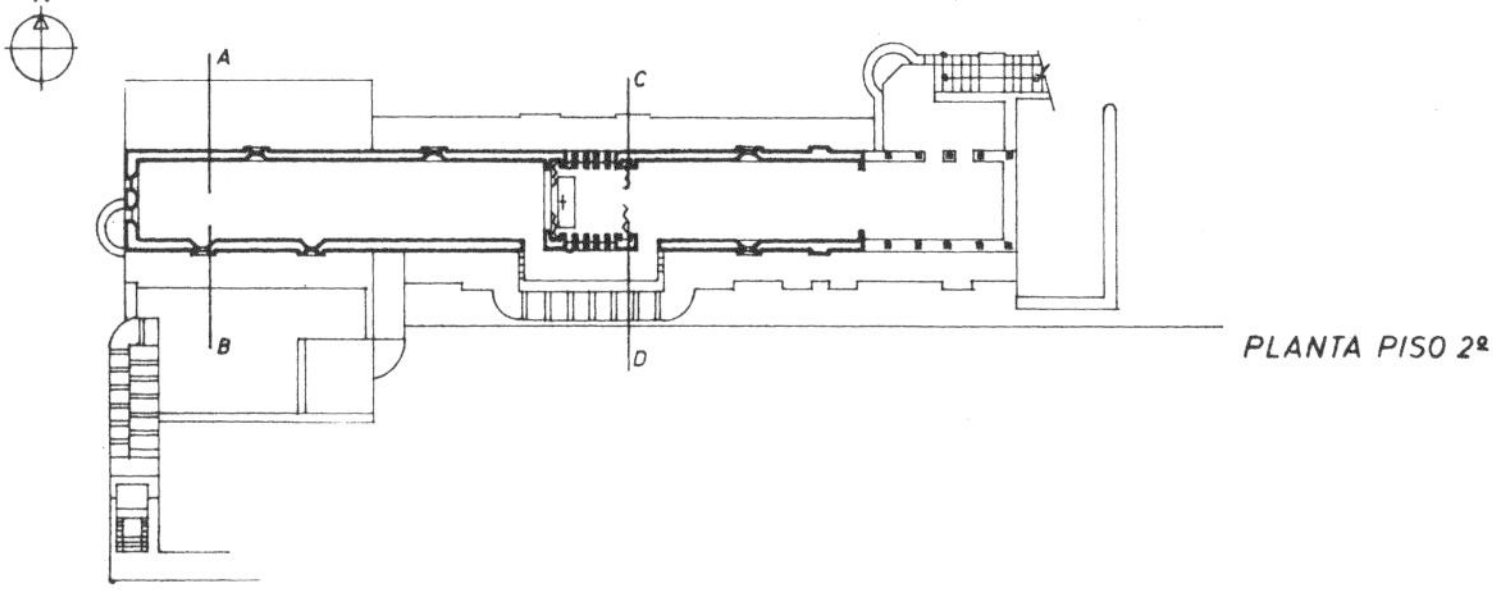

グエイ家酒蔵庫門（上）と3階平面図

ルビオー＝イ＝バリュベー、リアルプ邸（1908-10）。バルセロナ、ドミニクス通り14番

面を下にして転がっているのである。こうして建物全体は連続した石の固まりと化し、そこから典型的な有機的構成にしたがってさまざまな組織が生え出している。奇妙なことに、この作品はバランゲーが工事に直接関与したガウディのバリェスグアール邸と、量塊と空間の統一性の点で確かな共通点があるのだが、外観の施工処理を見るかぎり、材料や仕上げの統一性の度合いは比較的低い。平石の板をかぶせた屋根や、石片のモザイクで覆われた竪樋などがそうである。

伝記的な面でガウディに強く結びついたもうひとりの建築家がジュアン・ルビオー＝イ＝バリュベー（一八七〇―一九五二）である。だがガウディとの絆にもかかわらず、その作品はある意味ではここで述べている二世代の架け橋なのである。ルビオーとガウディとの協働は一八九三年から一九〇〇年までは緊密に、その後一九〇六年までは断続的に続いたが、このころジュジョールに代表される新しい世代がガウディの設計室を占領するようになり、かれらはガウディの思想を受け入れつつそれをさらに洗練させるとともに、中央ヨーロッパからの新しい影響も吹き込んだ。この時期以降ルビオーとガウディとの接触は、じっさいにはマリョルカ大聖堂の仕事とサグラダ・ファミリアの特定箇所だけに限定されるようになる。およそ一九一五年までルビオーの盛期モデルニスモはバルセロナの一連の住宅建築で展開される。それらはときに——サンタ・テレーサ学院やバリェスグアールの屋根裏部屋における——ガウディの影響を感じさせる構造的な配慮で彩られ、またときにはドゥメナクの純粋主義をとりいれて、煉瓦造のアーチやドーム、鉄製部材などによる工法の可能性を追求している。一八九五年から一九一〇年にかけて建設された住宅をいくつか確認しておこう。ブナノバ大通りの住宅〔5〕はすでにとりこわされて存在しない。ドミニクス通りの住宅〔リアルプ邸〕はガウディ風の幾何学的な相互貫入や煉瓦造のソロモン柱〔6〕、ドームとタイル仕上げの門などに特徴があり、これらの要素はルビ

上・ルビオー＝イ＝バリュベー、ソリェー銀行（1910–12）。マリョルカ島ソリェー。
下・同、「フラーラ・ブランク」ルビラルタ邸（1903–1913）。バルセロナ、アンドレウ博士大通り31番地

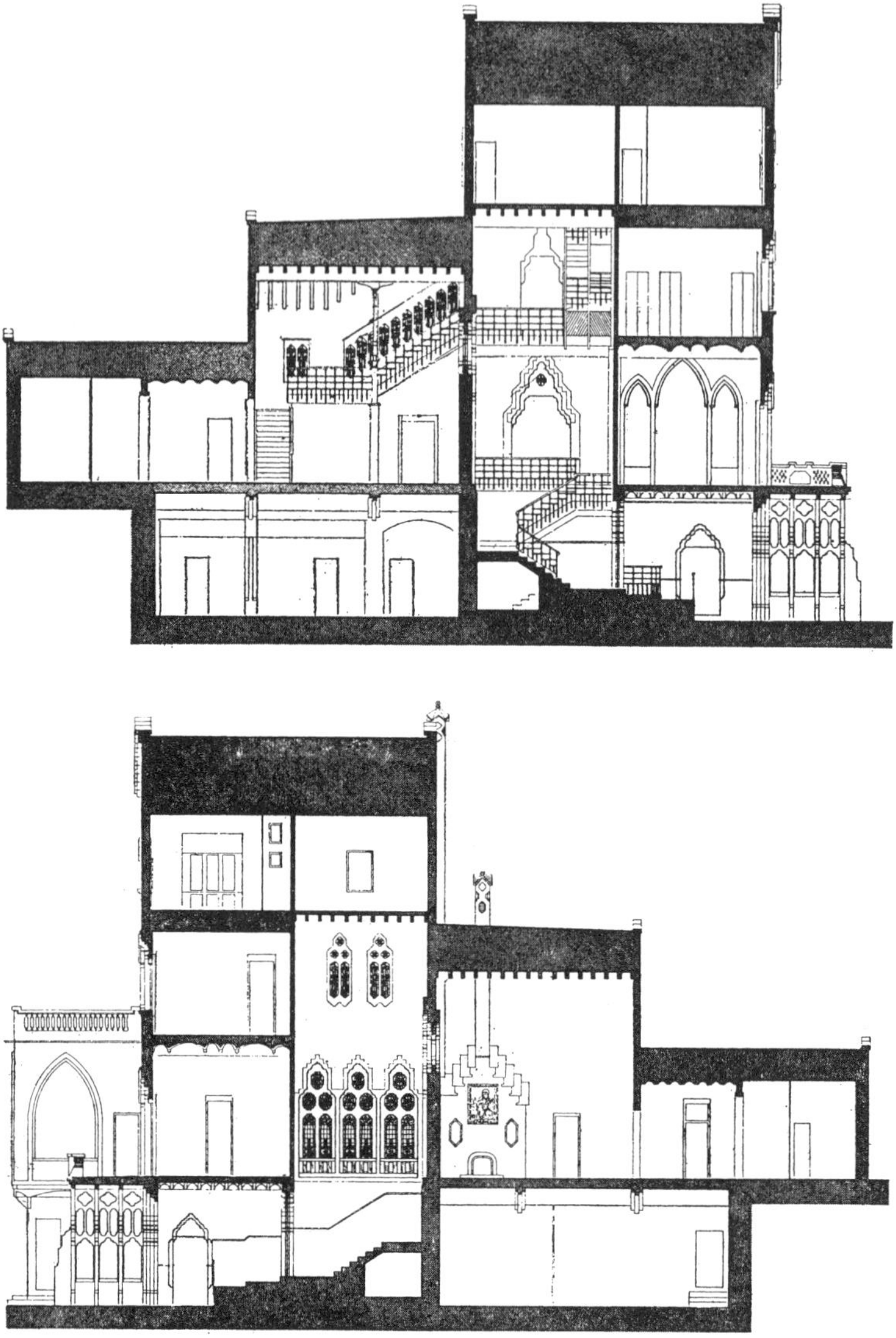

ルビラルタ邸断面図

オーの住宅にほとんど必ず繰り返された。アンドレウ博士大通りのルビラルタ邸、通称「フラーラ・ブランク（白い修道士）」では、造形と技術の両面で煉瓦造の戯れが最大限追求されている。これらの作品の多くで認められるのが、バランゲーの特徴でもあった立方体による構造化であり、とりわけ特徴ある窓開口の類型に用いられ、少しずつ変化をつけて繰り返された。ジローナ通りの集合住宅[7]では、空間と量塊に関する意図がファサードにあらわれており、このファサードはガウディ風のもくろみとも結びついている。だがルビオーの作品のうち、並みはずれた完成度をみせる「フラーラ・ブランク」以外でもっとも一貫性のあるのは、ソリェー銀行（一九一〇―一二）とティビダボのサナトリウムの洗濯所（一九〇三）であることはまちがいなく、これらはガウディとドゥメナクのあいだを要約するルビオーの立場をよく体現している。ソリェー銀行はガウディの表現豊かな石造の路線を継ぐ作品であり、サナトリウムの洗濯所はドゥメナクの作品の特質である煉瓦による構造的実験を指向している。まずまずの出来の宗教作品をいくつか建てたあと、モデルニスモが勢いを失いノベセンティスモの新古典主義が幅を利かせるようになると、ルビオーは考古学的な修復の仕事に逃避するようになる。創作としてはゴシック復興主義風の作品をいくつか実現したものの、ほとんど評価されなかった。一九二七年に「タベル・モンス・バルシノネンシス（バルシーノ丘の図）」という幻想的な計画案を発表したが、これはバルセロナを壮大なゴシック風

ルビオー＝イ＝バリュベー、「アル・カスティ」

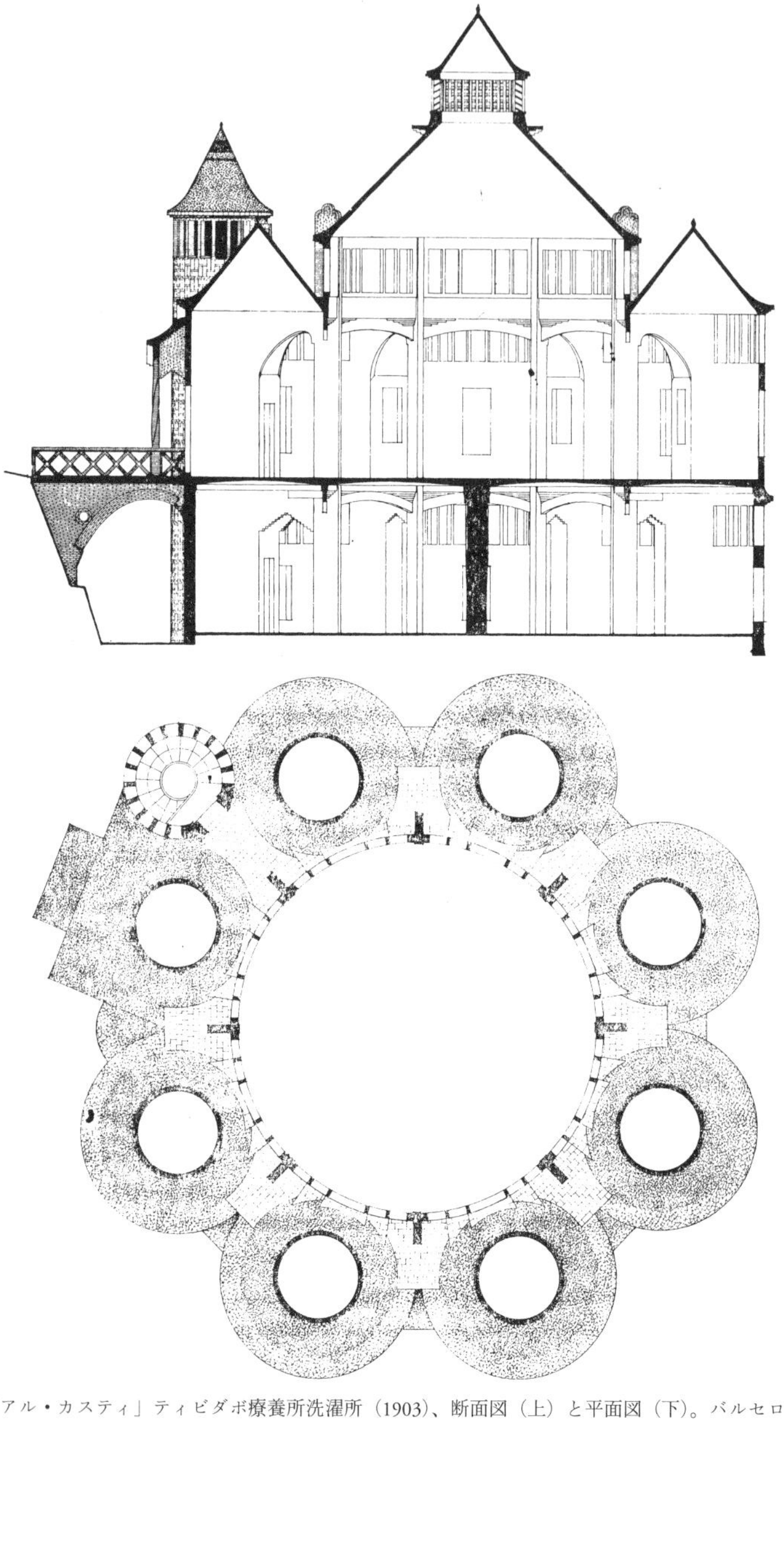

「アル・カスティ」ティビダボ療養所洗濯所（1903）、断面図（上）と平面図（下）。バルセロナ

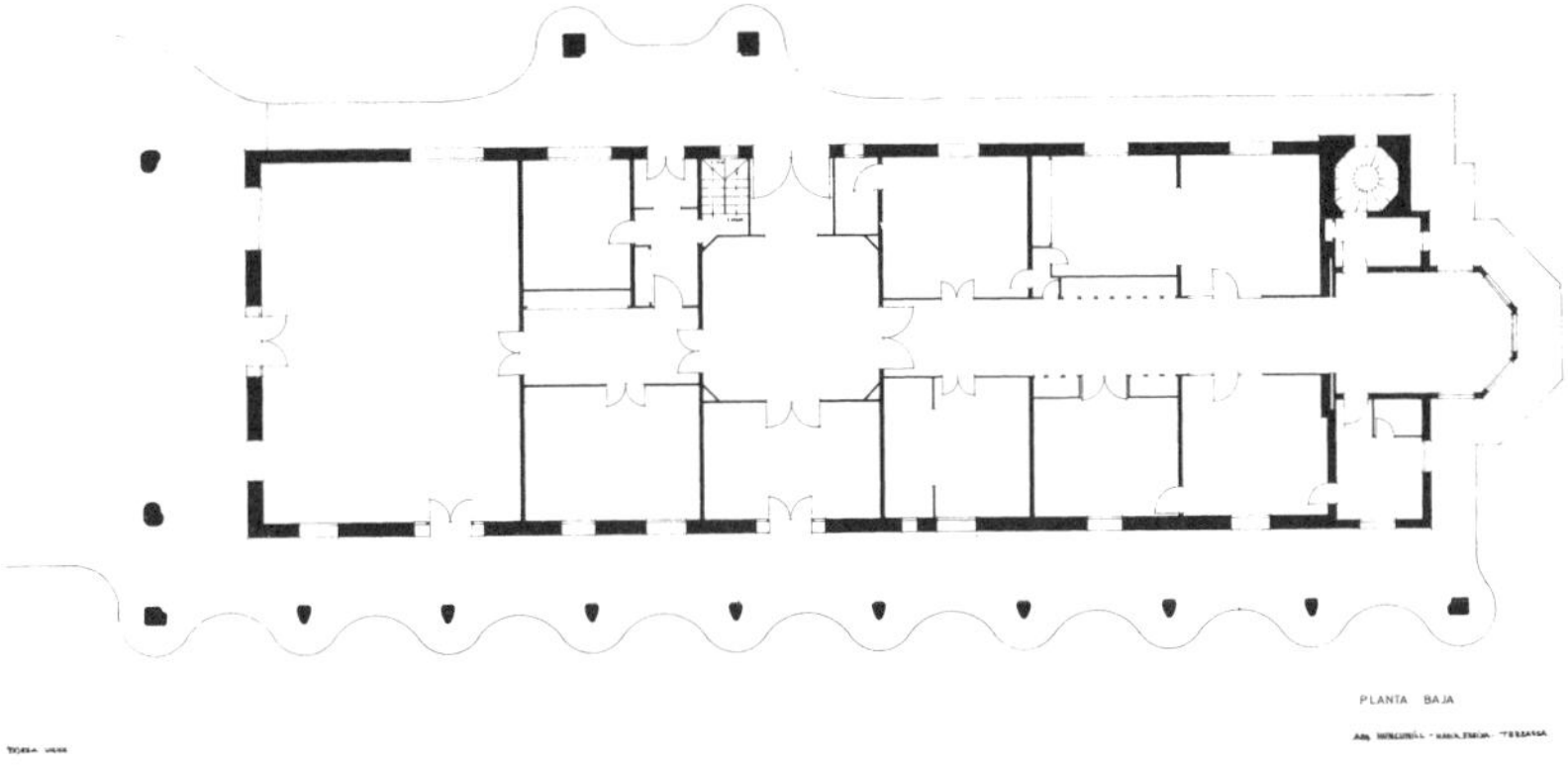

ムンクニイ、マジア・フレイシャ（1907）、外観（上）と平面図（下）。
バルセロナ県タラーサ、ボルタ通り

に再構成する提案であった。(5)

現在は音楽学校になっているテラーサのマジア・フレイシャ（一九〇七―一〇）はリュイス・ムンクニイ（一八六八―一九三二）のもっとも重要な作品であり、(8)おそらくガウディ主義の範囲内でその有効性をもっとも展開した作品である。この方向性は、表現上の熱情や形態的なある種の恣意性への傾向を保持しながら、建物全体を厳格な造形的構築の統一体に還元し、装飾も自然主義を示す符丁も考古学的記憶もすべてはぎとることに成功している。二年後に完成したガウディの「パドレーラ」では、オーダーの積み上げの痕跡を思わせ、表現上の最大限の重みや優れた造形心理的意図を感じさせずにおかないが、構造上の要請はほとんど顧慮されていない。これにひきかえマジア・フレイシャは、ガウディに由来する放物線連続アーチや丸まった屋根の戯れ、のっぺりした壁面の連続など、構造と表現とが完全に関係づけられた好例である。この作品では細部の処理も重要であって、出入り口や窓といった開口部の輪郭は、表面の連続性を唐突に中断しないよう丸味をつけられている。建具は三角形断面のきわめて単純なものだが、角は丸くなっている。ムンクニイの多くの細部にはときおりマッキントッシュの、具体的にはグラスゴー美術学校（一八九八―九九）のような初期マッキントッシュの痕跡のようなものがみられ、同じことは、アール・ヌーヴォーの影響下にありながらマッキントッシュの作品に装飾的な構成要素がほとんどみられないことにもあてはまる。しかしながらその一方で、ムンクニイの全作品に共通する特徴、とりわけ充実した細部の処理が、同世代でありながらより合理主義的な路線に分類されたグラネイの作品と類縁性をもつのも確かである。建築に求める主題や立場はそれぞれかなり異なっていたにもかかわらず、このふたりの建築家がモデルニスモのさらなる発展の基礎を築けたはずだったのはまちがいない。いわばムンクニイは、社会崩壊の危機や機械化の果ての忘却のなかに生きていたガウディ主義の血筋を引きつつも、活動的で進歩主義的な立場を代表していた。ムンクニイの

マジア・フレイシャ外観詳細

ムンクニイ、問屋ファルネス（一九〇五）。バルセロナ県テラーサ、サラゴサ広場

ムンクニイ、アイマリク＝イ＝アマート工場（一九〇七）屋根外観

同内観（改修後）。バルセロナ県テラーサ、ランブラ・ダガーラ二五四番地

ジュジョール、プラニェイス邸（一九二三—二四）。バルセロナ、ディアゴナル大通り三三二番地

もうひとつの重要作品が工場であるということ、つまりテラーサのアイマリク＝イ＝アマートの工場[9]（一九〇七）が、プーチ＝イ＝カダファルクのカザラモーナ（一九一一）とマゾーのテイシドー製粉所（一九一一）と並ぶ、モデルニスモの三大工場建築のうちの最初の作品であるのも偶然ではない。

マジア・フレイシャと同じ方向性をめざしてはいるが、バルセロナのディアゴナル大通りに建つジュゼプ・マリア・ジュジョール（一八七八—一九四九）設計のプラニェイス邸は、流動性の観点で「パドレーラ」におけるガウディにより近い作品として位置づけられる。ここでは、曲面を多用した開口部や建具におけるムンクニイの手法と一致した、とぎれることのない表面の連続性への意志はさらに顕著であるが、それはファサードの形態全体に拡張され、「パドレーラ」の際限ない激情がより近代的な構造の可能性のなかに絡めとられている。マジア・フレイシャと同じくこの作品でも、ファサードの量塊的な幻想性と内部空間の創造性の乏しさのあいだの奇妙な矛盾が認められる。ムンクニイの作品の場合には、それが改築工事であって、厳格で伝統的な既存構造を保存しながらそこに別の表現豊かな量塊が「被せられて」いる、という事実で容易に説明できる。しかし、プラニェイス邸では——二階の張り出しギャラリーには興味深い表現的意図がみられるが——モデルニスモの作品、とりわけその共同住宅に認められる特徴、つまり外観の表現に無頓着な態度が顕著である。これと似たことが数多く発生した理由は、バルセロナの拡張地区における同様な都市的状況によって少数の類型

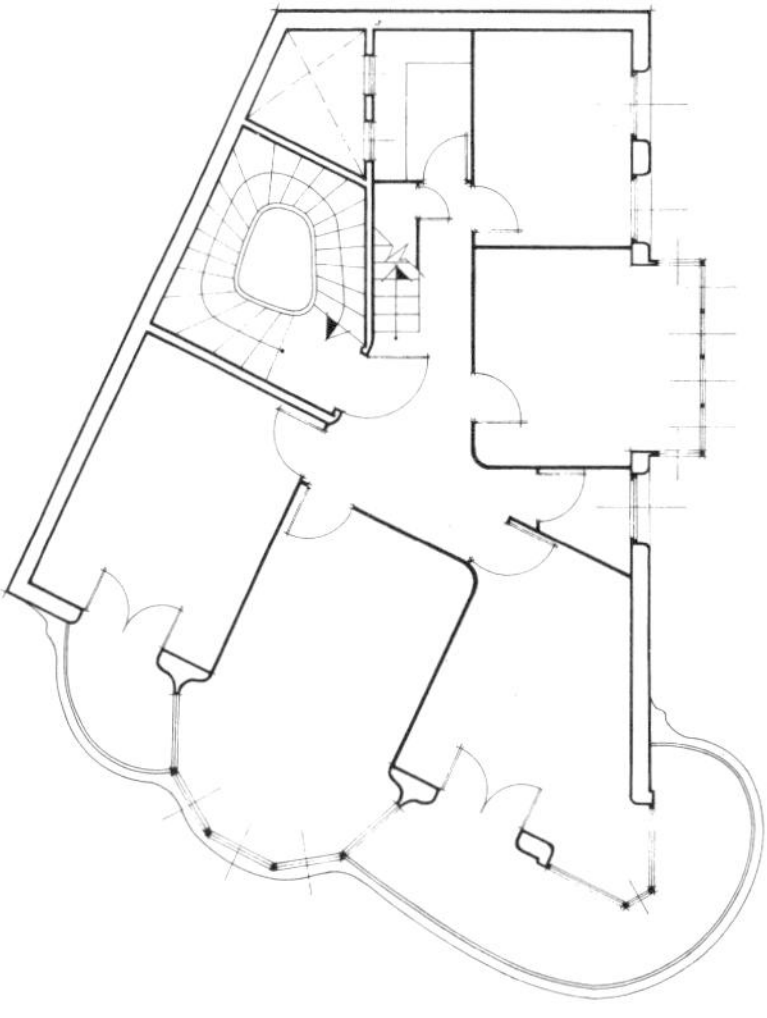

プラニェイス邸基準階平面図

がほぼ画定されたためであり、またこれを建設し使用するブルジョワ層がファサードに新たな表徴性を求めながらも住居の概念自体の革命には抵抗した、という社会構造によって説明できる。バランゲー設計のグラシア地区の集合住宅群やプーチ＝イ＝カダファルクの作品のいくつか、サニェーやグラネイ、ファルケスの作品の多くもこのような状況下にある。

これにたいし居住空間と表現豊かな外観とのあいだの対立は、もうひとつの作品で、まさにジュジョールの建築の本質ともいうべききわめて個性的な建築言語となって実現した。それはサン・ジュアン・ダスピーにあるたいへん美しい「トッラ・ダルス・オウス（卵の塔）〔あるいはトッラ・ダ・ラ・クレウ（十字架の塔）〕」

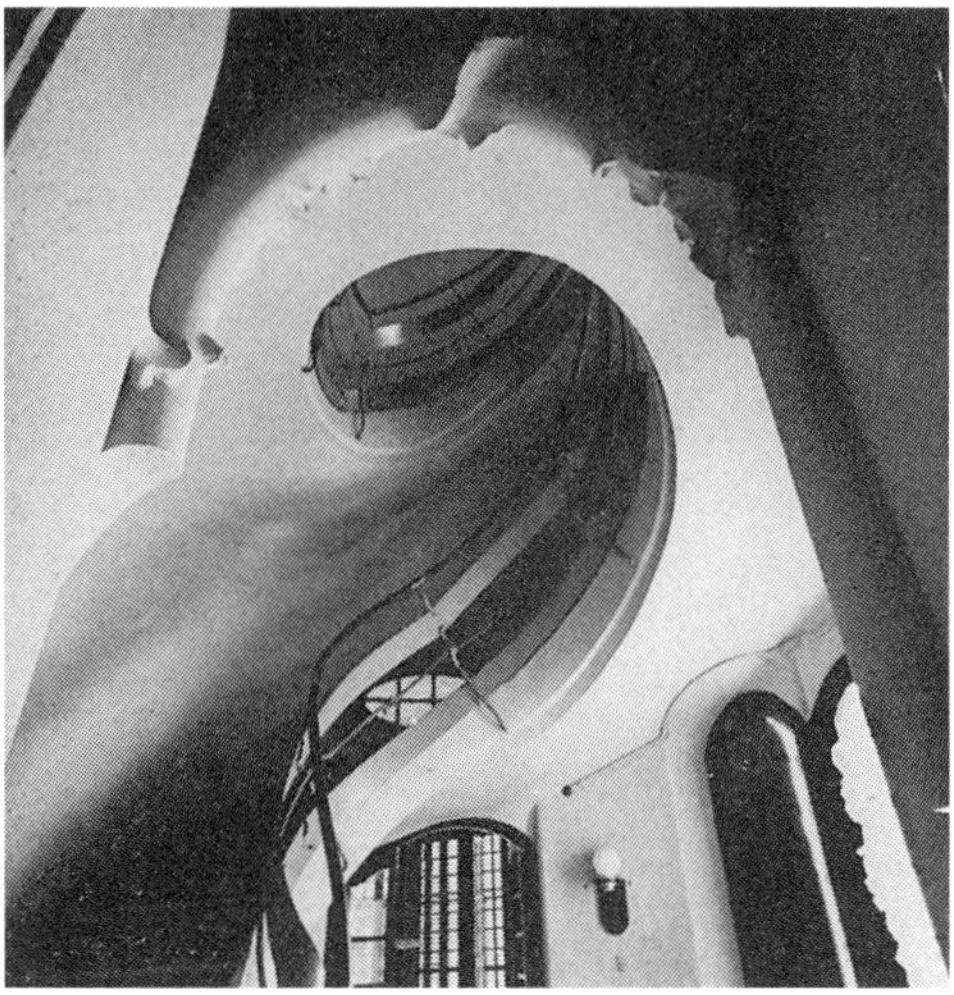

ジュジョール、「トッラ・ダルス・オウス」（卵の塔）別名「十字架の塔」（1913–16）外観（上）と内観（下）。バルセロナ県サン・ジュアン・ダスピー、カナリアス通り 12 番地

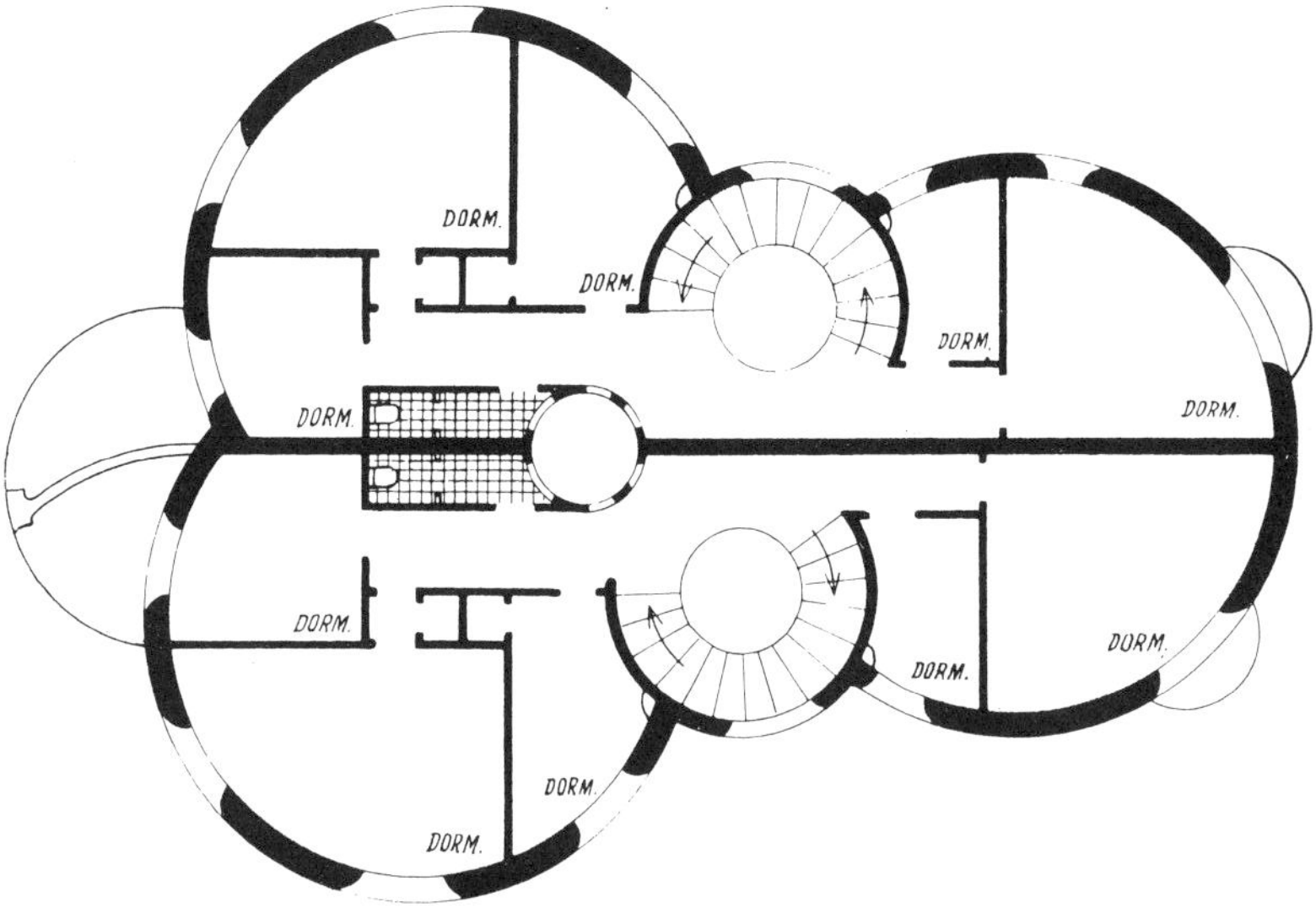

「トッラ・ダルス・オウス」2階平面図

（一九一六）である。対称的な平面のふたつの住戸からなり、五つの円弧を組み合わせてできた外壁構造の内部が直交座標できっちりと分割されている。これによって内部の部屋相互間に形態上の奇妙な対立が生まれ、それが外観全体の複雑さを生んでいる。しかしこれに加えて、厳格な対称性で区画される円弧は二階から上ではまったく非対称な円筒状の外観と化し、別種のあいまいさを生み出している。これほどわずかな構成要素と、曲線と直交座標、対称と非対称という異なる用法によって、これほどの複雑さと対立を達成した建物を他に見いだすのはむずかしい。

モデルニスモ全体のなかで、細部や装飾のデザイン、形態の強烈な想像力といった点でジュジョールがもっとも才能豊かな建築家であったことは疑問の余地がない。一九〇六年以降は、ガウディの作品のもっともピクチャレスクな局面や彫刻的要素におけるかけがえのない協力者だった。バトリョ邸のファサードの磁器タイルのデザインやグエイ公園の天井モザイク、「パドレーラ」内観の絵画的装飾やバルコニー手摺などはこの協力関係の成果である。ここでもう一度強調しておくべきは、ヨーロッパ全土の運動に照らしてもこうした要素が審美的に断然進んでいたという事実である。

グエイ公園入口の階段は、さまざまな絵付けタイルを傾けたり回転したりして少しずつ構成を崩しながら装飾されている。有名な波打つベンチは彩色陶磁器の破片を貼って仕上げられており、抽象表現主義の造形を見せている。巨大な多柱室の天井を彩る花型大飾りはガラス瓶やココアのカップ、ガラスコップ、人形、盆、割れた皿といった異様なオブジェを混ぜて象眼されており、これらが下地の凹凸を連続して覆い一体化している。それは抽象絵画の造形上のあらゆる発見を予感させるにとどまらない。コラージュの最初の試みであり、壊れたオブジェを積極的に評価した最初の例であり、素材の生地に表現の基礎を置いた最初の作品であり、インフォルマリズモ[10]のすぐれた先駆である。シリーシが記すとおり、これは「ピカソがキャンバスに新聞の端切れを貼り付けるよりも先に、マックス・エルンストが自分の絵に古いイラストを切り貼りするより先に、あるいはダダイストが一九一九年にもたらした「追放されたオブジェ」の偉大な再発見に導かれてシュルレアリストたちが砂やスプーンや靴を使うようになるより前に[6]」実現していたのである。グエイ公園と同じように、ジュジョールは一九一四年の「ネグラ邸」のみごとな鉄格子では、ありきたりな道具を「追放されたオブジェ」の新しい造形表現にそのまま活用している。

ジュジョールはガウディと緊密な協力関係にあったあの年月の精神にいつも忠実だった。そして時代の変化のなかでも、世界の主流がかなり異なる方向に進んでいくなかでも、忠実であり続けた。サン・ジュアン・ダスピーのネグラ邸の改築は一九一四年にきわめて激しいバロック主義の方向で開始された。一九二三年に礼拝堂が建設されたあとの一九三〇年になっても、ジュジョールはここで以前と同じ精神で働いていた。一九二三年にはビスタベーリャのみごとな教会堂の工事が終わる。ある意味でクロニア・グエイの教会堂の

ジュジョール、ネグラ邸（1914–30）
外観（上）と門扉詳細（右）。
バルセロナ県サン・ジュアン・ダスピー、
トゥレン・ダル・ネグラ通り 37 番地

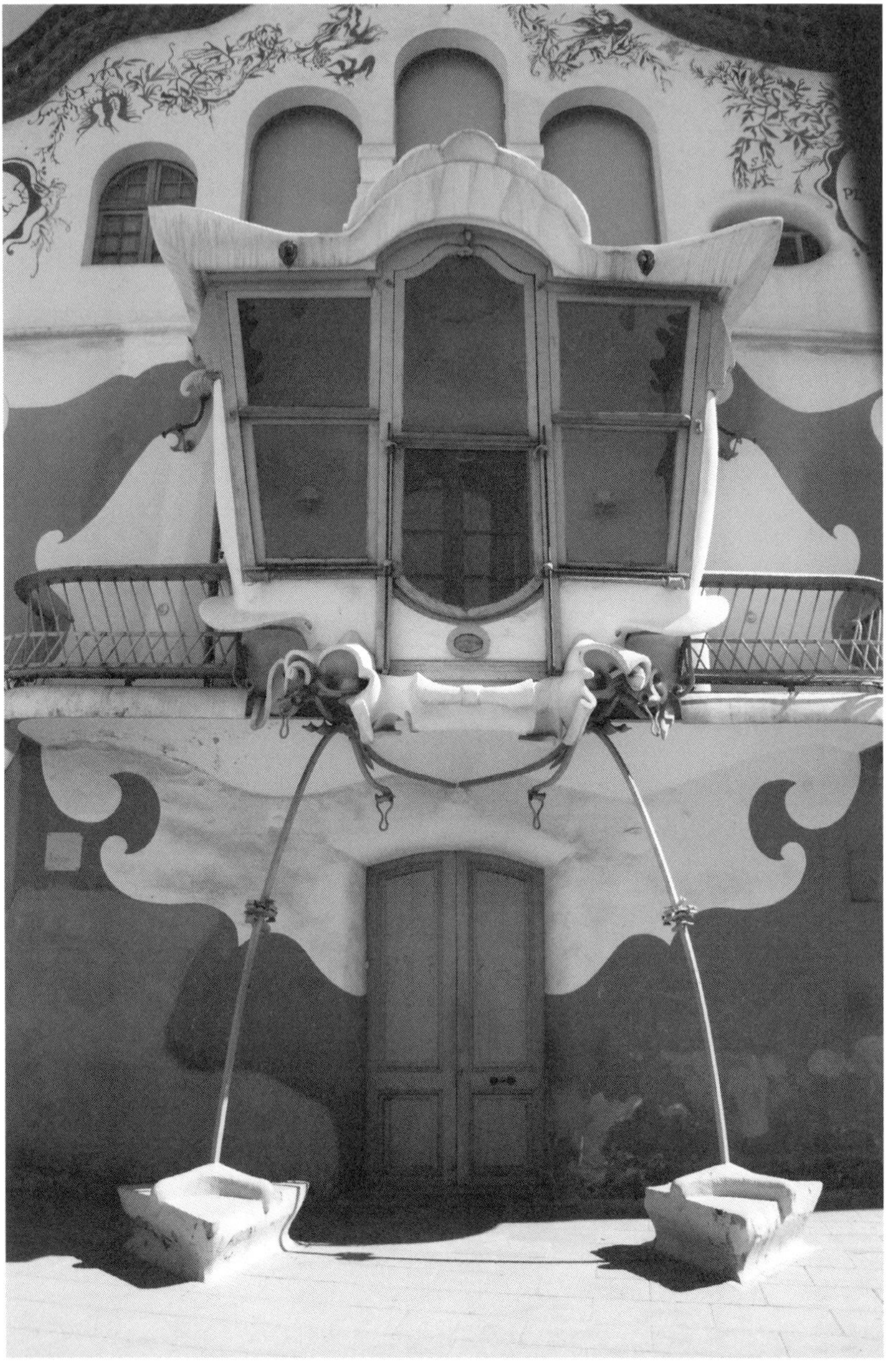

ネグラ邸外観詳細

ネグラ邸階段室

形態を非常に個人的に展開した最高作品であり、そこでは屋根構造によって魅惑的な修正が導入され、構築の一貫性を奇妙に崩している自然主義と「総合芸術」のあらゆる創意が取り込まれている。死の少しまえの一九四三年ごろ、ジュジョールはサン・ジュアン・ダスピーの教区教会に複数の説教壇と秘蹟の礼拝堂を建設したが、これらの説教壇に関しては、あらゆるモデルニスモのうちもっとも知的で感覚的な描線を特記せねばならない[7]。アル・バンドレイの教会堂の新祭壇（一九三九―四九）でも、他のどんな作品にもましてモデルニスモの形態表現を際限なく拡張している。一九二九年の博覧会を機会に建設されたバルセロナのエスパーニャ広場のローマ・バロック風の噴水は、現在では見る影もなく改造されているが、モデルニスモの強固な情熱を垣間見せるジュジョールの創造力を伝えている。

ジュジョールがもっとも貴重な生き残りの例であることに疑問の余地はないが、だからといって純粋に個

ジュジョール、ビスタベーリャの教会堂（1918-23）
外観（上）と内観（下）。タラゴナ県ビスタベーリャ

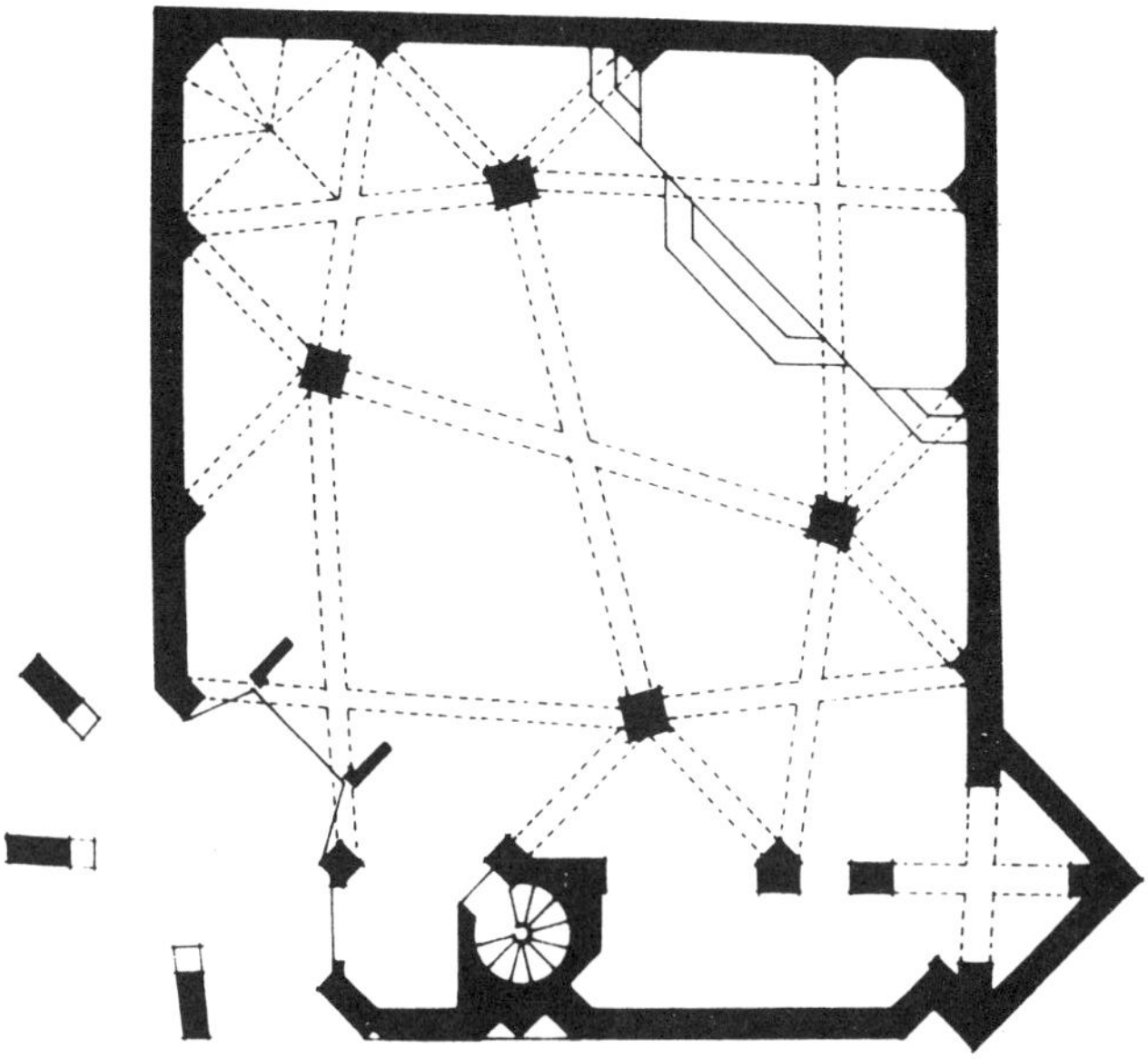

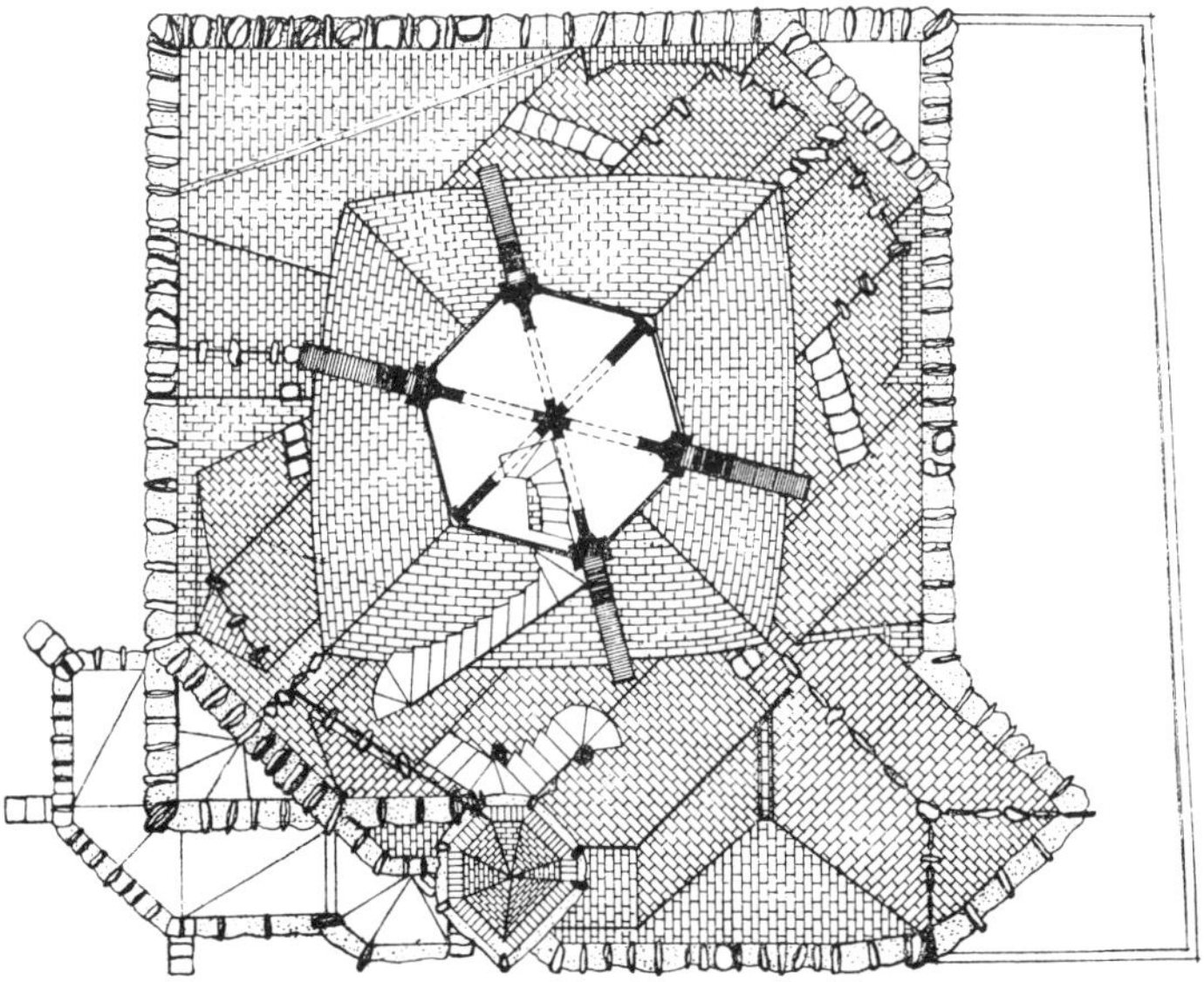

ビスタベーリャの教会堂平面図（上）と屋根伏せ（下）

人的でさほど重要でない孤立した事例と片付けることはできない。生き残りとしてのジュジョールは誇張される嫌いはあるが、カタルーニャにおいてモデルニスモがどの程度まで受容されたかをよく示している。ジュジョールのような事例がどこか他の土地に生まれることはありえないし、逆に、カタルーニャにおけるモデルニスモの生き残りはかなりな数にのぼった。ジュジョール以外に特筆すべき人によるもっとも優れた例として、セーザー・マルティネイ（一八八八—一九七三）の作品がある。マルティネイは学業を終えた直後の一九一八年から一九二三年にかけて、化粧煉瓦造と美しいアーチ構造による造形で一連の農家の建物を実現した。こうした例は過去の時代の生き残りではなく、新たな世代がいまだ活力を保つ様式に従って働き始めていたことの証しなのである。

バランゲーがガウディにもっとも近い立場の協力者だったとすれば、アントニ・M・ガリサー（一八六一

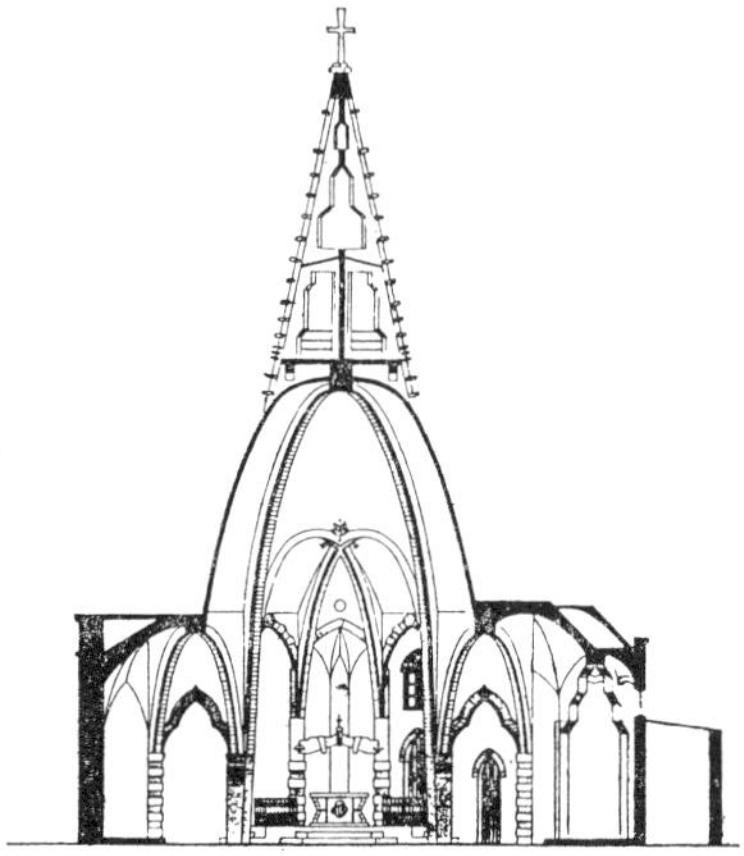

ビスタベーリャの教会堂断面図

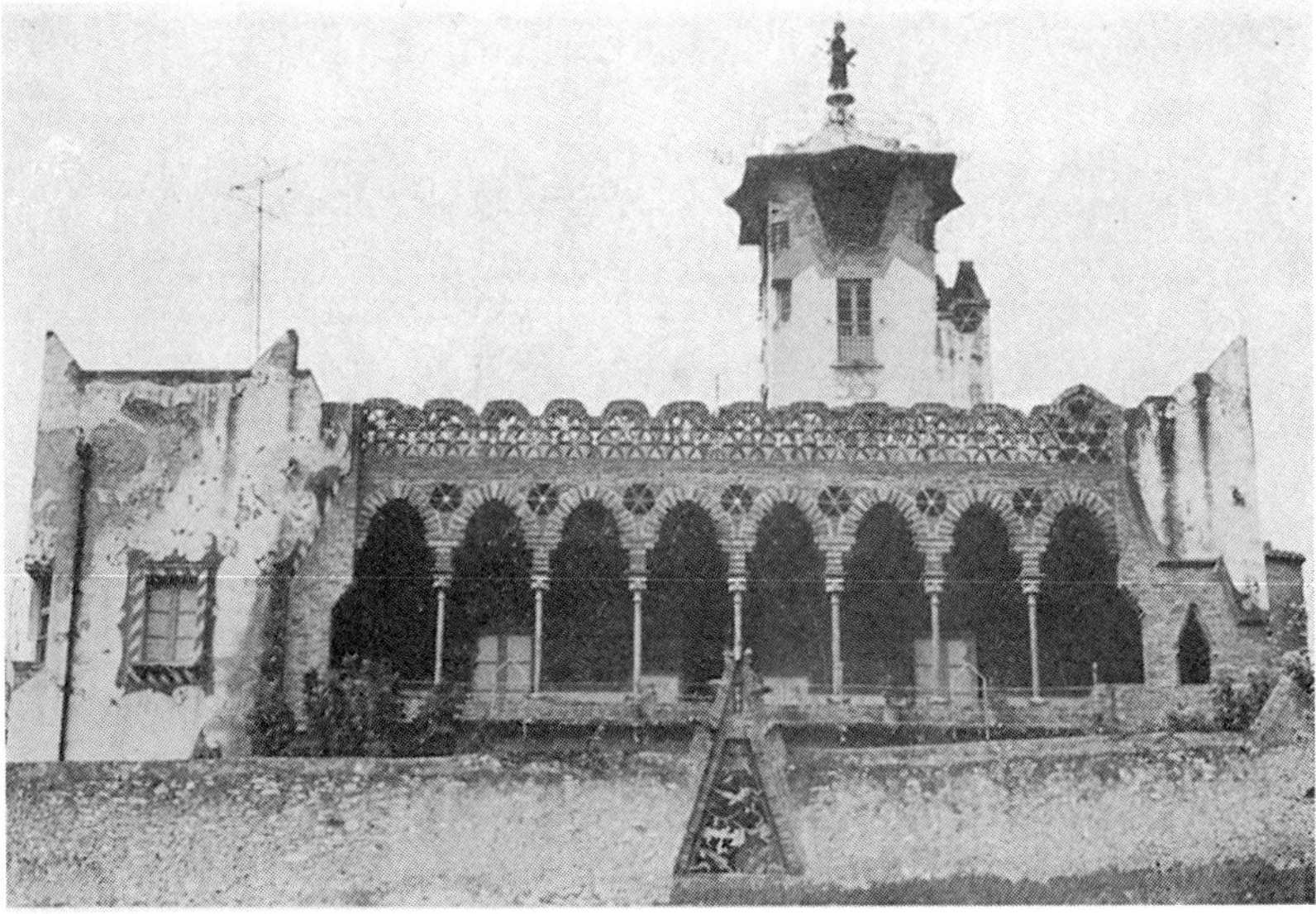

上・ジュジョール、教区教会説教壇（1943-49）。バルセロナ県サン・ジュアン・ダスピー。
下・同、ブファルイ邸（1914-31）。タラゴナ県アルス・パリャレゾス

一九〇三）はドゥメナク＝イ＝ムンタネーのもっとも身近な助手だった。このことはとりわけ、すでに述べた工芸美術の活性化の仕事にあてはまる。ガリサーの作品の大半は、依然として工芸や歴史的関心を特徴としたデザインへの配慮に発しており、まさにそれゆえに折衷的考古学趣味へと堕していく傾向があった。しかしバルセロナのバレンシア通りにはガリサー設計の驚くべき建物〔リュピス＝イ＝ブフィーイ邸〕があり、これを見ると、設計者の早すぎる死によって確かな純粋主義の形態に向かう興味深い道程のひとつが閉ざされたという思いを禁じえない。平滑な壁面や——依然として古めかしい基部と頂部にはさまれているが——張り出しバルコニーのガラス皮膜は、すでに述べたガウディ主義の先例のさまざまな定式化とは異なる方向性を示している。

しかしわれわれが合理主義と名づけた傾向のなかでもっとも興味深い建築家は、ジャロニ・ファラン・グ

上・ガリサー自邸。バルセロナ、アンジャル・バイシェラス通り7番地7。
下・ガリサー、リュピス＝イ＝ブフィーイ邸（1902）。バルセロナ、バレンシア通り339番地。
次ページ・同、ブフィーイ邸外観詳細

グラネイ、ジローナ通り122番地の住宅（1903）

ラネイ（一八六七—一九三一）である。バラゲー図書博物館の設計者としてすでに紹介したジャロニ・グラネイの息子である。ほとんどもっぱらバルセロナの拡張地区の集合住宅だけを建設したため、外観の複雑な量塊表現を主題とする機会には恵まれなかったが、さまざまな資質を備えたその作品にはいつもファサードのなかに建築の表面を構造づける新手法についてきわめて重要な洞察が示されていた。グラネイには一目でそれとわかる様式がある。ファサードの仕上げは、ムンクニイや初期ジュジョールの場合と同様に柔らかく連続するなかでいつもたいへん平滑に処理され、グラネイの場合そこに枠取りの反復が重ねられて、ファサードは自律的要素へと再分割される。要するに、ファサードの各要素はそれを個別化する柔らかな枠取りで整えられるが、この枠取りはたんに個々の要素を分離するのではなく、各々の要素の独立した額縁なのである。これは単純な装飾手段とみることもできるが、ファサードの形態構成や構造にきわめてよく合致しており、より高次な意図の存在を明らかに推測させる。つまりストックレー邸におけるホフマンの処理との比較がいやおうなく考えられるのであって、そこでは立面の各々がその輪郭に施されたグラネイの作品によく似た処理で個別化されている。それと同様に、ドゥメナク＝イ＝ムンタネーのカフェ・レストランがカタルーニャ建築にもたらした平滑面がここにみごとに繰り返されて、近代技術やプレファブによって近い将来実用化されるはずの新しい造形を準備しているという事実も見逃せない。グラネイのこのような造形をもっともよく

ジローナ通り一二二番地の住宅、外観詳細。バルセロナ

グラネイ、パドゥア通り75番地の住宅（1903）

代表する秀作が、バルセロナのジローナ通り一二二番地の集合住宅であることはまちがいない。

先の章で述べたように、ジャロニ・ファラン・グラネイは工芸の再活性化にも重要な貢献をおこなった。グラネイはガラス工芸の専門職人リガールの共同経営者として、この職種の工業化を少なからず促進した。じっさいモデルニスモのガラス装飾工事はすべて、このふたりの会社によるものである。

あまり知られていないが強調されるべき建築家がもうひとりいる。バルナルディ・マルトゥレイ（一八七○?—一九三七）はドゥメナクの流派に分類されるべきではあるが、ガウディの足跡から大きな影響を受け、最終的にはルビオー＝イ＝バリュベーにかなり近い立場にいたった人物である。もっとも重要な作品であるバリュドゥンセーリャの修道院はカタルーニャにおけるもっとも完璧な煉瓦造建築であって、あらゆる細部が煉瓦で実現されており、そのこと自体で表現上の高い価値を達成している。やはりマルトゥレイによる作品に、たいへん奇抜なウリウスの墓地（一九一六）がある。さまざまな自然石を用いた複雑な石造建築物であるが、グエイ公園に由来する自然主義によりながらも、ここではもっと単純で構造化された幾何学的諸形態が採用されている。これこそ疑いなく、モデルニスモでもっとも劇的なランドスケープ建築のひとつである。

ジャロニ・マルトゥレイ（一八七七—一九五一）とマヌエル・J・ラスパーイ（一八七七—一九三七）のふたりはおそらく、ドゥメナク＝イ＝ムンタネーに発した路線のマンネリ化した時代を代表する人物である。マ

上・マルトゥレイ、
バリュドゥンセーリャ修道院
（1910？）。バルセロナ、
システー通り 41 番地 1。
右・同、墓地（1916）。
リェリダ県ウリウス

バルセイス、リュック邸（1906）

ルトゥレイは数少ない作品のなかで鉄やヴォールトによる構造表現を展開し、しばしば復興主義に傾いたが、じっさいには考古学的な修復工事にほとんど身を捧げた。ラスパーイは、ふんだんな装飾や彩色、そして複雑な空間構成による一貫性のないおびただしい数の作品を造り続けた。エドゥアルド・M・バルセイス（一八七七―一九六五）の作品は、ラスパーイの場合と同じく質の高低に相当なばらつきがあるが、やはりラスパーイに似てカタルーニャの隅々に、そしてとりわけ両者が働いたバリェス地方に深く浸透した。ラスパーイによるラ・ガリーガのバルベイ邸（一九一一）やバルセイス設計のサン・クガットのリュック邸（一九〇六）は、力強く独創的な建築表現を達成しようとしたふたりの努力の結晶である。とりわけリュック邸は、複数の単純な幾何学形態の量塊と激しい多彩色磁器タイルとの複雑な干渉のなかに、独特の表現を生み出している。しかし概してこれらの建築家のもっとも重要な業績はモデルニスモ様式の多数の要素を普及させたことであり、ときにはたんなる装飾の詳細や地味なファサードが、簡単な手本として地方職人たちに受け入れられた。見方によれば、カタルーニャ全土に広まった大衆的モデルニスモの多様で重層的な形態にみずからを同化させたのだった。そういった大衆的モデルニスモの一側面はバレンシア地方の田舎や漁村に見ることができ、そこでは地域の特殊な社会構造が生み出した建築言語、あるいは彩色タイルの地方的伝統に関連した特徴的な建築言語さえ見いだされる。(8) 同様な側面はまた、

スレー＝イ＝マルクとグアルディア＝イ＝ビアール、バレンシア中央市場（1910–28）

かつてバルセロナの郊外だった区域やバルセロナに隣接した集落のような、かねてからの土着住民に加え都市部からの「避暑層」の流入が増えた地域に見られる。この領域ではモデルニスモは、とりわけ浅い平浮き彫りやオリエンタル風復興主義、表現主義的企ての様式へ、そして絵画的あるいは自然主義的な恣意的形態の様式へと同化していく。この延長上にはしばしば、使用者自身が個性の発露と勘ちがいして手作業で建設した、奇妙奇天烈な「天然」建築が現れる。

強調しておくべきもうひとりA・スレー＝イ＝マルク（一八七四―一九四九）は、ある意味では大衆路線の推進者としてみたバルセイスやラスパーイの対極に位置する人物である。実作の数はわずかだが、とりわけ美術史の領域で活発な文化活動をおこない、一時期にはヨーロッパの同時代建築の重要な出来事とおおくの関係を保ち、当然のことながらそれをみずからの建築に翻案した。したがってシリーシも、スレーがランブラ・デ・カタ

バレンシア中央市場内観

ルーニャ通りに建てたアリベール・ポンス邸（一九〇九）をモデルニスモにおける最上のウィーン分離派の作品であると述べたほどである。サリェンのクラレート神父記念碑も同じ形跡を見せているが、自然主義的な流麗さでは前者を凌いでいる。一九一〇年には、一緒にドゥメナク＝イ＝ムンタネーの助手を務めていたグアルディア＝イ＝ビアールとともに、バレンシア中央市場の設計競技にやはり分離派風の特徴をもつ案で勝利したが、まぎれもないドゥメナク風の要素も認められる。モデルニスモが活発な展開の時期を終えると、スレー＝イ＝マルクやルビオー＝イ＝バリュベー、ジャロニ・マルトゥレイ、バサゴーダ、フルゲーラ、そしてある意味ではプーチ＝イ＝カダファルクも、モデルニスモの進歩主義的精神に背を向けて様式的活動へと移っていき、かつてとおなじ「復興」への使命に専念するようになる。

上述の中央市場と同列に述べておくべきもうひとつのバレンシアの作品は、用途の点では似てい

フランセスク・モーラ、コロム市場（1914-16）。バレンシア

るが、ドゥメナク＝イ＝ムンタネーの要素や構成法にさらに準拠しているといってよかろう。フランセスク・モーラ（一八七五―一九六〇）設計のコロム市場（一九一四―一六）である。ここにはドゥメナク譲りの工業化された標準品への配慮や、量塊の単純化への意図、そして直接ドゥメナクに由来する装飾的要素のいくつかさえ見いだすことができる。しかし、それと同時にガウディの作品をどこか思わせる形態や表面仕上げも移入されており、これによって作品はバルセロナのモデルニスモで干渉しあったふたつの流れの奇妙な統合となっている。先に列挙した建築家たちと同様、モーラも後になると生気に乏しい様式主義へ、その初期には「復興」ゴシック主義というまったく非創造的な解釈へ、ついでバロック的記念性へと移っていった。王立サン・カルロス美術アカデミーでの基調演説（一九一六）でもモーラはバルセロナの「装飾」派へのある種の反対理論を提示したが、モーラによれば、ドゥメナク＝イ＝ムンタネーと

サニェーに指導されたこの集団は、マドリードの「古典」派との対比のなかで「晴朗さの欠如と豊富で理由なき装飾」を特徴としていた。モーラは「専門家はこの種の過剰さにいつまでも気づかない」と述べている。[9]

最後に、およそ一八九〇年から一九一四年にかけて、なかでもとりわけ一九一〇年前後にカタルーニャのあらゆる都市の街路をモデルニスモ様式の店舗で満たした、すべての建築家や装飾家、職人を思い起こさねばならない。そこには、パスコーによるアスコフェート社の最初の店舗（一八九〇）と、ヨーロッパ初のアール・ヌーヴォーの知らせに先立つその花模様の商標から、驚異的な質の高さでバルセロナ市の賞を最後に受賞した作品までが含まれる。[10] この様式の普及ぶりを想像するには、すでに述べたように、バルセロナに限っても二百を超えるモデルニスモ様式の店舗が営業していて、そのなかにはこの時代のヨーロッパの建築と装飾の代表作として認められているものがあることに留意するだけで十分だろう。[11] すでに言及したガスパー・ウマーのような内装家具制作者のほかに、ジュゼプ・パスコー（一八五五―一九一〇）やアラシャンドラ・ダ・リケー（一八五六―一九二〇）、ジュゼプ・トゥリアドー（一八七〇―一九二九）、サルバドー・アラルマ（一八七〇―一九四一）、アドリアー・グアル（一八七二―一九四三）といった名前が――いずれもすでに第Ⅲ章で言及した人々である――モデルニスモに熱中した図案家や画家として挙げられ、ラファエル前派の定式から、溶融するような自然主義や末期の幾何学構造主義までを包含している。

しかしこういった装飾家の作品については、本章の全体をとおして叙述を試みたふたつの流れのうち厳密にどちらにより忠実であった、などと語ることはできない。それらの作品には、モデルニスモを一枚岩であると同時に対立的な総体とした、あるいはモデルニスモに固有の特性を付与した奇妙な相互干渉がこのうえなく明瞭に示されている。次の章では、土着に由来するにせよ直接的影響によるものにせよ、なんらかの仕方でモデルニスモの言語形成に貢献した新しい文化的要素についてまとめて述べることにする。

原注

(1) Vicens i Vives y Montserrat Llorens, *Industrials i Politics* (*Segle XIX*), Barcelona, 1958.

(2) David Mackay（*Tiendas Modernistas en Barcelona, 1882–1922*,《Cuadernos de Arquitectura》, Barcelona, 3.er trimester 1962）はモデルニスモの発展について政治社会的解釈を要約している。マッカイによればモデルニスモには三つの基本的理念がある。進歩主義と中世的社会主義、自然主義である。この運動は、古い支配階級と同一視される厳格な新古典主義への反抗の結果生まれた。右派の保守階級は、社会主義左派の存在によってみずからの状況の保持が危機にさらされることにたいし、反動的動きを示した。これに対する防御策としてモデルニスモはもうひとつの極論、つまりロマン的自然主義へと向かい、これによって合理主義による運動の統率は不可能となった。理念は衰弱していき、最後には自然主義が退廃主義に陥る。そのいっぽうで中世社会主義は抑圧されることなく民衆のあいだに効果的に伝播し、全世代を通して民衆のなかでさらに強く持続した。このためにこの主義は、一九二〇年代を超えてもモデルニスモの諸形式や精神のなかに生き続けた。モデルニスモ運動がこのように衰微し、文化的に有効な連続性を保ちえなかったのは、指導者たちの背信のせいにほかならない。第一次世界大戦後、とりわけ三〇年代に向かうころには、社会主義はみずからの路線が中世主義から外れていることを自認し、合理主義運動をみずからの表現としたが、カタルーニャにおいて合理主義はGATCPACと同一視された。

(3) David Mackay, *Berenguer*,《Architectural Review》, London, December 1964.

(4) 一九〇五年以降ガウディのもうひとりの重要な協力者となるのがドゥメナク・スグラニエス＝イ＝グラス（一八七八—一九三八、建築家資格一九一二）である。ガウディが死ぬとF・デ・P・キンターナとともにサグラダ・ファミリアの工事を監理した。

(5) ルビオーは、この時代のカタルーニャ建築思想の進んだ状態を知るのに参考となる文章を残している。*Dificultats per a arribar a la síntesi arquitectònica*,《Anuari de l'Associació d'Arquitectes de Catalunya》, Barcelona, 1913. ルビオーとガウディ主義との関係については、本書が出たあとに基本的な研究書が現れた。Ignasi Solà-Morales, *Juan Rubió i Bellver y la fortuna del gaudinismo*, Barcelona, 1975.

(6) A. Cirici Pellicer, *El Arte Modernista Catalán*, Barcelona, 1951.

(7) ジュジョールがモデルニスモの書体のもっとも優れたデザイナーであったことはまちがいない。そのみごとな作例はコロニア・グエイやビスタベーリャ、「ネグラ邸」、サン・ジュアン・ダスピーの教会の説教壇——このような晩年（一九四三）の作品に発揮された創造力はたいへん興味深い――エスパーニャ広場の噴水、さらには内戦の犠牲者への追憶として建築学校に刻まれた、新古典主義の余韻を湛えた石碑がある。建築学校の講座では多くの時間を書体の訓練に費やし、驚くべき熟練を見せていた。その一方では、ジュジョールの装飾デザインの多くが字体デザインの技術や修練に由来しているのも明らかである（「ネグラ邸」やビスタベーリャ、ルゼーの隠修礼拝堂など）。

（8） E. Giménez y T. Llorens, *La imagen de la ciudad. Valencia*, 《Hogar y Arquitectura》, Madrid, enero-febrero 1970 にはバレンシアの大衆的モデルニスモについて広範な言及があり、この地方のブルジョワ建築がネオ・バロックへと後退しつつあったまさにその時代に即しつつ、その普及がきわめて興味深く説明されている。その説明の中核部分は以下のようである。「モデルニスモの活動が都市の発展の文化表現であるという事実それ自体ゆえに、モデルニスモと大衆芸術とは基本的に相容れないことが確認できるだろう。しかしバレンシア地方は例外であって、しかも特異な社会構造の産物によってそうなのである。その特異性とは、十九世紀末におこった経済の活性化が産業資本主義の「標準的」発展過程にくらべ常軌を逸するほど著しかったことに由来している。こうして、モデルニスモの創造にとってバレンシアがバルセロナと同等の地位を占めることを妨げる原因、あらゆる創造的試みを妨げた社会的原因それ自体が、モデルニスモの民衆的な再編成という例外的な現象を可能としたのである。中小地主を主とする管理農業の産品や手工業にもとづく工業製品を主要品目とする経済発展と、財政組織の欠如、さらにその結果として大規模産業の展開が不可能であったために、活力溢れる大衆階層の出現にいたったが、この階層は基本的にはプロレタリアートの経済状態に甘んじることなく、産業革命によって疎外されたわけでもなく、この地方の多くの中核地の都市再開発にみずからの意思で参加する機会を手にしていた」。ブルジョワジーが「状況の変革という神話や技術の進歩、新世紀の繁栄」を解釈するために創造した建築言語は――件の階層においても活発なものがあったが――こうして大衆芸術の運動によって再解釈された。ひとりの職業的建築家もいないことや、市場への建築材料の流入が困難なことは、地主社会における建設過程や建築言語の発展には関係をもたなかった。狭義のカタルーニャにおいては、ヒメーネスとリョレンスがバレンシアについて強調したような状況はなかったために、大衆的モデルニスモの性格はこれよりは一貫性が弱いと考えてよいだろう。バレンシアでは建築言語は都市部のブルジョワジーを直接模倣する傾向にあったか、たんに唐突で個人的であったかのいずれかである。

（9） Giménez y T. Llorens 前掲書、の引用。

（10） Oriol Bohigas, *Los premios de Arquitectura y Decoración. Los Premios FAD y los Antiguos Premios del Ayuntamiento*, 《Revista》, junio 1959. バルセロナ市は一八九九年以降毎年、もっとも優れた建物一棟に賞を授け、のちに年間を通じて建設されたもっとも

優れた建築と商業施設の各一棟に授けた。受賞リストは以下のとおりである。一八九九年、カルベット邸、カスプ通り（ガウディ設計）。一九〇〇年、商業信用組合、アンチャ通り（ジュアン・マルトゥレイ設計）。一九〇一年、ジュンカデーリャ邸、ランブラ・ダ・カタルーニャ通り（サニェー設計）。一九〇二年（この年から建築と商業施設の両方が受賞）、バルセロナ貯蓄銀行、サン・ジャウマ広場（フォン＝イ＝カレーラス設計）、およびバル・トリーノ、グラシア大通り（カンマニー設計）。一九〇三年、建築部門受賞なし、ホテル・エスパーニャ（ドゥメナク＝イ＝ムンタネー設計）。一九〇四年、受賞なし。一九〇五年、リェオ・ムレーラ邸、グラシア大通り（ドゥメナク＝イ＝ムンタネー設計）、レストラン・ピンサ、ファラン通り（アルシーナ設計）。一九〇六年、コムタル学院、オルティゴーサ通り（バサゴーダ設計）、商業施設部門受賞なし。一九〇七年、建築部門受賞なし、ドゥメナク薬局（A・ジュアン・トゥルネー設計）とブツェンス＝イ＝フラデーラ、ペラヨ通り（フォン＝イ＝カレーラス設計）。一九〇八年、カタルーニャ音楽堂（ドゥメナク＝イ＝ムンタネー設計）、商業施設受賞なし。一九〇九年、建築部門受賞なし、バル・ラ・ルーナ、カタルーニャ広場（ムラーガス、アラルマ設計）。一九一〇年、ペレス・サマニーリョ邸、ディアゴナル大通り（アルバス＝イ＝アリズメンディ設計）、および店舗フランシスコ・サングラー、ランブラス通り（ムラーガス、アラルマ設計）。一九一一年、カザラモーナ工場、メシク通り（プーチ＝イ＝カダファルク設計）、およびアル・レグラドー、ランブラス通り（ボリー設計）、カフェ・レストラン・ロイヤル、ランブラス通り（リュンゲーラス設計）、アステーバ＝イ＝チア美術骨董店、グラシア大通り（アステーバ設計）、アスピノス薬局、ディプタシオー通り（パリーカス設計）、映画館イデアル、グラン・ビア大通り（プランターダ設計）。一九一二年、サン・パブロ病院（ドゥメナク＝イ＝ムンタネー設計）、およびデザート店リーブラ、カタルーニャ広場（サニェー設計）。一九一三年、ルビラルタ邸、ティビダボ山麓（ルビオー＝イ＝バリュベー設計）、およびクマス＝イ＝チア、グラシア大通り（サニェー設計）。一九一四年、受賞なし。一九一五年、建築部門受賞なし、店舗イーホ・デ・イグナシオ・ダミアンス、ペラーイ通り（オムス、ファレス、マス設計）。一九一六年、県立幼児保護施設の住宅群、イグアルタートおよびワドラス通り（サニェー設計）、およびサルバート出版社、マリョルカ通り（サルバート設計）、店舗マスリエーラ＝イ＝カレーラス、グラシア大通り（マスリエーラ設計）。店舗ジュアン・ピーク、カタルーニャ広場（ジュニエン設計）。一九一七年、カイシャ・ダ・ペンシオネス、ライェタナ通り（サニェー設計）、「トッラ・ダルス・パルダルス」（ルビオー＝イ＝バリュベー設計）、およびアステーバ・リーバ、ランブラス通り（リュンゲーラス設計）。一九一八―一九年には賞はいくつかの専門部門に分離された。その後の一時期、賞は中断された。再開されはしたが、そのときにはモデルニスモの活力と意味はすでに過去のものとなっていた。

(11) David Mackay, *Tiendas Modernistas en Barcelona 1882-1922*,《Cuadernos de Arquietctura》, Barcelona. 3.er trimester 1962.

訳注

〔1〕この年、カタルーニャ主義連盟が選挙で勝利を収めた。

〔2〕グラシア市は現在では行政上も都市構造上もバルセロナに吸収され、グラシア地区と呼ばれる。

〔3〕ガラーフはバルセロナの南、シッジャス手前の沿岸にある集落。リナール・ダル・バリェスは東バリェス地方、グラヌリェルスから十キロほど東の町。

〔4〕この建物の設計案へのガウディ自身の関与は、古くから主張されている。

〔5〕リポーイ＝ノーブラ邸（一九〇九―一〇）、ブナノバ大通り五七番地。

〔6〕ソロモン柱は螺旋状にねじれた円柱。古代ユダヤのソロモン神殿に使われたとの伝承に由来する。

〔7〕プマー邸（一九〇四―〇六）、ジローナ通り八六番地。

〔8〕マジアはカタルーニャで伝統的な農場や納屋、倉庫のような実用建築の類型をさす。後述のように、この作品は既存建物にファサードを加えた改築工事である。

〔9〕もと紡績工場、現在は科学技術博物館。鋳鉄柱に支えられた煉瓦造のカタラン・ヴォールトが広大な旧工場の屋根に規則的に繰り返され、山型の北側面が採光窓になっている。

〔10〕第二次大戦後に開花した非幾何学的な表現主義をさす。一九一〇年代のカンディンスキーの絵画に対し使われたのが初期の例とされる。カタルーニャ美術ではジュアン・ミロやアントニ・タピエスの作品にこの傾向が認められる。

Ⅶ　ウィーンのこだま

これまで論じてきた建築家やインテリア・デザイナー、職人たちの作品のなかに、同時代ヨーロッパ建築から受けた多大な影響を見分けるのはきわめて容易であり、直接模倣されたものもあれば創造的な地元建築家の解釈を経たものもある。すでに強調したとおり、文学や絵画、建築の経験から生活様式までひっくるめたパリの文化的環境が、モデルニスモの芸術形態の発展にとってひとつの基盤だった。生活様式においてカタルーニャでよく知られたのが、「クワトラ・ガッツ（四匹の猫）」やシッジャスの「カウ・ファラート（鉄の洞窟）」に結集していたネクタイとつば広帽子をまとったボヘミアンたちである。このようなフランス風の基盤はおそらく、建築よりむしろそれ以外の芸術に多くの成果をもたらした。記録による特定が困難な先行例や同時代の例は措くとして、花弁装飾の流行や「しなった鞭」型の曲線装飾が早い時期にベルギーからパリ経由でここに到達したことは、いずれにせよ確かである。[1] ヴィクトル・オルタ風やヴァン＝ド＝ヴェルド風、エクトル・ギマール風そしてスリュリエ＝ボヴィー風の形態の流行も同じように導入されたが、これらは広く残存していたヴィオレ＝ル＝デュクの古い考古学的合理主義への格別な傾倒と結びついていた。このすべてを抱き込む集団を文化上のフランス贔屓とみなしてよかろうが、ここに集まった画家や彫刻家の多くが、あるものは状況に応じて、またあるものは心底からの信念に導かれて、装飾芸術や建築装飾に流れて

いった。(1)

しかし、これとは別の流れがある。この流れは直接的な影響によって広範囲におよぶより強固な反響を生み出すと同時に、文化上の多数の分派を含んでいた。それは中央ヨーロッパ全体の動きであり、具体的にはウィーンの分離派にほかならない。この影響はノルウェーやドイツの文化への共通した関心とも呼応しており——ゲーテやニーチェから、新しい総合芸術の象徴であるイプセン劇やワーグナーの音楽への大衆的人気も含められる——モデルニスモ思想の形成にとってのその重要性については、すでに第II章で述べたとおりである。しかしこれと平行して、カタルーニャでモデルニスモ運動がすでに明確な形を整えていた二十世紀はじめに、ドイツやオーストリア建築への関心が強くなった。J・F・ラフォルスが述べるとおり、(2)「バルセロナに持ち込まれたドイツ近代建築の本や雑誌に強く引きつけられる建築学生や若い建築家は少なくなかった。分離派やワーグナー、オルブリヒはかれらにとって外国からの新たな励ましだった。学問上の立派な肩書きをもったジャロニ・マルトゥレイは、『カタルーニャ』や『サントラ・アクスクルショニスタ（旅行者センター）』からその理論的指導者にまつりあげられた」。この運動がもたらした影響の実例は数多い。上述のマルトゥレイの記事のほかにも、(3)この時期の建築についての文章にはオットー・ワーグナーへの言及が一貫して認められる。モデルニスモの第二世代の建築家や先駆者の大多数がドイツやオーストリアを旅行し、そこでウィーン分離派の運動やオットー・ワーグナーが統率する流派全体に、そしてその高弟ヨーゼフ・マリア・オルブリヒに熱狂したのだった。(4)こうした人々の書庫にはどこも——そしてとくに、当時の個人蔵書をいくつも集めた建築学校に——ウィーン建築についての情報源となる、ワーグナーの『近代建築（*Moderne Arkitectur*）』（一八九五）から『ワーグナー派』写真叢書（一八九八—一九〇〇）、そしてオルブリヒを扱った三巻の大型本（一九〇四）にいたる写真集や書物があった。のちにみるとおり、このうちとりわけ最後の三巻がカタルーニャのモデルニスモ主義者にとって着想源となったのは明らかである。蔵書は繰り返し参照され酷使されて傷んでいるばかりか、学生か熱心な若手建築家によって直接複写された跡が紙面に残っているほどである。(5)

分離派の影響がモデルニスモの展開にとって特別な重要性をもったのは、とりわけウィーンの運動の特性が同化吸収された仕方に負っている。じっさい、このあとみるように、これがなかったら古典主義や折衷的な路線を放棄しなかったであろう建築家たちにとっては、分離派風の解法を採用することはモデルニスモに合流するよりも容易な道だった。さらには、こういった処理が可能にした極度に規格化され手軽に使用できる形態上のレパートリーが、モデルニスモの生命の普及や拡大を助けた。そして最後に、中央ヨーロッパの文化全体に統合される発展への道を開き、この発展がモデルニスモの知的で進歩的な成果にとって効果的な成分となったのである。

カタルーニャのモデルニスモのさまざまな分野に分離派が次々と浸透していったさまを理解するには、同時代の他の運動とむしろ異なるある重要な特質を思い起こさねばならない。それは合意への意志であり、革命よりむしろ進化に向かう態度への信頼である。古典主義や折衷主義の路線で活動を始めたワーグナーは、伝統的な構成原理の数々を放棄したことは一度もなかった。むしろそこから出発して、様式を進化させ凌駕しながら、形態のアプリオリな基準として採用される様式にいたった。この立場こそ分離派の集団全体の設計手法を伝えるものであり、とりわけ初期のワーグナー作品に明瞭にあらわれた初期段階の分離派の手法を示している。ベネヴォロはこう述べている。「新しい運動と伝統との強固な結合は――ワーグナーにとってはいくつかの時期の自分の経験の要約であり、若者たちに伝授すべき事柄であり――西洋の前衛運動とくらべてオーストリア人の経験をいくらか制限してはいたが、ワーグナー派の成功の主要因でもあった。じつのところワーグナーと弟子たちの経験は、伝統的な諸様式に矛盾しない代替案を提案しただけでなく、過去から引き継がれた視覚形態や心理的慣習の膨大なレパートリー全体に働きかけ変形するための方法をもたらしたのであり、最終的な清算をめざして過去を変革しつつあった」(6)。こうしたわけで、カタルーニャにおける分離派の発見のおかげで、初期の革命的運動には参集しなかった大衆や建築家の集団がモデルニスモに接近し、伝統路線を擁護してガウディやドゥメナクと論争で対立した集団さえもこれに続いた。こういった連中の作品はウィーンの様相を同化していったが、かれらにしてみればそれは伝統への参照の延長にすぎなかったにもかかわらず、それが結果的にはまぎれもないモデルニスモの刻印となったのである。

まさにこうした過程によって、モデルニスモ的な独創性がさほど高くなく、またモデルニスモを推進するブルジョワ層の革命への姿勢に現実味の薄かった、たとえばバレンシア地方のような地域で、ワーグナー風の形態が優勢になり、あるいはモデルニスモが運動として実を結んでいなかった地域では、それが事実上唯一の形式となったことが説明できる。マドリードやその他のイベリア半島で言及できる実例の大半は分離派に由来しているし、折衷的復興主義からネオ・バロックのモニュメンタリズムに直接移行していった――アントニオ・パラシオスやテオドーロ・アナサガスティ〔2〕のような興味深い――建築家の作品に、ワーグナー風の要素はいくらでも容易に識別できる(7)。

カタルーニャに多くの反響を引き起こしたオットー・ワーグナーの初期作品には以下のものがある。ウィーンの地下鉄駅(一八九四―九九)、なかでももっとも両義的なシェーンブルン公園駅や、よく知られたリンケ・ウィーンツァイレの集合住宅〔通称マジョリカハウス〕(一八九八―九九)の詳細、ドナウ河運河の水門(一八九七)の堂々とした要素、そしてシュタインホーフの教会堂(一九〇三―〇七)の量塊的特徴もある。このようなモデルはバルセロナ市民に容易に受け入れられ、さらに無名な建築作品にもたびたび用いられ、とりわけこの時代のカタルーニャのブルジョワ層が好んだ居住域である拡張地区右側[3]の新築住居群に多く見られた。まぜあわされた要素にはフランスのバロック様式や、花弁様式や鞭曲線の粗悪な模倣、ときには分離派風のより本物らしい要素や、あからさまなオルブリヒ風作品もあった。思い起こされるのはたとえば、バルメス通りのバレンシア通りとマリョルカ通りにはさまれた住居のいくつか、とりわけ特徴的な馬蹄形アーチをもつ八七番地の住居や、マリョルカ通りのブルック通りとジローナ通りにはさまれた一画のとくに三〇二と三〇四番地の住居があり、また枠どりされた浮き彫りつきの数々のファサード、垂直のリズムを刻む多くの尖塔、中二階の多くの円形窓、さらには三本の帯を垂らした典型的な花輪飾りがウィーン風の要素を表情豊かに再現していた。

やはり驚くべきことは、ワーグナーのさほど創造的ではない弟子たちの作品の多くと、カタルーニャで見られる二流の、果ては無名作家による建築作品との形態上の一致である。こうした一致は、当時の情報の正確さとともに、ウィーンとバルセロナ両者の文脈において文化の進行状況が非常に似ていたことによって裏付けられる。ほとんどバルセロナ様式にしたがったリーツァー通りの家の設計者オットー・シェーンタール[4]やヨーゼフ・プレチュニク[5]、マックス・ファビアーニ[6]といった建築家には、ほとんど見分けがつかないほど似たカタルーニャ人建築家がいる。マックス・ヘーゲレが設計したウィーン墓地の教会堂（一九〇七—一〇）の輪郭は、バルセロナの拡張地区に建つ集合住宅の多くに繰り返された。

すでに述べたとおり、この時期のオットー・ワーグナーをもっとも尊重して徹底的に解釈した建築家がアリベール・ポンス邸の設計者A・スレー＝イ＝マルクであり、後代の改変にもかかわらず、この住宅はウィーンからバルセロナに直接移築されたかにみえる。だがもうひとり、散発的にあらわれるワーグナー的解釈でさらに重要視される建築家がアンリク・サニェー（一八五八—一九三一）である。モデルニスモへのサニェーの貢献は分離派的要素の翻案にとどまるものではないのであらためて詳述するが、この建築家がもっとも曖昧なモデルニスモ主義者のひとりにほかならないことはここで明らかにしておくべきだろう。サニェーはカタルーニャ主義と一線を画す、政治上の保守主義を信奉する上流ブルジョワ層の贔屓の建築家だった。ローマ教会から伯爵位を授けられて完璧な折衷主義建築家像を体現しており、依頼者はこの建築家から流行と伝統の二重の表徴性を享受することができた。こうした理由で、サニェーの都市建築のファサードは通常ワーグナー風の構造か厳格な古典主義に則っており、その装飾はあいまいなアール・ヌーヴォー風の花弁装飾とフランスのバロックやロココ風アラベスク植物模様のあいだを揺れ動いていた。

ジュゼプ・ドゥメナク＝イ＝アスタパー（一八五八―一九一七）は科学芸術アカデミーの建物の設計者として、また新建築を探求した開拓者としてすでに言及した人物であり、あいまいで多義的な路線の建築家の例

上・スレー＝イ＝マルク、ポンス邸（1907–09）。ランブラ・カタルーニャ通り 19–21 番地。
下・ドゥメナク＝イ＝アスタパー、ククレーリャ邸（1911）。バルセロナ、ビリャルエル通り 62 番地

としても後述するはずである。ドゥメナク゠イ゠アスタパーは公的な仕事に特別な熱意を傾け、行政庁の大事業を代表する建築家だった。またサニェーと同様にカタルーニャ主義的進歩主義者のやや周辺にあって、モデルニスモにあからさまな論争を仕掛けた。一九一一年六月におこなわれた王立科学芸術アカデミーの講演のなかで、(8)ドゥメナク゠イ゠アスタパーはモデルニスモ運動全体を攻撃し、ややあいまいな論拠によってガウディを、具体的には歴史的建築にくらべたガウディの合理的独創性の意図や、建築を超えた社会的レベルにおよぶ――とドゥメナクが考える――「革命的」であやうい性格を理由に、はっきりと批判した。保守主義や既成秩序の側からのまぎれもない声明である。それにもかかわらず、ドゥメナク゠イ゠アスタパーの膨大な作品はモデルニスモという歴史上の領域の外では説明不可能である。ドゥメナクはしかしそのなかで、ある程度の伝統的定式化を許容する路線を選んだのである。作品の一部は分離派風であり、もっと正確にいうなら初期ワーグナー風であって、たとえばそれはバルセロナのビリャルエル通りの邸宅のような代表作とはいえない作品など、もっとも折衷主義的な建物のいくつかに明瞭に認められる。

前衛的な指向や個性的な特徴をさらに追求した例には、これまでほとんど研究されたことがない不思議な建築家、E・ファレス゠イ゠プーチ（一八八〇―一九二八）の作品がある。かつては『ク・クット』誌上に「ファレスタク」という仮名で作品を発表していた風刺画家は、のちには偉大なホテル経営者マルケットの建築家となって、マドリードのパレス・ホテルやバルセロナのホテル・リッツを、またポルトガルやベルギーにも数多くの建物を設計した。しかし『ク・クット』の謙虚さとホテル・リッツの壮麗さとのあいだに、分離派様式のきわめてドイツ風な住宅を次々と設計した時期がある。たとえば生気あふれる構成をみせるホセ・アントニオ〔現在のグラン・ビア・ダ・ラス・コルツ・カタラーネス〕大通り四六一番地と四六四番地の住居や、現在「エル・シグロ」が入居しているペラーイ通りのダミアンス邸があり、後者は一九一五年にバルセロナ市から賞を受けた。グラシア大通り一一四番地のファレー・ビダール邸もある。以上はいずれもバルセロナ市内のものだが、小規模な公共建築や私的建築がマレスマの各地に多数散らばっており、これらはもはや無名で大衆的なモデルニスモの作品群に分類される(7)。

すでに述べたように、バレンシア地方にも分離派風の作例はおびただしく存在し、その多くはワーグナーの初期様式に呼応している(9)。バレンシア市の拡張地区、具体的にはグランビア・デル・マルケス・デ・トゥリア沿いには分離派風の建物が集中しており、一貫した構成法で造られているものもあれば、より伝統的な作法が重ねられたものもある。一九〇九年の地方博覧会と一九一〇年の国内博覧会においても、代表的な公共建築物には反動的なネオ・ゴシック主義が持続し、活気を呈しさえしたが、分離派様式はほとんどすべての商業パビリオンや、流行への直接的な宣伝効果をもつ施設を席巻した。だがもっとも一貫し具体的に理論武装したワーグナー主義者はバレンシア人のダメトリ・リーバス（一八七七—一九二一）であって、一九〇六

上・ファレス＝イ＝プーチ、ファレー・ビダール邸（1916）。バルセロナ、グラシア大通り114番地。下・リーバス、バレンシア鉄道北駅（1906-30）

年設計のバレンシアの鉄道北駅のような重要作の作者である。その設計のまれにみる質の高さとバレンシアの職人的伝統をウィーンの形態上の提案になじませる能力を別としても、リーバスが興味深い建築家であるのは、この人物こそ分離派に進歩的精神を付与し、自作の展開によってそれを合理主義へ導いた人物だからである。サン・セバスティアンにおける一九一五年の建築家全国会議でリーバスは、歴史的様式と国粋主義への回帰を擁護する「民族的建築の回復のための方向づけ」に関する報告書に反対する意見を述べており、また一九一八年には、「建築の伝統」という周知の主題の意義を主張しようとするルカバードとの論争のなかで、機能主義と合理主義の理論を明確に定式化している。[10] このような態度は作品に直接流れ込み、時を経ずしてリーバスの分離派様式は一方では合理主義的で構築主義的な要請へと、他方では明瞭な非装飾と純粋主義の倫理へと変換されていった。オーギュスト・ペレとアドルフ・ロースという選択肢をまえに、リーバスはペレの路線を試み——とりわけそれはみごとなファレー百貨店にみることができるが——これによって極度な前衛的立場に立つことになったが、早すぎるその死のためこの探求は持続しなかった。E・ヒメーネスとT・リュレンスが述べるように、「リーバスはまちがいなくスペインの合理主義建築における第一級の人物だった」[11]。

ここまでは基本的にウィーン分離派の特定の時期、つまり初期のワーグナーについてみてきた。これに対しこのウィーンの大家がさらに進化した第二期は、カタルーニャにあまり直接的な影響はおよぼさなかったようである。影響された作品を細かくみていくと、わずかながらもっとも輝かしい瞬間のこだまが聞こえる。その瞬間とは郵便貯金局（一九〇四—〇六）とヒュッテルベルク通りの最後の自邸（一九一三）であり、要するに近代運動に向かうワーグナーの進化の最高点である。

これにひきかえ強くなったのが、ワーグナーの才能あふれる弟子ヨーゼフ・マリア・オルブリヒの影響であり、この高弟はある意味で分離派全体の特徴となる言語上の新たな路線を形成した。オルブリヒがゼツェッション（分離派）館（一八九八）の四つの塔のあいだに設けたドームや、平面的で図式的な繰り型、二次元に還元された装飾や幾何学的な稠密性、そして植物形態の新たな様式化などは、カタルーニャにおいても様式上の諸傾向が交錯したあげくに残存した構成要素と一致している。オルブリヒからのもっとも著しい影響は小規模な住宅建築の親密な構成要素にみられるが、ヘッセン大公の依頼で設計され一八九九年から一九〇八年の早すぎる死まで工事監理して名声を得たダルムシュタット芸術家村の成果が、そのいたるところに認められる。ダルムシュタットでオルブリヒはすべての建築や家具、彩色瓦、庭園を設計したばかりか、宣伝ポスターや食器やレストランのボーイの制服までデザインした。こうした態度は総合デザインへの意識や工芸の再活性化への努力に呼応するものであり、すでにみたようにモデルニスモの基本的な関心事だった。だがこれに加えてダルムシュタットの建築は、地方建築の伝統のいくつかを採りあげて再解釈する可能性をも備えていた。というのもこの建築は、地域性への配慮や伝統から発して進化に向かう意欲をみせているが、分離派本来のこの特徴がここではとりわけ主題の社会的および地理的条件によって強調されていたからである。これゆえに、ジュゼプ・プーチ＝イ＝カダファルク（一八六七―一九五六）が極度な歴史主義の試みのあと、そしてモデルニスモとノベセンティスモの架け橋となる前の多産な時期の作品の

プーチ＝イ＝カダファルク、トゥリンシェト邸（1904）。バルセロナ

プーチ＝イ＝カダファルク、ムンターダス邸（1901）。バルセロナ、アンドレウ博士通り48番地8

なかで、好んで採用したモデルがオルブリヒだったのは理にかなっていた。プーチは一九〇四年ごろ、バルセロナのアンドレゥ博士大通り〔四八番地〕のムンターダス邸や、やはりバルセロナのコルサガ通りのいまはないトゥリンシェト邸で、カタルーニャの大衆的バロックの採用を試みた。これらはオルブリヒの提案のカタルーニャ版といったものであり、逐語訳的な類似性にとどまらず、ドイツ的伝統に替えてカタルーニャの伝統構造や装飾形態をはっきり参照しようとする意図が認められる。プーチの一戸建て住居の大半は、このようにオルブリヒによる建築的実験のカタルーニャでのこだまとも呼ぶべきものである。ビラドラウのプフィーイ邸とリエーラ邸、ラ・ガリーガのフリオール邸、バルセロナのセン・ジャルバージ大通りにあったポール邸、バルセロナのエドゥアルド・コンデ通り〔四四番地〕のサストラ＝イ＝マルケス邸などがそれである。[12]

バレンシアには、分離派風の枠組みに導入されたオルブリヒ風の多くの要素は別としても、建築家ビセ

プーチ＝イ＝カダファルク、サストラ＝イ＝マルケス邸（1905）。バルセロナ、エドゥアルド・コンデ通り

ン・ファレー（一八七四―一九六〇）のきわめて質が高く唯一の傑出した作品、シリーロ・アムロス通り三一番地の邸宅がある。この作品ではオルブリヒ特有の親密な尺度が集合住宅という主題に応じて変形されているが、建具や窓ガラス、鉄格子、化粧タイル仕上げなどは、信じがたいほど完璧な歴史の応用である。この邸宅やプーチ＝イ＝カダファルク設計の邸宅のいくつか、そしてとりわけラファエル・マゾーやジュゼプ・M・パリーカスの設計による住宅群では――これらについては詳しく後述する――カタルーニャへのグラスゴー派の影響、もっと具体的にはマッキントッシュの影響の導入という、たいへん興味深い歴史上の問題が試みられている。この影響関係はあまり直接的な経路をたどったとは考えられない。というのも、いっぽうで当時のカタルーニャ人の記述にも、関係があってよさそうな個人記録にも言及がみられないからであり、もういっぽうではマッキントッシュの形態要素がつねに分離派風の翻案と一緒に見いだされるからである。したがってもっとも可能性が高いのは、マッキントッ

シュについての知識がほかでもない分離派を経由して伝播、吸収されたというものであり、その先鞭となったのが、まさにかれらがウィーンで一九〇〇年に組織したマッキントッシュの建築作品展だったという推察である。

ウィーンとカタルーニャの関係性にはこのほかにも逸話があるが、われわれの主題からはやや遠くなる。しかしながらジャロニ・F・グラネイについて述べたなかで指摘したホフマンへの参照は忘れることはできないし、家具デザインの主題における明らかな対応関係も同様である。曲線木材を用いたトーネット社製の椅子やテーブル、揺り椅子、帽子架け、長椅子は、全ヨーロッパと同様カタルーニャをも席巻したが、ここではたいへん深い影響を及ぼし、本家にならった広範な軽工業の生産網さえ生まれるにいたった。とりわけバレンシアでは、今日でもこの分野は高い生産量を維持している。のちになると「ウィーン工房[8]」をまねた

ファレー、ファレー邸（1908）、
内観（上）と外観（下）。バレンシア、
シリーロ・アムロス通り31番地1

「ウィーン家具」がカタルーニャの全中産階級の様式となっていった。

ホフマンのこだまには第二の時期も存在するが、これはもはやヨーロッパ全体の流れに属する事柄である。ホフマンの作品の一面に由来する装飾的な様相を、一九二〇年ごろに全ヨーロッパが採用し開発した結果が「アール・デコ」様式の創造につながった。[9] もしアマデオ・リョパール設計で建てられのちに一部壊されたムンジュイクのパラウ・ダ・ラ・メタルルジアのような建物が、スケールを拡大したプリマヴェージ荘[10]のように見えるとすれば、サンティアーゴ・マルクを筆頭とする装飾美術家たちの作品においてはなおさらであって、ウィーン分離派の最後の輝きを採用することで、進歩主義と近代主義の外見を数年間は維持したのだった。

この時点でオーストリアとカタルーニャの関係は刷新的な別種の道程をたどり始める。ホフマンのプルカースドルフの療養所（一九〇三―〇五）が単純で極度に抑制された言語に向けた努力の開始を示すものであるとするなら、分離派の落とし子であるとともに恐るべき敵であったアドルフ・ロースの作品は、すでに様式進化の路線と袂を分かち、近代運動への第一歩を進めていた。カタルーニャで疑惑と失敗にみちたノベセンティスモと記念碑的古典主義の独裁制のつづくあいだ、モデルニスモから合理主義へとかすかに連なる進歩的態度は、その基盤をドイツとオーストリアにも見いだしていた。プルカースドルフの療養所の構成法と詳細や、ロースの郊外住宅建築の有無を言わせぬ量塊性、そして二〇年代の小規模作品群が、カタルーニャのフランセスク・フルゲーラ、ジャウマ・メストラス＝イ＝フサス、ラモン・プーチ＝イ＝ガイラール――「ウスピタレートの摩天楼」の恐るべき建設者であり、バルメス通りとコンテ・ダ・サルバティエーラ通りの角の住居の設計者でもある――ほか多数の建築家に直接影響をおよぼしており、そのなかには成功した者があればそうでない者があり、文化的な時宜にかなった者もはずれた者もあった。

ここにいたってモデルニスモと分離派の時代は、それぞれの末期のマンネリズムの産物まで含めて、決定的に過去のものとなっていた。ハプスブルク帝国を失ったウィーンは奇妙な社会構造を獲得する。頭でっかちな小国の首都であり、みずからの物理的領土を超越した文化的領域の中心であり、自国の境界と特質についての疑念から逃れられない存在である。ここから明らかなように、ウィーンとバルセロナの平行現象はもはや建築の分野に限定されることのない考察に導くかのようである。しかしながらここでみた影響関係は、世紀初頭のあらゆるヨーロッパ文化にひとしく影響した諸要因に呼応していることに加えて、社会構造上の隠れた平行現象に、またきわめて深いところでの歴史的同一性に関連している。確かなのは、世紀の変わり目の前衛建築がもっとも高密度で存在する二大都市は、まちがいなくウィーンとバルセロナだという事実である。[13]

原注

（1）フランス文化とモデルニスモとの関係は、従来のどの研究書でも体系的に解明されたことはなかった。おそらくもっともまとまった言及は J. F. Ràfols, *Modernismo y Modernistas*, Barcelona, 1949 にみられる。一九四〇年代から五〇年代にかけてモデルニスモ画家についてのかなりの数の伝記が出版され（シッジャスと「四匹の猫」というふたつの核の中心人物として、とりわけサンティアーゴ・ルシニョルとラモン・カザス）、ほとんどが雑誌や新聞記事にもとづいているとはいえ、少なくともパリの文化や生活に関連した世紀末バルセロナのボヘミアンの雰囲気についての記述は役に立つ。J. Pla, *Rusiñol y su tiempo*, Barcelona, 1943. L. Cabañas Guevara, *Cuarenta años de Barcelona 1890–1930*, Barcelona, 1944 参照。以下の最近の文章からはより包括的な展望が得られる。Enric Jardí, *Historia de Els Quatre Gats*, Barcelona, 1972. Enric Jardí, *Historia del Cercle Artístic de Sant Lluc*, Barcelona, 1976. Marilyn McCully, *Els Quatre Gats. Art in Barcelona around 1900*, Princeton, 1978.

（2）J. F. Ràfols, *Modernismo y Modernistas*, Barcelona, 1949.

（3）*La Arquitectrua moderna*,《Catalunya》, Barcelona, 30 septiembre, 30 diciembre 1903.

（4）オルブリヒからの影響については多くの証拠があり、そのなかには建築家たち自身が発表した記事が含まれる。時代の下る証言ではあるが、ジュゼップ・M・パリーカスと交わすことのできた会話を要約しておくのは有益だろう。以下がそれである。「ワーグナーとオルブリヒはカタルーニャに大きな影響をおよぼした建築家だった。総じて、カタルーニャの建築家はドイツ文化について直接情報を得ていた。ドイツとオーストリアを旅行した。ウィーンではやや幻滅を味わった。というのも写真をみてあれほど期待していた作品群が「やや厚紙細工のようで」、さほど力を感じなかったからである。ダルムシュタットにも行った。マッキントッシュについて語られたのを聞いた記憶はない。ベルギーからの影響の重要性は皆無かごく小さなものだった」

（5）バルセロナ建築学校に保存されている書物には以下が含まれる。*Arkitectur von Olbrich*, Berlin, 1904. *Neubauten in Österreich, Wagner Schule, Aus der Wagner Schule*（1899,1900）. *Ausgeführte Kunstschmiedearbeiten der Modernen Stilrichtung in Wien und anderen Städten Österreich Ungarns. Wiener Neubauten in Style der Sezession.*

（6）L. Benevolo, *Historia de la arquitectura moderna*, Madrid, 1963.

（7）オットー・ワーグナーの作品が提起する両義性や誤謬は、全欧でしばしば指摘されている。しばしば見受けられるのは、伝統的秩序を堅持した権威である、進取性に劣ったモニュメンタリズム寄りの建築家たちによる言及である。スペインにおいてはたとえば、上記のような場合だけでなく、もっと若いが退嬰的傾向にとらわれたM・ロペス・オテーロのような建築家が、ワーグナーをみずからの立場の正当化のために参照するようなこともあった。

（8）Domènech i Estapà, *Modernismo arquitectónico*, Barcelona, 1912.「ここまでに言及した運動を「建築のモデルニスモ」と分類しよう。なぜならこれは現教皇ピウス十世によって先ごろ厳しく糾弾された、モデルニスモと呼ばれる宗教上の表明と多くの点を共有しているからである。両者はいずれも、キリスト教の芸術と宗教を規定するいわば基礎と基本真理をおおやけには否定しておらず尊重しているが、〔…〕ある種の問題を解明するために理性だけを行使する権利を人間のために要求しており、〔…〕かれらが軽視するあらゆる権威は、〔…〕建築芸術にあっては、人類が誕生して以来尊重されてきた〔…〕まぎれもない真実なのである」

（9）強度や資質の点でかなり劣るものの、マリョルカにもワーグナー風の無名作品はかなりな数がある。ここに記録しておくべきはとりわけ、スリェー設計の住宅建築とパルマ・デ・マリョルカのシンディカート通りの住宅群である。

（10）D・リーバスのふたつの文章が《Arquitectura y Construcción》の一九一八年の年鑑に収録されている。これらの文章の要約とリーバスの活動の批判的記述についてはE. Giménez y T. Llorens, *La Imagen de la ciudad, Valencia*,《Hogar y Arquitectura》,

Madrid, enero-febrero 1970を参照。

（11）前掲書。

（12）一九一六年にバルセロナで開かれた《Secundo Salón Nacional de Arquitectura》のカタログにはオルブリヒ風の二流作品の例が多数収録されているが、きわめて重要なのはA・フルゲーラとJ・ドゥメナク＝イ＝マンザーナによるいくつかの住宅建築計画案である。

（13）初版のこの章を書き終えたあとで確認した、重要な参照文献を追加しておく。ジュアン・マルトゥレイは原注3で示したふたつの記事を書いたあとで《Arquitectura y Construcción》, Barcelona, 1908に発表した一連の記事で上記の内容を補っている。

訳注

〔1〕ギュスターヴ・スリュリエ＝ボヴィー（一八五八―一九一〇）リエージュの建築家、デザイナー。ラスキン、モリス、ヴィオレ＝ル＝デュクの影響を受け、故郷に美術工芸運動とネオ・ゴシックを結合した家具工房を設立した。ブリュッセルやパリに支店を出し初期アール・ヌーヴォーを普及させ、一九〇一年にダルムシュタットを訪れてからウィーン分離派に接近した。

〔2〕テオドーロ・アナサガスティ（一八八〇―一九三八）ビスカヤに生まれマドリードで活動した建築家、マドリードの建築学校教授。一九一〇年代にローマのスペイン・アカデミーに留学し、旅行で接したウィーンの建築から影響を受けた。

〔3〕海に向かって右側、およそグラシア大通りより南西側をさす。

〔4〕オットー・シェーンタール（一八七八―一九六一）オーストリアの建築家。ワーグナーに学び、ローマ賞を得て留学から帰国後ワーグナーの工房に加わり、一九〇九年まで重要な助手として務めた。二〇から三〇年代には市のハウジング計画を推進。

〔5〕ヨーゼフ・プレチュニク（一八七二―一九五七）スロヴェニアの建築家。大工として修業を積んだがワーグナーに見いだされて建築を始め、その助手となった。イタリア留学後独立し、ウィーン、プラハ、リュブリャナで仕事をした。過去の様式の再解釈にもとづく別荘や集合住居に秀作が多い。

〔6〕マックス・ファビアーニ（一八六五―一九六二）西スロヴェニア生まれの建築家。ワーグナーに学び、ウィーンとリュブリャナに多くの仕事を残した。一九〇〇年ごろからユーゲントシュティルで建て始め、しだいにハプスブルク朝バロッ

ク様式の復興に移っていった。

〔7〕マレスマはバルセロナ北東からジローナ県境にいたる沿岸地帯で避暑地。ファレス＝イ＝プーチの生まれ故郷ビラサー・ダ・マールのシッジャス邸（一九〇〇）、バサ邸（一九〇三）、カネット・ダ・マールのローチ邸（一九一〇）、ビラ・フローラ（一九二〇）などがある。

〔8〕ホフマンが自作家具を製造販売するために一九〇二年に設立した会社。洗練された直線的アール・ヌーヴォーの普及に貢献した。

〔9〕スペイン広場に発するレイナ・マリーア・クリスティーナ通りに面する展示ホール。一九二九年の万国博覧会のため整備された建物のひとつ。

〔10〕ホフマン設計のスキワ＝プリマヴェージ邸（一九一三―一五）、ウィーンのヒーツィンク地区。先駆的アール・デコ風の古典主義様式に従っている。

Ⅷ　記念碑と居住性

先の章ではドゥメナク゠イ゠アスタパーを、いわばモデルニスモ運動の周縁にいたあいまいな建築家として、また壮大で記念碑的な大規模公共建築——裁判所[1]（E・サニェーと協働、一八八七—一九〇三）やモデーロ監獄[2]（一八八一—一九〇四）、医学部とウスピタル・クリニク[3]（一九〇四）など——の設計者であるとともに、モデルニスモ革命の弊害を難じた論客として言及した。それにもかかわらず、ドゥメナクはモデルニスモの発展にともかくも積極的で実りある成果をもたらした数々の対立に寄与したことによって、モデルニスモに完全に組み込まれた人物として考察せねばならない。根本的な矛盾は、ドゥメナクの活動と仕事の根拠が、モデルニスモの社会基盤を構成したバルセロナのブルジョワ階級の類型と合致しなかったことにある。単純化のそしりをおそれずに述べるなら、バルセロナの拡張地区に中産階級の住宅を建てる問題にたいして、ドゥメナクは初期オットー・ワーグナーの形態に訴えることで伝統と進化のあいだのある種の妥協をとりつけることができた。しかしそれ以外の作品では、記念碑性の本質を「人類が創造されて以来あらゆる世紀と文明を通じて、造形芸術の歴史をかたちづくってきたあらゆる記念碑に、人間性の卓越によってその存在を刻印することで遵守してきた確かな真実」(1)の永続性に見いだそうとして、かつてビラセカやフンサレーが実践したやや古典的な折衷主義という偽りの路線を維持しようとした。とはいえ奇妙なのは、みずからの建築を

ドゥメナク＝イ＝アスタパー、カタルーニャ電気ガス会社（一八九三―九五）。バルセロナ、プルタル・ダ・ランジェル通り二〇番地

より個性的で貴重なものとしている要素が、純粋に復興主義的な折衷主義からの決別を示唆する要素にほかならぬことを、そしてわれわれの評価によれば、初期作品であるバルセロナの科学芸術アカデミーの建物が新様式の探求の兆候を示していたことを、ドゥメナク自身が自覚していなかったことである。その結果、この時期のドゥメナクの創作は——なかでも重要なのはシモー邸（一八八五—八六、現存せず）とカタルーニャ電気ガス会社[4]（一八九三—九五）、そしてファブラ観測所[5]（一九〇四）である——様式上の決定的な逸脱は犯さない範囲で執拗さを増していく諸要素の強調で特徴づけられる。異様なほど重々しい破風や楣の上の扁平アーチ、荒々しく切断された嚙み合わせ、弓形や段々の切妻、変形された雨押さえ石などがそれである。

しかしドゥメナク＝イ＝アスタパーの作品には、雄弁さで劣るものの、あいまいさもあまりないもうひとつの時期がある。カタルーニャの焼成材の伝統にしたがった、煉瓦造を基本とした典型的な表現上の戯れによる時期であるが、設計者のあいまいな態度に呼応するように、マドリード派のネオ・ムデハル様式の作例に影響を受けることもあった。この路線の最上の二作品がガス工場[6]とマゴリア駅[7]で、どちらもバルセロナにある。

これらに似たモニュメンタリズムの傾向は、バルセロナ市の公的建築家ペラ・ファルケス（一八五〇—一九一六）の作品にみられる。その作品は武張った折衷的古典主義によって構成されてはいないものの、モデルニスモ風装飾要素を極端に拡大して使用することで、よりバロック的な建築へと引き戻されている。グラシア大通り〔一一三番地〕の住居や、とりこわされたブネット男爵邸——これはもはやほとんどモデルニスモ風でさえなかった——そしてとりわけバルセロナのランブラス通りのピタッラ記念碑[8]では、装飾形態を特徴的な建築形態に変えていくことで量塊の戯れ全体に記念碑性が付与されている。明瞭な質と意義を備えた作品がアビニョー通り一三番地の住居であり、モデルニスモの重要な一側面を示している。上記の量塊的押し出しのよさに加えて、ファルケスはローマ・バロック様式の絶頂期からとりだしたような要素や構成法を用いている。これは、リセウ劇場の改築や市庁舎のモニュメンタルな階段、さまざまな住居や集合住宅、シウタデーリャの建物群の増築など、完全に古典主義や反モデルニスモに分類される多くの作品を実現した建築家にとって、きわめて理にかなった折衷主義的方向性である。忘れてならないのは、モデルニスモの熱狂に平行して、ほとんどいつも偽りの新古典主義的路線をとる多数の建築家や工事責任者（アウグスト・フォント、A・セッラ＝イ＝プジャール、ティベリ・サバテー、J・トーラス＝イ＝アルグリョルなど）が存在したことと、バロックやプラテレスコといった先行する伝統様式の形態や図式をいくぶんかのモデルニスモ様式と華麗に混成した作例も豊富に存在したことである。これはすでに初期の作品、たとえば裁判所の建物などに認められたものだが、のちにはおびただしい二流作品やバルセロナ拡張地区右手に散在する多数の住宅建築のなかにも見いだされるようになる。アビニョー通り〔一三番地〕の住居においてはこのような態度が後期のファルケスの表現的な用語へとたいへん知的に変換されており、これはさらにのちに、エスパーニャ広場の噴水（一九二九）でJ・M・ジュジョールがより繊細な仕方で達成したものと似ている。この噴水は、ローマのさまざまな噴水への明らかな参照にもかかわらず、モデルニスモの構造や形式主義を保っていた。たしかなのは、これらの作品のなかにモデルニスモの創造的路線に対する来たるべき反動のきざしや、さらには、折衷的で保守的な精神の連続さえ見いだされることである。

　だがファルケスはたいへんとらえどころのない建築家であって、その作品にはここまで述べてきたものとは大いに異なる別の局面があり、そのため進歩的で完全にモデルニスモ的な態度を備えた路線にも組み込まれる。バルセロナのビラノバ大通りにあるカタルーニャ水力発電会社のファサードは露出した鉄と煉瓦のきわめて洗練された戯れであり、否定すべくもない構成上の資質を別としても、合理主義に向かう探求の連鎖

ファルケス、カタルーニャ水力発電（1899）。バルセロナ、ビラノバ大通り12番地

を構成するひとつの重要な輪となっている。

記念碑的なものにむかう傾向はモデルニスモにはかなり異質なものだが、それはモデルニスモを受け入れたブルジョワ階級が居住性のためにある種の抑制を働かせたためである。これまでみたとおり、ドゥメナク゠イ゠アスタパーとファルケスの活動がこの傾向の周辺に位置していたのは確かであり、このことは職業上の公的かつ代表的な立場とイデオロギーの両面から説明可能である。それに加えて、ひとりは古典的で伝統的な形式ばった秩序への傾向をもち、もうひとりはスケールの飛躍を強調する傾向をもつことが、それぞれの社会的意味合いを説明するだろう。すでに論じたアンリク・サニェーも、イデオロギー上の多くの局面でモデルニスモの周辺にいたように、その革命的探求に直接参画したわけではなかったが、それにもかかわらず、シリーシが指摘するような奇妙な調停を試みていた(2)。しかし富裕な上流ブルジョワ階級の多作な建築家として、居住性へのあの配慮をけっして疎かにすることはなかった。その調停はモニュメンタリティに向けてではなく、依頼者の正確な状況を住居の日常的な形態に翻案することへと向けられた。一方には、すでに歴史的に確定されたかにみえる階級への帰属を保障する、伝統的で反革命的な既成秩序の表明があり、もう一方には、それでも進歩主義者であるという名声とともに保たれる、ある流儀の表明がある。これこそモデルニスモのなかでもっとも両義的な態度である。サニェーは、様式上のとてつもない軽薄さを示したのみならず――生涯の最後にはそれはほとんど字義どおりの新たな復興主義にまで堕していった――もっともモデルニスモ風な作品のなかに順応主義的な転覆を示したのである。サニェーはじっさい、フランスのバロックやイギリスの新古典主義住宅建築から採られた図式を埋めるためにモデルニスモの諸要素を使用したが、けっして規則を破ろうとも、予測を裏切ろうともしなかった。これゆえに、サニェーの最上の作品はウィーン分離派になんらかの根をもっていた。というのも「調停」への当時のサニェーの意向は、ワーグナー流の「進化」思想と一致していたからである。

サニェー、ファルガス邸（1902-04）。
バルセロナ、ランブラ・カタルーニャ通り47番地

いずれにせよ、サニェーの作品の歴史への積極的な貢献は認めなければならない。それは非常に効率的な住居の類型を創造したことであり、この類型はバルセロナの拡張地区の境界壁で区画された集合住宅にながく支持された。階段室は住居中央部の大きな中庭群に接続しており、中庭は上方から採光している。居室はファサード側と内側の

ふたつの区画に分けられる。直行する二方向の壁面が、連続する構造体を構成する。これらがながいあいだこの地区のバルセロナ中産階級の住居の特質だった。しかし先に述べたことを強調したうえで、こうした住居の優れた居住性やその適切な人間的尺度、記念碑性に抗う努力の大きな意義を考慮しなければならない。これらもまたモデルニスモの卓抜した特徴のひとつなのである。

こうした特質をさらに明瞭に示すのが、もうひとりの重要で傑出したモデルニスモ建築家、ジュゼプ・プーチ＝イ＝カダファルク（一八六七―一九五六）の作品である。だがプーチの場合は、快適さや適切な尺度への志向が「近代建築の第一世代」の正しい発展と連携した、正当な歩みをたどった。つまり文化の主流により深く根ざしていたのである。

プーチ＝イ＝カダファルクの作品を正確に跡づけるのはとてもむずかしい。現時点では、これをネオ・ゴシック主義の延長線上に位置づけ、もっとも純粋な復興主義的路線から離反していく進化の最終段階としてとらえるのが妥当だろう。しかしこのような規定が完全に正確でないのには、とりわけふたつの理由がある。まず、プーチの最良の作品を、その形態面だからにせよネオ・ゴシックと分類することはできないからであり、さらにはその作品の基本的な資質が、内部空間の構想とその空間の驚嘆すべき居住性にもとづいているからである。

プーチ＝イ＝カダファルクの空間処理の問題については、ジュジョールについて論じたなかで示唆しておいたことを参照しながら、モデルニスモ全体との関連で述べる価値がある。ガウディとドゥメナク＝イ＝ムンタネーの空間は、すでにみたとおり、強調される方向性がそれぞれ異なっていた。ガウディの場合それは、すぐには理解不能な劇的感興とでも呼ぶべきものや神秘的な空間の継起、そして物理的境界面の幾何学的対立にもとづいている。またその物理的形態によって空間は、自然形態や完全に有機的な構造論理と関係づけられている。いっぽうドゥメナク＝イ＝ムンタネーの場合、それは確固とした恣意的な幾何学秩序にもとづいており、その表現の基礎はまさしく全体像がただちに理解可能なことにある。さらにまた、ファサードの空間的処理においても同様な基準が保たれており、サグラダ・ファミリア聖堂では次々と目くるめくような効果が降りかかってくるのにたいし、カフェ・レストランでは通路の脇には柱がまっすぐな列をつくっている。ガウディの空間とドゥメナクの空間のあいだの差異は、偶発的で未体験な空間的継起で構成されたサヴォワ邸からチャンディガールにいたるル・コルビュジエの空間と、諸要素が空間と量塊の統一性につねに向けられているバルセロナ・パビリオンからクラウン・ホールにいたるミース・ファン＝デル＝ローエの純粋直方体とのあいだにみられる差異と同じものである。

ガウディの空間に多少とも似たものはジュジョールやルビオー＝イ＝バリュベーやバランゲーの作品のいくつか、とりわけ「卵の塔」やビスタベーリャの礼拝堂、ティビダボの療養所、ガラーフの酒蔵庫に見いだされる。それにひきかえドゥメナクの「純粋主義」がさほどめだった追随的解釈を生まなかったのは、モデルニスモの作品の多くが、空間的な主題が厳しく制限される境界壁に挟まれた集合住宅という伝統的なプログラムのなかで展開されたためであることは疑いない。このように個別的で包括的な空間が新たな建築表現をとるためには、合理主義の開花を、さもなければプレ合理主義のやはり折衷的な試行を待たねばならなかっただろう。アルジャントーナの自邸のような少数の例外をのぞけば、プーチ＝イ＝カダファルクの平面はこうした空間性への関心の欠如を示すように思われ、同じことはバランゲーやグラネイの集合住宅にもあてはまる。だがそれにひきかえプーチの空間は、親密さと住居らしい尺度という特徴的な要因を導入している。とりわけ、空間をかたちづくる壁面の仕上げと色彩、光への配慮によって、居住環境についての新しい確固とした概念を確立している。このことはプーチが一九〇〇年前後に建設した中産階級の大型住居に顕著に認められ、他のモデルニスモ建築家の作品へと引き継がれるものだが、後述するようにこれらの建築家たちこそウィーン分離派からの、具体的にはオルブリヒからの影響をもっとも強く受けた人々である。年代上の前後関係をいささか無視していえば、プーチ＝イ＝カダファルクはおおよそ、イギリスの美術工芸運動にかなり近い立場にあると同時にオルブリヒによるダルムシュタット芸術家村の住宅群に由来する住居デザインの流れを汲んだ建築家のカタルーニャ版と呼んでよいだろう。この主題については先の章で論じたが、プーチにおける奇妙な二重性を強調するため、ここでそれをくりかえしておきたい。

考古学研究や熱心な知的活動のためプーチは外国をたびたび旅行したが、[3]もっとも深い印象を受けたのがオーストリアとドイツからだったことは疑いない。ヨーロッパ建築の現状を論じた一九〇二年の文章[4]のなかでプーチは、スコットやオルブリヒ、オルタ、ヴァン＝ド＝ヴェルド、ワーグナーそしてホフマンの作品について洞察に満ちた分析をおこない、中央ヨーロッパの建築文化への傾倒をうかがわせている。プーチにイギリス建築事情に関する直接の情報を供給したものとしては、膨大な素養や外国文化や大学世界との接触——フライブルク大学やパリ大学の名誉博士号など——を忘れることはできないが、美術工芸運動からの影響や、さらにはマッキントッシュからの影響さえも、ウィーンの分離派によるマッキントッシュ展（一九〇〇）やドイツにおけるヘルマン・ムテジウスの有名な『英国の住宅』の出版（一九〇四）といった出来事を介した、間接的なものだったと考えたほうがよさそうである。

先述したように一九〇四年にマドリードで開催された国際建築会議にさいして、バルセロナではプーチ＝イ＝カダファルクの作品の写真集がフランス語の本文で出版されたが、[5]この本は当時プーチが獲得していた名声を明らかにするとともに、建築文化へのプーチの貢献の第一期がすでに事実上完了していたことを明らかにしている。最初の重要な作品はバルセロナのムンテシオー通りに建つマルティ邸（一八九六）であり、

プーチ＝イ＝カダファルク、「四匹の猫」マルティ邸（一八九五―九六）。バルセロナ、ムンテシオー通り三番地

プーチ＝イ＝カダファルク、ガリ邸（1898）。
バルセロナ県アルジャントーナ、アル・クロス

これがとりわけ有名になったのは、その一階部分にウトリーリョやカザス、ルシニョルらの結成した芸術家集団がペラ・ロメウを支配人とするキャバレー「クワトラ・ガッツ（四匹の猫）」を置いたからである。一九〇三年まで「四匹の猫」はモデルニスモ絵画運動全体の主要な中心であって、ここでピカソやヌネイ、ピショーといった画家の作品が公開され、ここにスロアーガ[9]やレゴヨス[10]が迎えられ、アルベニス[11]やグラナドス[12]の新音楽が演奏され、ジュリ・ピーが洗練され忘れがたい道化役を演じた。ある意味でここは、シッジャスの「カウ・ファラート」における五回におよぶモデルニスモ祭や、一八九二年から九九年まで開催されたルシニョルの自邸展覧会をバルセロナの空間に移して継続したものだった。モデルニスモ祭では審美的革命の最初の熱狂がまきおこり、メーテルリンクの『侵入者』が朗読され、エル・グレーコの絵画数点が購入されたときには、これを先頭にあご鬚とつば広帽子の熱狂的芸術家連中がシッジャスの街角をねり歩いたものだった。

　プーチの創作活動において一九〇〇年は重要な年だった。アルジャントーナのアル・クロスに建つガリ邸や、バルセロナのグラシア大通りのアマトリェー邸、モーラ将軍〔現在のサン・ジュアン〕大通りのマカーヤ邸に関連する年だからである。これら三つの邸宅は一九〇四年のディアゴナル大通りのクワドラス邸とともに、モデルニスモ主義者としてのプーチ＝イ＝カダファルクを完全に確定している。尺度の観点で非人間的

な記念碑性に陥る危惧がなきにしもあらずだが、これらの作品の内部空間にみられる快適で心地よい感覚や愛すべき親密性について、文章で説明するのはむずかしい。マカーヤ邸の中庭ではすべてが豊かな謙虚の芳香で包まれている。クワドラス邸の広間では「数多くの不動の花に囲まれて、生きて活動する名花、マリーア・ダ・クワドラス男爵夫人は（…）甘くかぐわしい香りに包まれながら」[6]社会的名声を輝かせていた。不思議な光に包まれたガリ邸では、木質系仕上げとマリョルカ焼きの官能性が豊満な柔らかさを醸し出していた。アマトリェー邸のファサードもまた、伝統工芸を重んじる洗練された世界の表層的感性と人間的寸法で尺度を規定し、個別化し、縮小し、過度の強調を抑制したことによる産物であった。しかしこれら以上に優れた、また重要な作品は、アルジャントーナの古民家三軒を連結して造られたプーチ＝イ＝カダファルクの自邸（一八九七—一九〇〇）である。モリスの「赤い家」の内観との関連性は明らかかと思われるが、ダルムシュタットにおけるオルブリヒの作品との関連も無視できない。空間の分割と連続性や屈曲、文字どおり有機的な意味での平面の展開、そして構造に頼らないで空間を規定する姿勢などによってこの住居はモデルニスモの傑作となり、プーチの創作のなかで異例な前衛的作品となった。プーチにはめずらしいことに[7]北東棟では二重ファサードが巧妙に試みられ、それが巧みに延長されて、パーゴラの載った大きなテラスと庭園のあずま屋で締めくくられる。

プーチ＝イ＝カダファルク、アマトリェー邸（1900）。バルセロナ、グラシア大通り 41 番地

プーチ＝イ＝カダファルク、
マカーヤ邸（1901）。バルセロナ、
サン・ジュアン大通り 114 番地。
右・外観。下・中庭。
次ページ上・玄関通廊。
下・2 階平面図（左）と
1 階平面図（右）

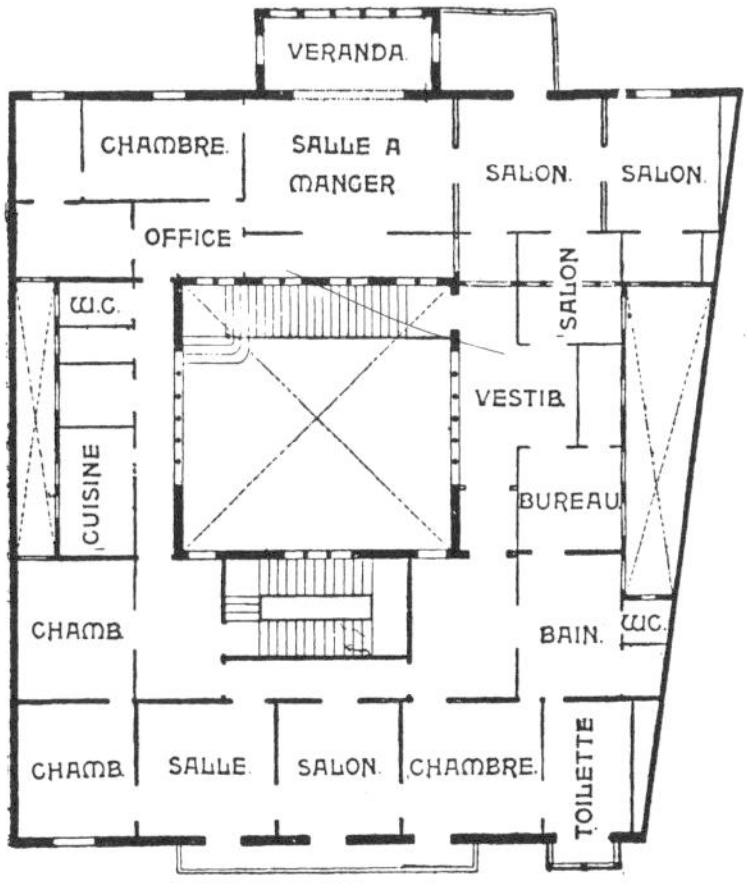

PREMIER ETAGE.

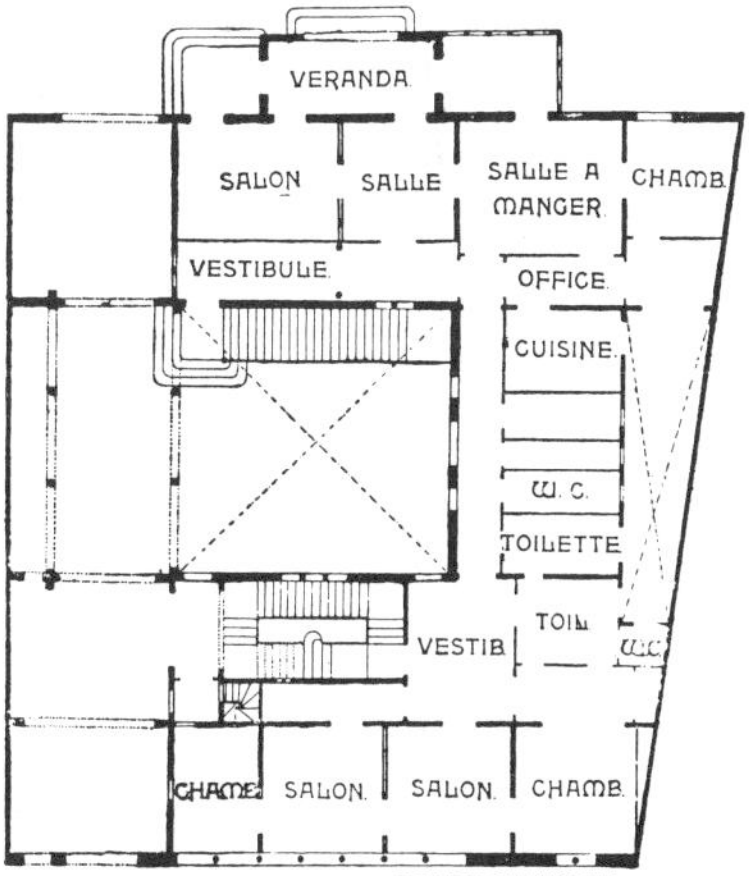

REZ-DE-CHAUSSEE.

プーチ＝イ＝カダファルク、
クワドラス邸（1904）。バルセロナ、
ディアゴナル大通り 373 番地。
右・外観。上・内観。
下・階段室。前ページ・門扉

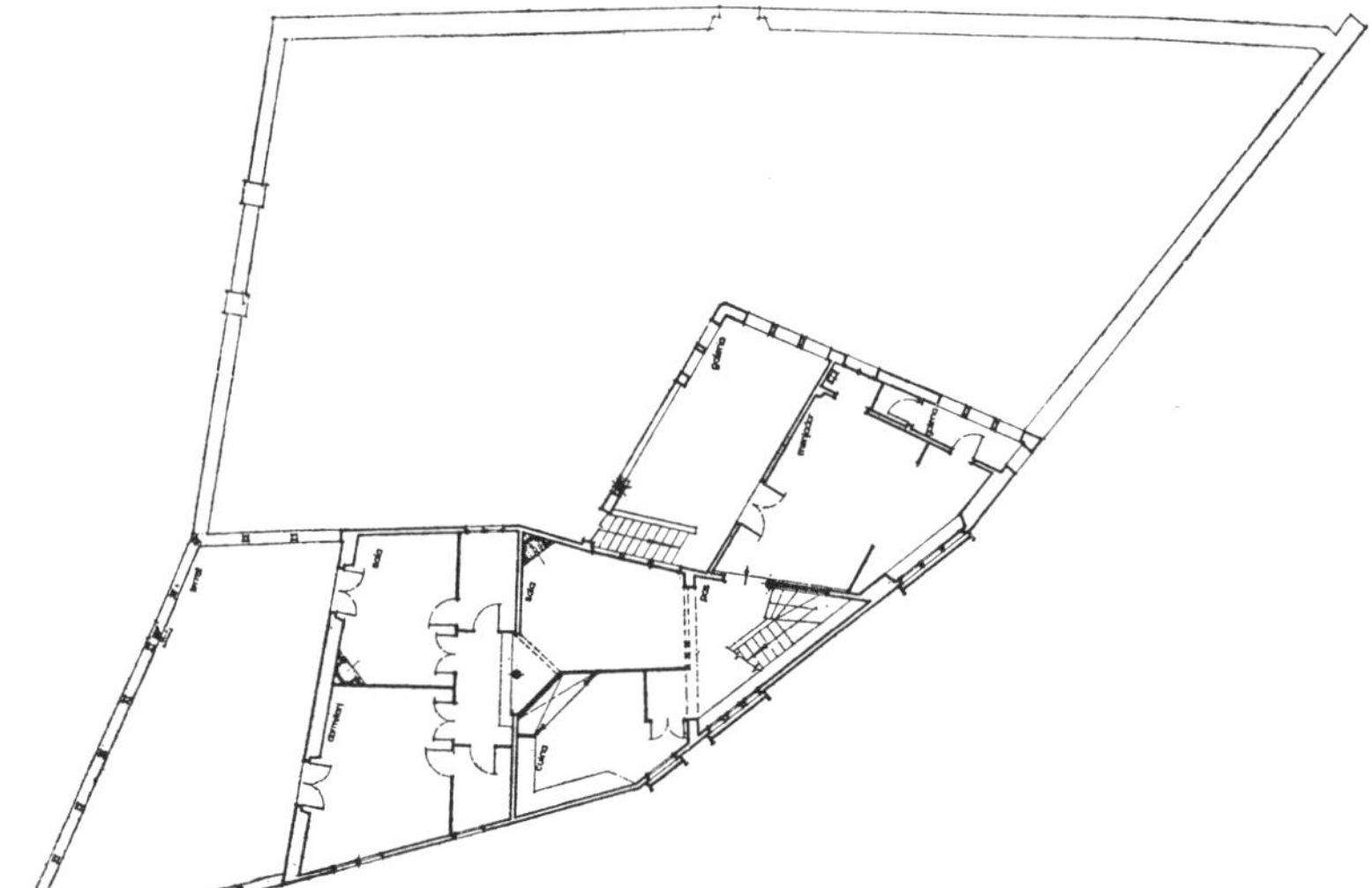

プーチ＝イ＝カダファルク自邸（1897-1900）、外観（上）と平面図（下）。
次ページ・内観。バルセロナ県アルジャントーナ、ベンドラ広場

バルセロナのディアゴナル大通りの通称「尖塔の家〔タラーダス邸〕」（一九〇五）とムンジュイクのカザラモーナ工場[13]（一九一一）のふたつは、外観の量塊的特徴がきわだった建物である。プーチはどちらの場合でも煉瓦造の戯れとともに、「近代芸術は、われらの伝統芸術を基礎としつつそれを新しい素材で装飾しながら、合理的精神によって今日の要求を解決していく[8]」というみずからの論文の内容に呼応するかのように、歴史上の様式を参照している。都市的な構成のみごとな力業のなかで「尖塔の家」がファサードの形態についての純粋な省察となっているとするなら、カザラモーナ工場は二重の意味でさらに興味を引く。壁やヴォールトでカタルーニャの煉瓦工法の伝統を独創的に処理したことと、量塊のあいだに有機的で流動的な内外空間を確定することを、いくぶんドゥメナクを思わせる純正さで実現したためである。

シリーシが強調したように、「ガウディが表現の建築家であるとするなら」、プーチ＝イ＝カダファルクは「意味の建築家、そして共有する現実の表徴として理解された集団の形式の建築家[9]」であった。じっさいモ

プーチ＝イ＝カダファルク、カザラモーナ工場（1911）、外観（上）と塔詳細（下）。バルセロナ、メシク通り36–44番地

プーチ＝イ＝カダファルク、タラーダス邸（1905）

デルニスモ全体を探しても、カタルーニャの共有する歴史的現実の表徴に、さらには、みずからが予見しその実現のため尽力した現実の表徴に、プーチほど忠実だった建築家はほかに見当たらない。それゆえ、プーチの建築はその経歴全体をとおしてカタルーニャ政治社会の変革それ自体に支えられており、その変革のためにプーチは、建築以外の局面にもあれほど活発に参加したのだった。一九〇〇年前後に集中する作品群はモデルニスモの典型的な姿勢に呼応するものであり、歴史主義的であると同時に革新的であり、ヨーロッパ的であるとともに民族的でもあるモデルニスモ運動全体の精神と、そしてまた「ラナシェンサ」の思想的基盤にある精神と一体化している。しかし時代が進むにつれ傾向の異なる作品が多くなり、それらの作品では「国際的水準に整えられた都市や市民の理想や（…）イギリスやオーストリアとの関連、整った美や現実的で明るい方向性、中庸性、そしてアポロン的な均衡」[10]が優位に立つ。まさにこのときノベセンティスモが始まったのである。それは文化や政治における制度化の

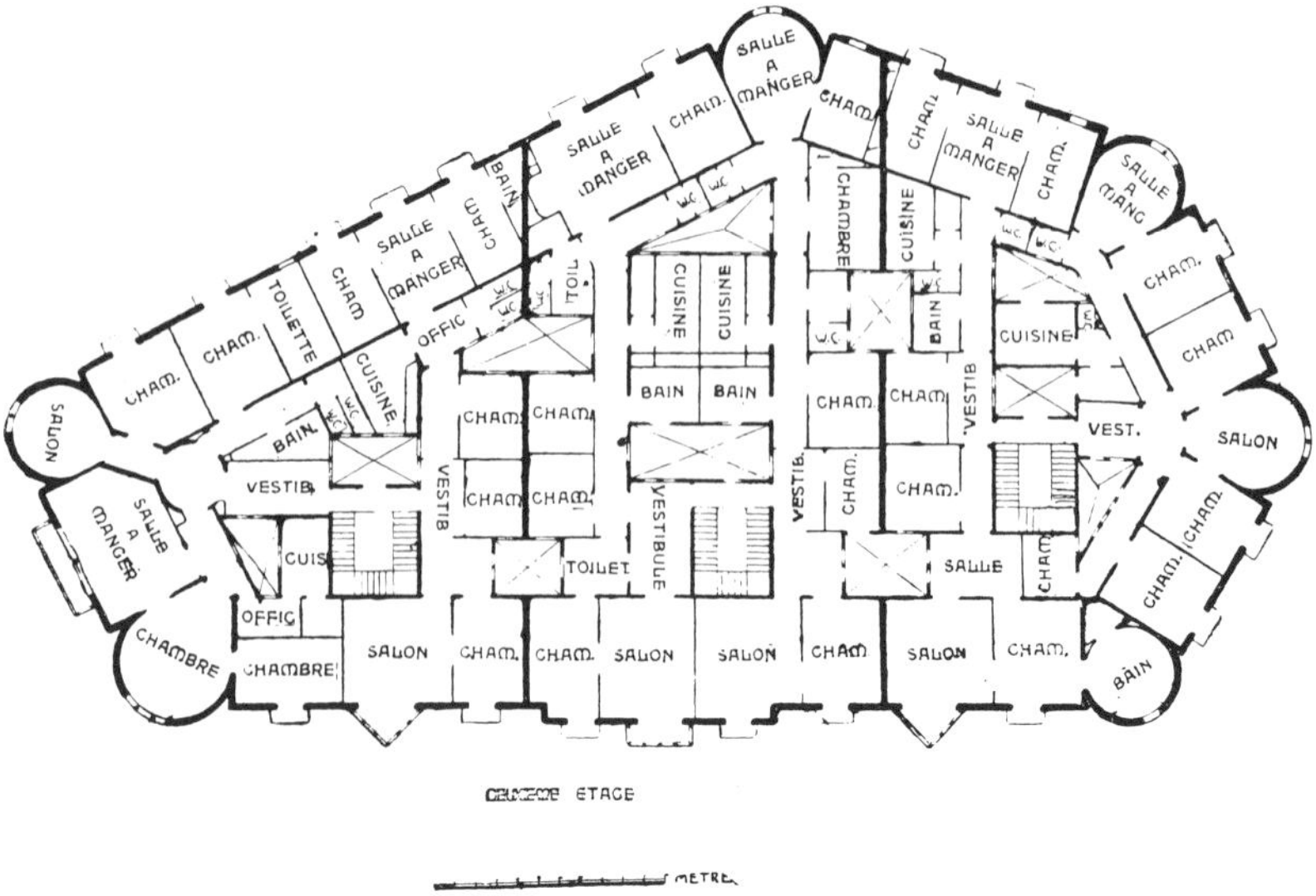

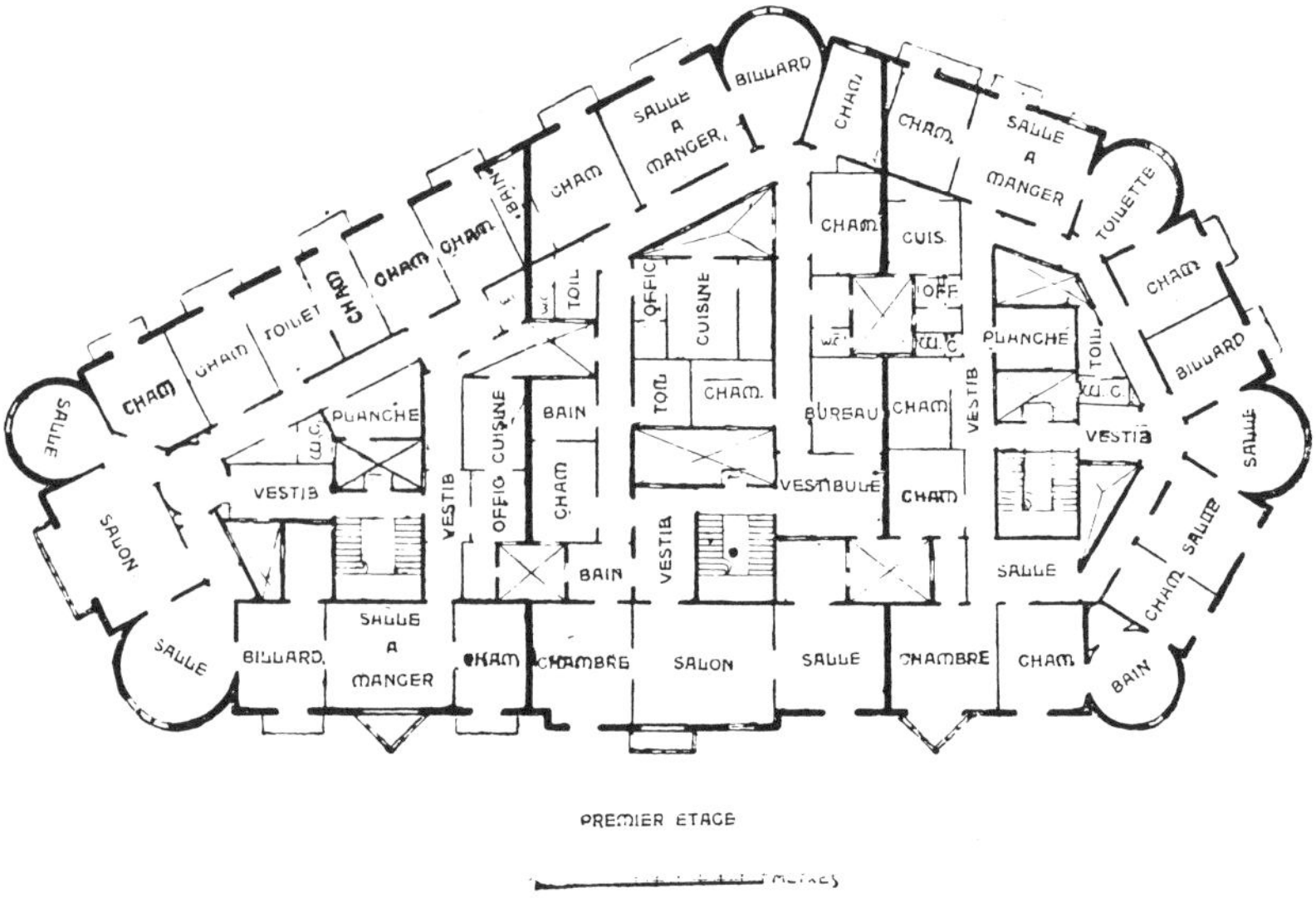

タラーダス邸基準階平面図（上）と最上階平面図（下）。次ページ・外観詳細。
バルセロナ、ディアゴナル大通り416-420番地

傾向であり、自律的でリベラルな、教養ある世界市民的な「理想のカタルーニャ」建設の企てであり、その手段として、モデルニスモの「革命的」創造の熱狂を超越する、標準化された芸術表現が要請された。こうした現実にたいしプーチが出した答えはオルブリヒ色の強い建築だったが、それは同時にカタルーニャ・バロック建築のもっとも大衆的側面の記憶や単純さ、そしてコスモポリタンな規範への指向も備えていた。このような建築の兆候を最初に見せた作品がティビダボ山麓のムンタータダス邸であり、この傾向は一九〇四年から一九一一年にかけて、とりこわされたトゥリンシェト邸と改築されたクマニー邸というバルセロナのふたつの住宅で頂点に達した。[14]両者のあいだには小さいながらもひとしく重要な、ビラドラウやラ・ガリーガなどに建てられた作品群がある。[15]だがこれらの作品はすべて、まだモデルニスモに含まれる。というのも、これらはモデルニスモが歴史をとおして持続したあの様式の混成によってつくられているからである。このことはさらに、この時期のプーチ＝イ＝カダファルクを模倣した控えめな――またプーチが声高に表明しようとしていた現実とは関わりの少ない――作品が、初期モデルニスモに由来するより厳密な形態上の諸要素とともに再生産されていたことにもあらわれている。しかしながら、バロック風の切り妻屋根をもち、花飾りの掻き絵で装飾され、[16]「地中海風」文化を思わせる白壁をもつこれらの住宅は、すでに述べた退嬰的な出自にもかかわらず、あの「理想のカタルーニャ」の懐かしい古典主義へと向かう発展の萌芽をすでに備えていた。

プーチは、しかし第一次世界大戦の時期以来、みずから求める新たな現実に対応する新様式にむけて重要な一歩を踏み出した。その現実とは二〇年代のカタルーニャの資本主義の心性であり、その建築とは形態の基盤をシカゴの大規模商業施設に求めつつ、それに、この路線への様式上の最上のオマージュであるかのように、バロック風装飾を仰々しいほど豊潤に加えたものである。バルセロナのプルベンサ通りの自邸で開始されたプーチのこの時期を代表するのが、一九二九年のバルセロナ万国博覧会のための、一部は実現されなかった計画である[17]。そこでは分離派へのいくぶんの忠誠が守られてはいたが、モニュメンタリズムへの奉仕によって、心地よい居住性に厳しく節操を保っていた最盛期の作品群からの質の低下は否定しがたいものがある。

とはいえプーチ＝イ＝カダファルクの貢献は無駄ではなかった。プーチに続いて、明らかに重要なふたりのカタルーニャ建築家、ラファエル・マゾー（一八八一―一九三五）とジュゼプ・M・パリーカス（一八八一―一九六六）が分離派を再解釈し、イギリスの住居建築の経験にもとづいて建て、マッキントッシュの形態をさらに単純化するといった可能性をとりあげることになる。一九一一年、ラファエル・マゾーはジローナに驚くべきテイシドー製粉所を建てていた。この作品はガウディからの継承をいくぶん意図したものではあるにせよ、すでにオルブリヒの影響を見せている。一九一四年にはカタルーニャ建築でもっとも美しい作品のひとつ、ウロットのマスラモン邸を完成させる。興味深いのは、この作品の完成年がガウディのグエイ公園やクロニア・グエイの地下聖堂の竣工と同年であり、ジュジョールがネ

マゾー、テイシドー製粉所（1910–11）。
ジローナ、サン・タウジャニア通り 42 番地

グラ邸の最初の改築を、バロックに着想を得た狂気に駆られて、あの空中馬車のようなバルコニーを加えて完成した年に一致していることだ。一九一四年は決定的な年だった。アンリク・プラット＝ダ＝ラ＝リーバがカタルーニャに新しく生まれた連合体の首班に任命される。これは政治の領域におけるカタルーニャ主義の最初の確かな勝利であり、それを導いたのはアウジェニ・ドールスによる完全なノベセンティスモ的心性で組織された文化運動のプログラムだった。この年はプーチ＝イ＝カダファルクが芸術活動から離脱した年でもあり、ガウディの進化路線が表現主義的な価値と形態実験のなかに引きこもり、奇怪な逸脱に向かう最初の症例である上述のネグラ邸の展望台があらわれた年でもある。じっさい、モデルニスモの最盛期はこの年を最後に終了する。とはいえこの年は、ドゥメナク＝イ＝ムンタネーが開始しプーチ＝イ＝カダファルクがヨーロッパ主義的教養で強化した文化的統合の路線がカタルーニャ建築の正常な進化につながる可能性を、ノベセンティスモが強要する平準化のなかにありながらも、歴史の展開に従いつつマスラモン邸が証明した

マゾー、マスラモン邸（1914）
外観（上）と内観（下）。ジローナ県
ウロット、バイレーダ通り6番地

年である。二〇年代になるとこの歴史的方向性は、いたるところで合理主義建築という新たな現実として噴出するはずであった。同じく忘れることのできないのが、一九一四年にはドイツ工作連盟の展覧会がケルンで開催され、そこでワルター・グロピウスとアドルフ・マイヤーが実現した有名な工場建築が、ペヴスナーの解釈によれば、近代建築の開拓時代の幕を引いたと考えられたことである。[18] 旺盛な活力を備えた初期のガウディやドゥメナクのようなカタルーニャ建築は、もはや戦列になかった。しかしかけがえのないマスラモン邸の存在によって一本の細い糸はつながれ、連続性は途絶えることなく、一九三〇年にはGATCPACがカタルーニャを建築運動の前衛に向けふたたび解き放つことになる。(11)

パリーカス、クメーリャ邸 (1912)。バルセロナ、ネナ・カザス通り 81 番地

マゾーのマスラモン邸はおそらく、グラスゴー派の、とりわけその後期の影響をカタルーニャでもっとも強く受けた建築だろう。影響は内部階段の詳細の処理やファサードの仕上げや色彩にまでおよんでいる。のちに始まる「地中海主義」への方向転換を予見させる要素や繰り型が突発的に組み込まれているにもかかわらず、この住宅は全体として驚くべき統一性を達成しており、それがカタルーニャでかつて例のない繊細な彩色タイルの調和にみちた装飾で強調されている。構成における自由闊達さや窓をつな

ぐ水平帯、曲がったファサードなどは、ウィーン分離派の記憶を思い起こさせずにおかない。こういったことがらゆえに、この作品をノベセンティスモの最初の作例に数えることは認めがたく、むしろそれとは逆に、モデルニスモの幕を引き別の流れに道をつなぐ、様式間の橋をよく表徴する作品と考えられる。これに似た特徴的な状況が、パリーカス設計のバルセロナのカルメン教区聖堂（一九一〇）にみられる。[19] パリーカスは文化的にみてきわめて重要な刺激になると期待されたが、活動時期は短かった。表現方法の点で限定されていたものの、マゾーとパリーカスが協同したサンタ・クロマ・ダ・グラマネートの精神病院（一九一六年の設計競技）は、ほぼこれと同じ路線上の作品である。[20] さらにのちになると、マゾーはノベセンティスモの大波に乗ることをやめ、新たに信奉する地中海主義の精妙な解釈へと移っていった。それはとりわけ、カタルーニャのコスタ・ブラーバに位置するサガロの開発と建築に認められる。[21]

原注

（1）J. Domènech i Estapà, *Modernismo arquitectónico*,《Memorias de la Real Academia de Ciencias y Artes de Barcelona》, marzo, 1912.

（2）A. Cirici Pellicer, *El Modernista Catalán*, Barcelona, 1951.

（3）ジュゼプ・プーチ＝イ＝カダファルクは純粋な建築の分野を超越した人物であり、その国際的名声はむしろ研究者に分類される。プーチの学歴にはバルセロナ大学での物理学と数学修士号（一八八三―八八）、マドリード大学での博士号（一八八八―八九）、バルセロナとマドリードの建築学校（一八八三―八九）がある。政治家としてはバルセロナ市会議員（一九〇一―〇五）、バルセロナのコルテス議員（一九〇七―一〇）、バルセロナ県会議員（一九一三―二三）、カタルーニャ連合体首班職（一九一七―二三）を歴任した。多くの学問分野の役職や名声のなかには、「カタルーニャ学研究所」所長、四つのアカデミーの会員、五つの名誉会員、九つの在外会員、パリとフライブルク、バルセロナ、トゥールーズ各大学の名誉博士号がある。出版した本のうち重要なものに以下がある。*L'architectura romanica a Catalunya; El problema de la trasformació de la Catedral del Nord importada a Catalunya; La geografia i els orígens del primer art romànic; L'Arquitectura romana a Catalunya; L'escultura romànica a Catalunya.*

（4） J. Puig i Cadafalch, *Don Luis Doménech y Montaner,* 《Hispania》, num. 93, 30 diciembre 1902. 一部が《Cuadernos de Arquitectura》, Barcelona, 2.º y 3.er trimester 1963 に収録されている。

（5） *L'Œuvre de Puig i Cadafalch, architecte. 1896–1904,* Barcelona, 1904.

（6） 《Il-lustració Catalana》, 1907. シリーシによる引用。

（7） プーチ＝イ＝カダファルクの多くの住宅の二階広間によくみられる処理は、「二重ファサード」と関係づけてよいかもしれない。そこではいつも広々としたバルコニーが導入されるが、これはたんに空間の拡張のためとしてでなく、外観と関連したフィルターとしての機能を備えており、立ち並ぶ列柱や、大空間を小さな尺度に落としこむ手法によって、ガウディやドゥメナク＝イ＝ムンタネーの作品に見いだされたものといくぶん似た情景が生み出されている。

（8） *L'Œuvre de Puig i Cadafalch architecte. 1896–1904.* Barcelona, 1904.

（9） A. Cirici, *L'art català contemporani,* Barcelona, 1970.

（10） A. Cirici, *L'arquitectura de Puig i Cadafalch,* 《Cuadernos de Arquitectura》, Barcelona, 1.er trimester 1966.

（11） O. Bohigas, *Arquitectura española de la Segunda República,* Barcelona, 1970 参照。

訳注

〔1〕 リュイス・クマニス大通り。

〔2〕 エンテンサ通り一五五番地。

〔3〕 カサノバ通り一四三番地。

〔4〕 ライェタナ通り一六四番地。

〔5〕 ティビダボ山上。

〔6〕 ガソメトレ大通り。

〔7〕 グラン・ビア二五五番地に建てられたが現存せず。

〔8〕 ランブラ・サンタ・モニカに隣接するテアトラ広場の、フラダリク・スレー通称ピタッラのための記念碑。

〔9〕 スロアーガ、イグナシオ（一八七〇―一九四五） バスク生まれの画家。印象主義とルシニョルの影響下で活動を始め、しだいに地方色豊かなスペインの風物を明るい色彩で描いた。「九八年の世代」と親しく交わった。

〔10〕 レゴヨス、ダリーオ・デ（一八五七―一九一三） アストゥリアス生まれの画家、デザイナー、版画家。マドリードの美術学校卒業後、中部ヨーロッパやスペイン各地を移動しながらおもに風景画を創作し、バルセロナで病没した。
〔11〕 イサーク・アルベニス（一八六〇―一九〇九） アンプルダー生まれのピアニスト、作曲家。幼少期からピアノ演奏で知られ技巧派ピアニストとしてヨーロッパ各地を回った。八五年ごろから作曲活動に重点を移し、民族主義的作風でフランス近代楽派に大きな影響を与えた。
〔12〕 アンリク・グラナドス（一八六七―一九一六） リェイダ生まれのピアニスト、作曲家。アルベニスとともにカタルーニャを代表する民族主義作曲家。
〔13〕 メシク通り三六―四四番地。現在は改築されラ・カイシャ文化センターとして利用されている。
〔14〕 カサノバ通り二〇三番地。
〔15〕 ビラドラウはジローナ県西部の避暑地。ラ・ガリーガはバルセロナの北三〇キロのビック街道沿いの小都市。
〔16〕 色ちがいの複数の漆喰層の表層部分の一部だけを掻き落として図柄を浮きあがらせる、初期ルネサンス以来の技法。
〔17〕 プーチは全体計画を策定しパラウ・デ・ビクトリア・エウジェニーア（ミース＝ファン＝デル＝ローエ設計のドイツ館後方の建物）などを設計した。
〔18〕 ニコラウス・ペヴスナーは『モダン・デザインの展開――モリスからグロピウスまで』一九四九（白石博三訳、みすず書房、一九五七）を、グロピウスなどのケルンの建築展モデル工場の記述とグロピウスの建築への賞賛で終えている。
〔19〕 ビスベ・ラグアルダ通り、サン・アントニ・アバート通りとの角。
〔20〕 サンタ・クロマ・ダ・グラマネートはベソス川をはさんだバルセロナの北隣の町。
〔21〕 コスタ・ブラーバはジローナ県の地中海岸。連なる入り江に散在する集落が格好の別荘地となっている。サガロはサン・フェリュー・ダ・ギショルス郊外の集落。

IX　モデルニスモの盛衰

運動の全体像を見渡すことはここまでで終えて、いささか概略的な要約になるかもしれないが、この章ではモデルニスモの盛衰を総合的に評価することを試みよう。

本書の冒頭で述べたように、先駆的な一時期には新しい様式を見いだそうとする欲求が具体化し、この欲求は民族の再結集をめざす政治活動に同調していった。この時期を代表する作品は一八八〇年から一八八五年のあいだに建てられ、その建築家はドゥメナク＝イ＝ムンタネー、ドゥメナク＝イ＝アスタパー、ビラセカ、ガウディそしてマルトゥレイであった。この時期の精神的な象徴として挙げられるのが一八八〇年の第一回カタルーニャ主義会議であり、バランティー・アルミライが組織したこの会議の結果として、カタルーニャ右派の擁護運動と「中道カタルーニャ」の結成があった。そして一八八五年はイギリスとの商業条約締結にさいして国王に提出された「被害者の請願」の年であり、これがカタルーニャ主義による最初の政治行動だった。じっさいこの第一期の建築はブルボン朝による王政復古の初期に対応しており、経済面では、ナルシス・ウリェー[1]の小説にちなんで「黄金熱」（一八七八―八二）と呼ばれた投資家たちによる投機熱の結果として、カタルーニャに富の蓄積がもたらされた。ビセンス＝イ＝ビーバスはこう書いている。[1]「カタルーニャとキューバの友好関係と中立宣言、そしてブルジョワ自由主義市場の趨勢とともに、カタルーニャ勢力は景気の巨大な周期波に乗って展開した。（…）まったく旧式な農機具だけで耕された大地の広がりが、過去一世紀のあいだ唯一のよりどころだった。（…）ゆるぎなさで知られた社会基盤を保証していたのは低水準に抑えられた物価指数であり、ブルジョワ層は大車輪で働いていた。近代社会の複雑な織物が紡ぎだされ、カタルーニャの財政がスペインの展望を支配するようになるのはこの時期である。キューバやフィリピンでの苦境のために政府の借金を引き受けただけでなく、それを支え、つくり、展開する銀行業界や運送業界の潜在能力による支配であり、これらが産業の中核を形成していった。（…）加えて、フランスにおける葡萄害虫による不作が重なったことが、カタルーニャの大地に新たな黄金の蛇口を開くことになった。葡萄栽培地とりわけペネデスとプリオラートは産品の輸出でまれにみる利益を上げた[2]」

本書で盛期モデルニスモと呼んだ時代（一八八八―一九一四）の推移は、完全に平坦なものではなかった。奇妙なことに重要作品は固まって、ほぼ十年ごとの最後に生み出された。その結果一八九〇年と一九〇〇年、一九一〇年を中心とした三つの頂点が存在する。その後の一九一四年にみごとな最後の輝きがみられたことは、すでに述べたとおりである。

このうち第一の一八九〇年の山には三つの根本的な作品が含まれる。ドゥメナク゠イ゠ムンタネーの万博カフェ・レストランとガウディのグエイ邸、バランゲーのガラーフの酒蔵庫であり、どれも一八八八年から一八九〇年のあいだに建てられた。この日付にもっとも密接に結ばれた社会経済上の出来事がバルセロナ万国博覧会であり、「黄金熱」を沈静化させた一八八二年の銀行の危機をたて直し「一八八六年の危機が労働界にもたらした不安を鎮静化[2]」し始めたまさにそのときに開催された。この時期の重要な出来事としては一八九一年の保護関税があり、「カタルーニャ主義連合」の最初の大会が開催され、一八九二年の有名なマンレーザ綱領が採択されたことがある。この綱領はカタルーニャ主義の最初の自律的プログラムであり、これを嚆矢として、またプラット＝ダ＝ラ＝リーバの著作によって、「カタルーニャ主義は教義の領域でみずからを再確認し、固有性に立ち戻り、政治論争のため準備した」[3]。これとともに若年層集団が新たに運動に加わり、このことが一九〇一年の選挙でカタルーニャ主義者の大勝利を生むきっかけとなるはずであった。じっさいカタルーニャ主義はもはやまぎれもない民族主義に、そしてヨーロッパ文明の潮流に合流しようとの要求に姿をかえていた。これについてもビセンス＝イ＝ビーバスの言葉がよく伝えている。「確かなのは、カタルーニャ主義が全面的で抗しがたい仕方でカタルーニャをヨーロッパに合体させようとしていたことだ。（…）カタルーニャ主義は（…）一八九二年の若者たちの参加とともに精神革命となった。これとともにカタルーニャに印象主義やワーグナーの音楽が、イプセンの芝居やニーチェの哲学や近代主義美学が、電話や良質な道路網の要求が、そして美術館や大学や、パリやロンドンやベルリンのような都市環境や、統計学にもとづいた経済学と呼ぶに足る学問の要求が、さらには、誠実で現実的であろうとする欲求、進歩への道を推進するはずの論争への参加の意欲が移入された。そしてこのことが貴族やカタルーニャ主義者を、ブルジョワ層やアナーキストを、カタルーニャ史上もっとも大規模で感動的な行動へと駆り立てた」[4]。すでにみたように、このような動きは新しい建築の全面的な展開も含んでいた。一方では、もっとも重要な作品ではスペインやアラブ起源の様式主義的建築語法が放棄され、あるいはまったく独創的な、あるいは意図的な「カタルーニャ風」の方向性が明示されていた。これがモンタネル＝イ＝シモン出版社からカフェ・レストランにいたる変化、ビセンス邸からグエイ邸にいたる変化だった。このふたつの事例は建築の進化における深い心性の変化をはっきり示している。だが、たんなる逸話ともとられかねないこうした心性の変化以上に、ビセンス＝イ＝ビーバスが明記するあのヨーロッパ化への要請に向けた進歩を認めねばならない。カフェ・レストランはもっとも進んだヨーロッパ文化にたいし開かれ、新技術に依存した、進歩的な、まぎれもない近代建築の嚆矢なのである。

関税問題の一八九一年からスペインがキューバやプエルト・リコ、フィリピンの植民地を失った一八九八年の大災厄まで一時的な繁栄が続いたが、この繁栄のなかで進行した重要な現象がふたつあった。モデルニスモ運動全体の胚胎と形成（シッジャスのモデルニスモ祭、イプセンやメーテルリンクの初演、ニーチェの翻訳、「四匹の猫」、ワーグナー主義）と、アナーキストによるテロリズムの大波（パリャスの爆破事件、カンビス・ノウス通りの爆破事件、ムンジュイクの騒動）である。植民地の災厄はカスティーリャにおいては名だたる「九八年の世代」を生んだが、カタルーニャにおいてはモデルニスモを決定的に強化し構造化した。それは建築のみならず絵画や文学におよんだが、若さや近代性ゆえの楽観主義にあと押しされたものだった。同じく世紀のこの変わりめに、プラット＝ダ＝ラ＝リーバは『カタルーニャの声』の編集を統括し、ジャウマ・ブロサは『白い墓』を出版し、ドゥーゼはイプセンの『ヘッダ・ガブラー』を演じていた。[3] 建築では、ドゥメナク＝イ＝ムンタネーのトゥマス邸やプーチ＝イ＝カダファルクのガリ邸とアマトリェー邸、マカーヤ邸、そして自然主義の寓意たるサグラダ・ファミリアの生誕の大ファサードが完成し、これらがモデルニスモ第二の山塊を構成した。

建築の形態言語にも社会の全体にもモデルニスモの特徴が具現化したという意味で、モデルニスモ運動の頂点を一九〇〇年前後に置く根拠は多数存在する。まず第一に、新世紀はじめの作品群はもはやあの探求や決別への努力の結晶なのではなく、固有の要素や統語法によって分析し具体化されうる建築言語のレパートリーを生み出していた。要素の混合や矛盾は依然として続いていたにもかかわらず、二十世紀最初の十年間の作品からは、ひとつの様式をしっかりと確定するに足る要素や構成法を識別できる。[5]

第二点としてこの運動の複雑な社会構造があげられるのは、第I章でふれたとおりまったく明白である。

そのなかでみたようにモデルニスモは社会生活のあらゆる様相を覆いつくしたが、その原因は、芸術を社会全体に浸透させようという意図、そして刷新と真正さを求める総体的意欲に合致する指向だけでなく、民族性とその文化表現の回復を願う機運に完全に並行した姿勢がそこに重ねあわされたからである。運動が大衆のなかにあれほど広く深甚な影響力をもった理由が、これによって説明される。しかしそれとともに洗練や選民的な気風があった。建築家やブルジョワ階級は、その繊細な芸術世界のなかで創造できる——あるいは誰かに創造させることのできる——「高等存在」だったからである。ここから明らかなように、この運動は差別化の道具でもあったのだ。

一九〇〇年ごろから、このような状況は決定的に構造化されていく。建築家は芸術家集団のなかにとりこまれ、建築作品は文化的な議論の対象となった。バルセロナ市は一八九九年、市内に建てられた優れた建築に贈る賞を設立した。新しいカタルーニャ建築を紹介する写真集が出版され始める。[6] 建築家は新たな「芸術的」役割をはたすだけでなく、新たな職業意識も身につける。「カタルーニャ建築家協会」が力をつけ、一八九九年には『年鑑』が創刊され、[7] 一九〇二年ないし一九〇三年には事実上モデルニスモの主要建築家のほぼ全員が協会に加入していた。プーチ＝イ＝カダファルクは、建築は「清澄かつ荘厳、不易な芸術であり、そのなかに人が入っても崇高なる厳粛さが損なわれないのは、あたかも作品が人間によってではなく至高の存在によって生み出されたものであることをあかすかのようだ」[8] と発言するにいたる。そしてミゲール・ウトリーリョは『ペル・イ・プロマ』紙上で、家を建てたい人は芸術的才能の優れた建築家に依頼すべきである、そうすれば文化に貢献できるだけでなく賃貸収益が増すから、と助言している。[9] ブルジョワ層はモデルニスモ建築家の芸術を必要としており、いまや確実に、よい建築は社会水準の高さの象徴となった。

一九〇〇年以降、モデルニスモは大衆的であると同時に差別的であるという基本的な矛盾を産むと同時に、みずからの社会的構造を構成するある均衡に到達する。シリーシはこのような状況を的確に表現している。「上等なものと考えられた生活概念に共感し奉仕し、これを普及させようとする意志が存在した。それにひきかえ競争社会の構造に拘束された利用者には、モデルニスモが供給する空間や作品は、差別化の道具となっていった[10]」

一九〇〇年から一九一〇年は、おそらくモデルニスモの作品がもっとも大量に建てられた時期である。だが一九一〇年ごろにはもうひとつの山が出現する。ドゥメナク＝イ＝ムンタネーのサン・パブロ病院とフステー邸、ガウディの「パドレーラ」とサグラダ・ファミリアの学校、プーチ＝イ＝カダファルクのカザラモーナ工場、マゾーのテイシドー製粉所である。これらの作品を列挙してみると、モデルニスモの思想になんらかの構造上の変化が起こったと考えさせられるのも当然だろう。カフェ・レストランやグエイ邸、さらには一九〇〇年前後の最重要作品さえ、はるか遠くにある。じっさい、語られるべきはもはや新様式の探求ではなく、新しい建築表現の全開状態である。そこにはおそらく最初の発見につきものの神秘や情感はなく、熱烈な前衛文化に向かうかつての果敢さも失われ、社会変革への熱意も低下し、しかしそれらとひきかえに熟成した形態の豊かな蓄積があった。カタルーニャの政治的発展もまたひとつの成熟期に入り、平衡状態に近づいたようにみえる。骨折りと分裂と熱狂の年月は、「カタルーニャ連帯」の輝かしい登場で終了したかにみえた。一九〇六年にカタルーニャ主義者と共和主義者の合同で生まれたこの組織は、これまでのカタルーニャにはなかった勢力と一枚岩を誇った。マラガイが呼んだように、まぎれもない「決起」だった。いくつかの障害はあったものの、一九一〇年の終わりに近づくころにはカタルーニャ政治の常態はカタルーニャ連合体の設立へと傾きつつあった。その後数年を経るあいだ、闘争が終結したという過度の思い込みによってであろうが、覚醒したカタルーニャは表面上は安定していたかつての政治的常態を失うにいたる。建築史で起こった失敗と同じように、闘争の継続に必要な強度と密度が欠けていたのである。
文学や文化のすべての運動もこの平衡状態をプログラムの面から支えたようにみえる。それは建築の領域にはまだ現れていなかった。ドールス流のノベセンティスモだった。経済もまた確かな平穏のなかにあった。バレンシア地方ではオレンジの輸出が毎年みごとな収益を達成していた。一九〇六年の保護主義的な一連の関税は、保護主義者と自由主義経済支持者とのあいだの事実上たえまない闘争の火ぶたを切った。そしてこの闘争はカタルーニャ経済の近代的発展だけでなく、その新たな民族精神の形成の動きと密接に関係していた。世紀末の植民地における災厄が引き起こした危機と方向喪失のあとをうけて、これらの関税は産業活動の再編成を促したが、それは実質的に一九一四年まで続いたあと第一次大戦の勃発によって押し流されてしまう。

しかしそのいっぽうで、表面上のこのような平衡のうえに今世紀のもっとも重要な運動が進行していた。社会権利の要求運動である。カタルーニャ地方のまぎれもない不安定さ、つまりその発展は、まさしくこうした出来事の力学にもとづいている。伝統的なカタルーニャ主義が十九世紀中葉にそれを生み出したブルジョワ社会に固執するあまりみずからをとりまく現実を認識していなかったのと同じように、モデルニスモ建築の手のなかで、当初は建築をあれほど強力にした社会学上の——ということは政治上の——前提が、色褪せ始めていた。社会運動は建築が新たに展開する領野を準備し始めていた。その前途にある諸問題やその解決によって、モデルニスモ末期の足跡は消し去られることになる。それにかわるべきは、ノベセンティスモが求める古典主義ではなく、社会基盤に立脚した集産的な一九二〇年代の合理主義だった。社会運動はサンディカリズムへと巧みに誘導されていく。ここに述べた十年間は、おおよそ「爆弾がすべてを解決するという神話がゼネストの神話にとって代わられた」[11] 一九〇二年の危機に始まり、カタルーニャ労働地方連合の結成とそれに続いてバルセロナ芸術会館の同じ広間で結成されたCNT（労働全国連合）で終わりを告げる。両者のあいだには一九〇九年の「悲劇の一週間」があり、有名な教会や修道院の焼き討ちと取り締まり、そしてそれに続くファレー＝イ＝グアルディアの銃殺に、世論は震撼した。[4]

盛期モデルニスモとわれわれの呼ぶ時期は、すべてを要約し発散させた一九一四年のもりあがりで終息する。それはクロニア・グエイやグエイ公園、マスラモン邸、そして不安を駆り立てるジュジョールの創作の制作年である。じっさいにはこれは、これまでに述べた世紀はじめの十年間の輝かしい延長以上のものではなかった。カタルーニャ主義はカタルーニャ連合体に結実し、その指導者に時宜を得てプラット＝ダ＝ラ＝リーバを据えた。理論の構築者であり、あのマンレーザ綱領の決定的な時期にドゥメナク＝イ＝ムンタネーの敏腕秘書だった人物である。しかし状況のすべてが時代の変化を告げていた。それは新たな恣意主義の時代、統制的古典主義の時代であり、モデルニスモの審美的伝統とは明らかに相容れないものであった。モデルニスモ様式は衰退していくが、そのなかにも幾人かの天才による強固な活動が持続し、「手法」が形成される余地が残されていた。そうした「手法」は建築家や職人に巧みに消化されて、かれらにとってモデルニスモはもはや方法においても実務においても伝統と化していく。

様式のこのような衰退期にあって、モデルニスモの建築家個々人の活動はどのようなものだったろうか。確認しておかねばならないのは、「近代建築の第二世代」と呼ばれる合理主義時代への個性の連続がここにはいささかも存在しなかったことである。ペヴスナーやゼヴィのようないささか恣意的すぎる記述のなかで、ヨーロッパやアメリカの何人かの建築家に認められるあの傾向である。その死の瞬間までまぎれもない大家だったライトのような例外的な場合についてここで語るのは正しくない。だがライトは別としても、合理主義が輝いた一九二七年のドイツ工作連盟展覧会に参加したベーレンスやペルツィヒを、[5] そして一九二五年にモンマニーのサント・テレーズ教会堂を建てたオーギュスト・ペレを、[6] あるいはスキャンダラスな結果を呼んだ国際連盟の設計競技で合理主義者たちの案を擁護したベルラーヘやホフマンの立場を思い起こしてもよかろう。

カタルーニャにおいては、ノベセンティスモの引き起こした断絶はこのようなわずかな連続性さえ許さなかった。またモデルニスモ自体の固有の進化が持続しなかったことも要因である。ここでは年代や世代の問題が他の地域よりも厳しかったことも考慮すべきである。第一次世界大戦が終わり、カタルーニャの建築家たちがふたたびヨーロッパの潮流に合流できようという一九一八年の時点で、これまでに名前をあげたモデルニスモ建築家のうちビラセカ、ファルケス、ウリベーラス、ドゥメナク＝イ＝アスタパー、ガリサーそしてバランゲーがすでに世を去っていた。生き残った重要な創造者も次のような年齢に達していた。ドゥメナク＝イ＝ムンタネー、六十八歳。ガウディ、六十六歳。サニェー、六十歳。フォン＝イ＝グマー、五十九歳。プーチ＝イ＝カダファルク、四十九歳。グラネイ、四十九歳。ムンクニイ、五十歳。ルビオー、四十八歳。ラスパーイ、四十一歳。ジュジョール、三十九歳。リーバス、三十九歳。マゾー、三十七歳。このうちリーバスは一九二一年に、フォン＝イ＝グマーは一九二二年に逝去した。ドゥメナク＝イ＝ムンタネーは教育と考古学研究の仕事に専念し、建築現場は事実上息子ペラ（一九〇七年資格取得）の手にまかせていた。ガウディはサグラダ・ファミリア聖堂の世界だけに閉じこもるようになり、ますます孤立し、市民や教会にとっての聖堂の意義にとりつかれていった。熱狂的なモデルニスモの時代にも冷めていたサニェーは、躊躇なく優美な新古典主義に傾いていった。プーチ＝イ＝カダファルクは何年も前からモニュメンタルなバロック主義に移行しており、カタルーニャ広場のピーク邸のような作品を生み出すことになる。結局、まともな作品をつくり続けていたのはグラネイとムンクニイ、ルビオー、ラスパーイ、ジュジョールであって、マゾーは新

ラスパーイ、ボスク邸（1906）。バルセロナ県ラ・ガリーガ、クレウエタ通り 18 番地

しい地中海精神のもっとも多感な解釈者となっていた。上記の五人の建築家のうち、グラネイとムンクニィについては情報が乏しく、ルビオーは「トッラ・ダルス・パルダルス[7]（雀の塔）」以降は、上述のようにモデルニスモに考古学的な第二の様相を与え、ラスパーイとジュジョールだけが、極端に遅れて現れたマルティネイとともに、かなり後の時代までモデルニスモ建築の形態と企てを堅持したのである。

ジュジョールについてはすでに十分に語り、サン・ジュアン・ダスピーの教区教会の内観やネグラ邸といった尋常でない作例についても述べた。

ラスパーイの作品がモデルニスモの大衆化や匿名化の路線に含められることはすでにみた。しかしながら、非常に個人的で特徴あるその作品は三つの時期に分類することができる。大戦前のモデルニスモ期（一九〇三—一四）には、装飾的要素の創出や建築空間の提起に自発的な意欲がめだつ。大戦後のモデルニスモ期（一九一八—二六）には、

ラスパーイ、クラペス邸（一九〇七）。バルセロナ県グラヌイェルス、プルシャーダ広場一四番地

しだいにマンネリ化していくなかに形態の創造性も保持している。そして最後にアカデミックなバロック主義がくるが、当初の様式との関係を見失うことのない確かな古典主義にその出自が表明されている。

先に述べたとおりセーザー・マルティネイは一九一八年から一九二三年にかけて一連の農村建築を実現したが、これらがモデルニスモの作品に分類されてきたのは至当というべきである。[12] 特筆すべきものとして、サン・ギム[8]の煉瓦造の連続アーチとヴォールトによる二連架構や、ファルセット[9]の倉庫、ガンデーサやルカフォール・ダ・カラール[10]の建物、そしてとりわけアル・ピネイ・ダ・ブライ[11]のみごとな酒造所があり、そのファサードには完全なノベセンティスモの画家チャビエー・ノゲスによる重々しい焼き物フリーズが組み込まれている。

マルティネイ、アル・ピネイ・ダ・ブライの酒造所

こういった最後の生き残りにくわえて、当初の文化的潮流からはるかに遠い古典主義へ回帰しようとする偽善的な動きが顕著になってくる。ドゥメナク＝イ＝ムンタネーはバルセロナ建築学校の校長職をすでに一九一九年に辞してモデルニスモの堅持のため個人的影響力を行使した時期を終了していた。一九二四年にはその任を純然たるアカデミズムの代表フランセスク・ダ・P・ナボートが継いだが、そのアカデミズムとは古典的建築言語とモニュメンタリズムの折衷的定式化とを結びつけたものだった。建築学校ではモデルニスモ様式への参照は愚かで古くさい行為となっていく。ボーナやペ

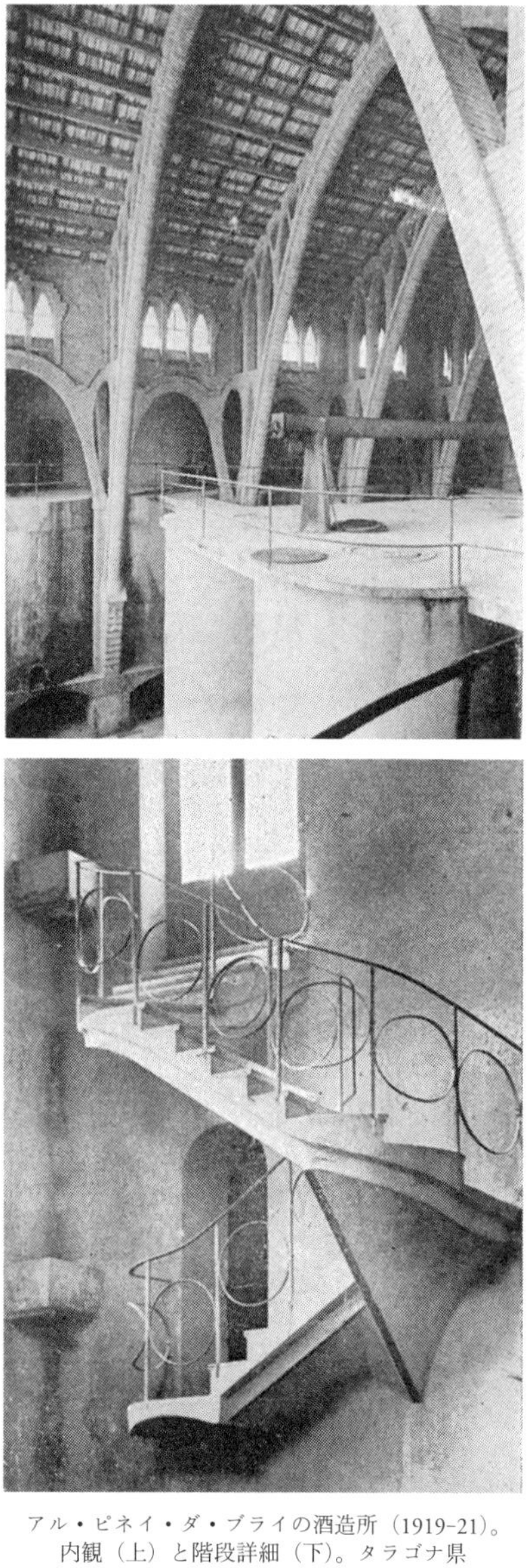

アル・ピネイ・ダ・ブライの酒造所（1919-21）。
内観（上）と階段詳細（下）。タラゴナ県

ラ・ドゥメナク、アズーアそしてナボートみずからが進める公的な建築は、フランス風のバロックにもとづくボザール流の壮大な建造物を次々と実現していく。カタルーニャのブルジョワ層はカタルーニャ音楽堂を恥として、設計競技による市立劇場の建設でこれを超えようと夢想するが、この企ては失敗に帰した。カタルーニャ人のコスモポリタン信仰は建築のこうした地方主義を蔑視し、イタリア的で大衆的な影響力をもつノベセンティスモの建築を志向するようになる。だがジュゼプ・グダーイによる一連の学校建築からルビオー＝イ＝トゥドゥリーの初期ブルネッレスキ様式にいたるあいまいな前衛の活動範囲内には、依然として中部ヨーロッパ文化の反響がみられた[13]。

モデルニスモの盛衰についてのこの概要を終えるにあたって、根底に変わらずに存在したふたつの様相について要約しておきたい。その第一は、歴史的状況から独立した個々の作品のもつ具体的な質の高さである。

第二は、モデルニスモの全体が同時代の外国の潮流と文化的に連携していたことであり、この潮流こそ「近代建築の第一世代」全体を、まさにその開拓期をつき動かしたものだった。

第一の様相は、ドゥメナク＝イ＝ムンタネーやガウディ、バランゲー、プーチ＝イ＝カダファルク、グラネイ、ムンクニイ、リーバス、ジュジョールそしてマゾーらの作品のもつ固有の資質によって十分強調されている。その資質ゆえにこれらの建築家は世紀の変わりめのヨーロッパ建築史に、建築言語への優れた寄与によって決定的に組み込まれた。この領域での貢献については次の章で評価を試みたい。第二の様相に関連してここでもう一度思い起こすべきは、アントニ・ガウディを伝統的に文化の遅れたスペインの孤立した天才とみなす考えが完全な誤りだということである。むしろそれとは逆に、ヨーロッパの主要な潮流につねに統合されてきたカタルーニャ文化の系列のなかにガウディを定位することが不可欠であって、さらには、カタルーニャが民族の再発見へと邁進し、先行した政治状況によって隠蔽されていた各時代の文化を目まぐるしく吸収した「ラナシェンサ」の時代以降の展望のなかに位置づけるべきである。並みはずれた重要性や潜在力をもつモデルニスモ運動の全体像のなかに、ガウディを含めるべきである。カタルーニャはヨーロッパの潮流から外れていなかった。もっとも進んだ文化の潮流がこの時代のたいへん特殊な政治状況のなかできわめて強固に根を張って、もっとも深くまで浸透した到達点がカタルーニャだったといって過言ではない。この時点で、カタルーニャが北中部ヨーロッパの文化に端を発した芸術の潮流をもっともよく統合した地中海の一地域であったことはまちがいない。カタルーニャだけがみずからの本能的な傾向や造形上の伝統を超越したのは、世界的な広がりをもつ文化への信頼に導かれてのことだった。そしてその文化が保持した倫理的および社会的な前提は、犠牲的精神や、まったく民族的な感覚である自由な創造的情感にぴったり合致していたのである。

原注

（1） J. Vicens i Vives, Montserrat Llorents, *Industrials i Polítics. Segle XIX,* Barcelona, 1958.

（2） J.Vicens i Vives, Montserrat Llorents, *Op. cit.*

（3） J. Solé i Tura, F. Vallverdú, *Les doctrines polítiques,* en *Un Segle de Vida Catalana. 1814–1930,* Barcelona, 1961.

（4） *Op. cit.*

（5） J. C. Rohrer はコロンビア大学の一九六七年の Major Research Paper（*Barcelona Architecture ca.1900*）のなかで、一九〇〇年前後のカタルーニャ建築にみられる基本的で顕著な特質をきわめて明瞭にまとめている。Oriol Bohigas, *Arquitectura Modernista* に関する同著者による書誌学的評論、《The Art Bulletin》, New York, September 1970 も参照。

（6） 第I章の原注21参照。これらの写真集のなかでもっとも重要で意義深いものは Rogent i Pedrosa,《Arquitectura moderna de Barcelona》, 1897 である。

（7） 第I章の原注1参照。また、J. Andreu Alavedra, *Notes referents a l'actuació de l'Associació d'arquitectes de Catalunya desde la seva fundació, 1874–1936,* Barcelona, 1936（カタルーニャ・バレアーレス建築家協会の Archivio H. de Urbanismo, Arquitectura y Diseño の未刊行記録）参照。

（8） Puig i Cadafalch, *Don Luis Doménech y Montaner,*《Hispania》, Barcelona, 30 diciembre 1902.

（9） Art Usual. *L'Art en els edificis particulars,*《Pèl i Ploma》, Barcelona, 1 julio 1900.

（10） A. Cirici, *El Modernisme com a totalitat,*《Serra d'Or》, Montserrat, diciembre 1970.

（11） E. Cardona, *Moviments socials,* en *Un sigle de Vida Catalana, 1814–1930,* Barcelona, 1961.

（12） マルティネイの作品におけるモデルニスモ的性格の見極めについては、次章を参照。

（13） Josep F. Ràfols, *Despliegue brunelleschiano en el Novecentismo Catalán,*《Cuadernos de Arquitectura》, Barcelona, 2.º trimester 1960. モニュメンタリズムについてはとりわけ以下を参照。Oriol Bohigas, *Carta al Director. Despliegue burnelleschiano en el Novecentismo Catalán,*《Cuadernos de Arquitectura》, Barcelona, 3.er trimester 1960. Oriol Bohigas, *Barcelona entre el Plà Cerdà i el barraquisme,* Barcelona, 1963. 本書第I章の原注10参照。

訳注

〔1〕 ナルシス・ウリェー（一八四五―一九三〇） カタルーニャの小説家。『高利貸し』（一八八四）や『ビラニウ村』（一八

八五）で産業革命下の社会を自然主義によって描写し、『黄金熱』で大都市へと変貌しつつあったバルセロナの世相や新しい市民階級を活写した。
〔2〕ペネデスはバルセロナ県西部丘陵地域、プリオラートはタラゴナ県中央高地。いずれも良質の白ワインやカバ（発泡ワイン）の産地。
〔3〕エレオノーラ・ドゥーゼ（一八五九―一九二四）俳優の家系に生まれた近代イタリアの国際的女優。サラ・ベルナールと当時の人気を二分する名声を誇り、とりわけ役の内面からの演技に高い評価を得た。
〔4〕フランセスク・ファレー＝イ＝グアルディアは教育者で無政府主義者。マドリードにおける国王夫妻へのテロ事件の主犯と親しかったため、「悲劇の一週間」の扇動者として証拠不十分のまま処刑された。五十人もの死刑執行に対する国際的な批判が高まり、ブリュッセルにはファレーの記念碑が建てられた。
〔5〕一九二七年のドイツ工作連盟展はシュトゥットガルトで開催され、ヴァイセンホーフ会場にミース＝ファン＝デル＝ローエの総合計画のもと、ベーレンスやペルツィヒを含む十六人の建築家が統一された近代様式で住宅を建設した。
〔6〕サント・テレーズ聖堂は、有名なル・ランシーのノートル・ダム聖堂に続くペレの打ち放しコンクリート作品。ル・ランシーより簡素でより合理主義的なデザイン。
〔7〕「トッラ・ダルス・パルダルス」はローチ邸の通称。バルセロナの山の手にあったが現存せず。
〔8〕サン・ギム・ダ・ラ・プラーナはリェイダ県東部セガーラ地方の町。
〔9〕ファルセットはタラゴナ県中西部プリオラート地方の中心都市。
〔10〕ガンデーサはタラゴナ県西部テッラ・アルタ地方の中心都市。ルカフォール・ダ・カラールはタラゴナ県北部クンカ・ダ・バルバラー地方の村。
〔11〕アル・ピネイ・ダ・ブライはタラゴナ県西部テッラ・アルタ地方の村。

X　モデルニスモの建築言語

「モデルニスモ建築」というものは、ほんとうに存在するのだろうか。つまり、モデルニスモの様式的プログラムに呼応する建築とは、建築的な問題提起にもとづいてはっきり定義された事実なのだろうか。通常アール・ヌーヴォーと呼ばれる総体を構成するヨーロッパの多くの運動にたいして、この疑問はすでに幾度も提起されてきた。それにたいする回答は——しばしば排他的な評価や限界を伴うものであるにせよ——概してモデルニスモ建築という具体的な事例を見過ごす傾向にあったようだ。しかしカタルーニャの場合、主張や評価が困難なことは他の地域よりもいちじるしい。というのも、考慮すべき特有な問題が数多く存在するからだ。異質な歴史や地理に由来する様式上の要因が収斂していることがまず決定的である。また他の運動より長期間持続したため、派生や干渉や衰退の過程が明瞭になったのであり、最後に、このうえなく複雑な、控えめにみても多くの不安定要素を抱えた文化と政治上の文脈が存在した。

アール・ヌーヴォーと並行する多くの運動と同じく、モデルニスモはそれ以外の伝統芸術や各種の応用芸術にやや遅れて建築の全盛期を迎えた。このことはつまり、定式化を終えた様式上の諸要素を建築が他領域から集めることができたことを、そしてそれらが純粋な装飾にただちに転用されたことを示している。モデルニスモ建築に特有で第一級の意味をもち、モデルニスモの造形全体と表層上のまたは深い類縁関係にある装飾が——あるいは装飾に分類可能な要素が——明らかに存在する。このように考えると、最初の疑問はこう言いかえられる。モデルニスモ建築の「モデルニスモ」たるゆえんは装飾だけにあるのか、あるいはそれとは逆に、作品の全体性や建築的企ての根源自体にまでおよんでいるのだろうか。

想定されるモデルニスモの特質について、三つのレベルの分析を区別できるだろう。その第一は本質的に建築的な問題のレベルであり、少なくとも構造や材料、類型論、空間の志向、量塊性や表面仕上げなどが含まれる。構造や材料の領域では、モデルニスモ建築が少なくともふたつの根本的な志向を備えていたことを本書でみた。そのひとつが、先行した文化的姿勢に——すなわち新技術への信仰やヴィオレ＝ル＝デュクや技術者たちの威信などにあらわれたロマン主義に——由来する断固とした進歩主義であり、もうひとつはカタルーニャの煉瓦工法のようなもっとも純正な伝統技術の再活性化や、職人芸の再生がそれである。このふたつの志向にひとしく備わるのが真正さと厳格な合理性であり、この力が同時代のあらゆる運動を、またとりわけモデルニスモを特徴づけたのである。類型論の領域では、十九世紀前半に企てられた新たな類型や二十世紀の二〇年代の類型論上の革命の間に位置するこの時代に、重要な新機軸が多数導入されたとはいえない。ブルジョワ社会が依然として創造精神を保持していたことは疑いないが、都市の住居を完全に変革したかつての革命的態度はすでに失われていた。いずれにせよ、居住性の向上のため導入されたいくつかの改善点が存在したことは、プーチ＝イ＝カダファルクやアンリク・サニェーについて論じたなかで指摘したとおりである。ブルジョワ層の都市住居は、じっさい格別な完成度と定式化された類型に到達していた。空間と量塊や仕上げの領域では、モデルニスモの言語に固有の体系への分析が試みられうる。この分析についてはは後述するが、ここで強調せねばならないのは、様式への決別と新言語の探求が最初は一定の民族的推進力をもっていたが、のちにそれは「国際主義」の明確な力によって解放され、ヨーロッパ文化への一種の統合によって凌駕されたことであり、この「国際主義」がその後の展開を導くことになる。

分析の第二のレベルは、モデルニスモの建築言語において他の諸様式以上に決定的な要因であり、基本的要素と理解される装飾にたいして適用されるだろう。じっさいアール・ヌーヴォーのあらゆる建築と同じように、モデルニスモの装飾は空間や量塊そして表面仕上げのもたらす効果によって、またその意味のおよぼす力の観点からも重要な役割を占め、建築にとって不可分で不可欠な役割を果たしている。

最後の第三のレベルは建築の基本構想とは別な、独立した要素としての装飾に向けられうるだろう。モデルニスモの質の高い多くの作品にも、型にはまった凡庸な作品の数々にも建築的根拠のない高水準の装飾が施されているが、それらは絵画運動や応用芸術から取り込まれた符丁にすぎない。見方によればこれらは、ファサードの表面装飾にまで還元されたモデルニスモ建築として論じられるかもしれない。建築を画定するものとしての空間の考察からは除外されるとしても、それらは様式上の重要な価値を備えており、そこに込められた意図が社会学的な根拠をもつのは明らかである。したがって、ファサードの装飾的役割を「ポスター・ファサード」とも呼ぶべき巨大なグラフィックデザインとみるならば、そこに様式上の特性を読みとることも可能となる。

以下では、三つの分析レベルそれぞれの妥当性を考慮しながら、モデルニスモの言語について図式的な素描を試みる。ここで意図しているのは総合的で一貫した体系ではなく、顕著に認められる表現上の諸形式についての簡単な指摘である。

（1）包括的で総合的なデザインへの指向が基本にあり、これがさまざまな過程や結果を特徴づけている。美術工芸運動の宣言から発した、倫理として括ることのできる領域には、人間の環境を構成するあらゆる対象や行為をデザインされた芸術作品にしようという明瞭な努力が認められる。デザインの新しい方法論のなかでこの包括性は「あらゆる芸術の総合」という主張に体現され、これがリヒャルト・ワーグナーのさらに野心的で漠然とした理念を建築に注ぎこんだ。だがそういった意図がどのように固有の建築言語に具体化されたかを例示する形態上の成果に限ってみれば、そこに見いだされる統合への骨折りが大いに重要な歴史的一歩であることはまちがいない。モデルニスモの最良の作品においては、建築空間と装飾と家具、そして形態の抑揚が不可分で統一された全体を構成している。画期的な状況として、家具などの要素がはじめて不動の建築に完全に統合されて存在したことを強調してよいだろう。そのような例に、ガウディの作品の多くやドゥメナク＝イ＝ムンタネーの住居の内装（ナバス邸やリェオ・ムレーラ邸など）、プーチ＝イ＝カダファルクの自邸などがあげられる。

最後に、ガウディの「パドレーラ」やバリェスグアール邸、そしてバランゲーのグエイ家酒蔵庫といった住居が、自律した建築的オブジェという総合的統一体に向けた骨折りを示しており、ファサードと屋根裏を一体的に形づくり、壁と竪樋と屋根を同じ壁材で仕上げ、あるいは垂直の壁と傾斜した屋根を融合して単一の要素とした。いっぽうジュジョールはビスタベーリャの教会堂で、屋根構造の複雑な戯れによって外観にさまざまな刺激的効果を生み出し、その結果内観では、空間のほとんどたえまない変化が増幅されている。

（2）上述のことからただちに導かれるものが空間と量塊の流動性であり、形態全体があたかも区画したり限定したりするのを忌避するかのようである。連続する形態への好みは、面が出会うところの稜線がかならず丸められることに典型的にみられ、このことは煉瓦や石といった材料にも建具にも同様に認められる（ジュジョール、グラネイ、ムンクニイなどの作品）。丸められた稜線を伴う装飾も同じ意図によるものだ。たとえばそれは、伝統的な柱頭の役割を思わせる「パドレーラ」の柱の微妙な屈曲や、ジュジョールのサン・ジュアン・ダスピーの教会堂の説教壇の描線にみられる。あるいはまた徹底性において劣るとはいえ、明らかにその起源がバロックやロココに求められるサニェーの作品の彫刻や角を丸めた装飾や、グラネイの曲がりくねった形態を思い起こしてもよい。[1] 共通してみられる彫塑的なものへの志向は重要である。じっさいヴィクトル・オルタやエミール・アンドレのような外国人芸術家がおこなっていたのと同じように、モデルニスモの建築家の多くが、最終的に使われる材料とは無関係に、形態の流動性や連続性の点で扱いやすい粘土をこねながら多くの要素を設計していた。もっとも質の高い作例は疑いなく「パドレーラ」のファサードであるが、もっとも驚嘆すべきはおそらくサグラダ・ファミリア聖堂の生誕のファサードの下部であり、そこではあらゆる材料が融合して、あたかもどろどろに溶けて連続する溶岩と化している。

流動性への意志は、建築空間の構成にも感じられる。しばしばみられるのは、隣り合う空間相互を対角線方向に視覚的に関連づける主題であり、これによって強い表現を備えた空間の継起にある種の思いがけない脇道が加えられる。そのもっとも興味深い例はおそらく、アルジャントーナのプーチ＝イ＝カダファルクの自邸や、とりわけガウディのグエイ邸であって、後者では驚くべき空間の戯れが全階を貫通する大広間に浸透している。もうひとつの主題は、空間の輪郭をぼかす要素として装飾を使用することにある。境界や区画を消して連続した造形を達成するのがその目的であり、視線は遮られることなくその表面を滑っていく。もっとも顕著な例がカタルーニャ音楽堂であるが、[1] 今日では残念なことに上述のような装飾の様相は大いに損なわれている。かつては上階客席や合唱団席の手摺に照明を組みこんだ花冠を使うことによって空間を区切る境界が消されていたが、現在では連続するガラス製欄干に置き換えられ、伝統的な劇場に近いものになっている。二階席や合唱団席の空間を嘆かわしい改修の前後で比較してみると、両者のちがいは当初計画された装飾の存否に根本的に負っていることがわかる。

最後にこの節に加えねばならないものに、すでに何度も言及した主題がある。しばしば採用された、表情豊かな中間層を備えた二重ファサードがそれである。われわれはガウディやドゥメナク＝イ＝ムンタネー、ルビオー＝イ＝バリュベーなどの作品におおくの実例をみた。やはりこの手法から影響を受けたと考えるべきものに、さらに混成的で伝統的で、一見偶発的な産物と感じられる処理がある。ファサードの連続平面に張りつけてよく用いられるギャラリー（サニェーの作品やグラシア地区のバランゲーによるもっとも伝統的な住宅作品）や、ムンクニイのマジア・フレイシャやアルジャントーナのプーチ＝イ＝カダファルク自邸のように、包み込むような壁面の増設によって別の様式を加える改修工事がそれである。

（3）空間や量塊のこのような流動性と見かけのうえでは矛盾するものだが、全体的な把握の可能な空間を、そしていわば「付加的基準」による構成にみられる個別的な形態に向かう努力を強調してもよいだろう。各々が自律的に確定された空間が連なり、しかもそれらの空間が、完結し独立した構造単位に対応するような例はしばしばみられる。ガウディのバリェスグアール邸やジュジョールの「卵の塔」、ルビオー＝イ＝バリュベーによるティビダボのサナトリウムに残るパビリオン、そしてドゥメナク＝イ＝ムンタネーのサン・パブロ病院の多数の建物は、個別的で自律的な表現上の価値をもつ複数の自己充足的空間を付加したものとして構想された作品である。ただし、個々の空間は固有のつなぎ方で関係づけられ、接続部の挿入によってリズムは正確に刻まれる。この路線上の極端な例は、ドゥメナク＝イ＝ムンタネーがカタルーニャ音楽堂や万博のカフェ・レストランといった作品で達成した不連続も干渉もない単一の大空間であり、先述したとおり、そこにはほとんどミース風の純粋合理主義の表現形式が認められる。

ある意味では、額縁その他の閉じた図形でファサードを再分割する手法は――ムンクニイやとりわけグラネイの作品に頻出するものだが――全体を自律的な要素の付加として構想するこの傾向に含めることもできる。しかしこれがもっとも明快にあらわれるのは装飾的要素の詳細においてである。四つの独立したバラの花でできたドゥメナク＝イ＝ムンタネーの柱頭や、プラナス＝イ＝カルベートやラスパーイ、リーバス、プーチ＝イ＝カダファルクそしてファレーによる住宅の、あるいはバルビドレーラの無名建築家の住宅群にみられる、平滑な壁面にはめ込まれた陶製の腰壁や巾木、そしてガウディの作品で使われバランゲーの作品に影響を与えた、ヤシの葉をかたどったビセンス邸の鉄格子からサグラダ・ファミリアのファサード内側の立方体要素にいたる装飾がある。

モデルニスモ建築におけるこの様相は、その実例の多くが、量塊的で幾何学的構成の提案などでウィーン分離派からもっとも影響を受けている。ホフマンの内部空間はつねに同様な付加的原理にもとづいており、アール・ヌーヴォーに特徴的な粘着質の融合にもとづくもうひとつの図式と対立している。後者は、すでに述べたモデルニスモの空間と量塊の流動性という特質に対応している。陶製の腰壁や巾木はまた、先行する線による図式をいくぶん喚起するものの、ホフマンやオルブリヒの作品の要素をほとんどそのまま参照している。

（4）すでに述べたとおり、アール・ヌーヴォー建築においてもそれと並行したモデルニスモ建築においても装飾が独自の価値を占め、表現の基調をなし、他からはっきり区別された要素となっている。[2] この主題を扱う理論はさまざまであって、厳密にモデルニスモの領域に限っても有効な例が数多くみられるが、なかでもヴァン＝ド＝ヴェルドの定言に始まりシュマーレンバッハの「表面体」の理論にいたる、線と平面にもとづく理論がある。(3) しかしながら、もっと直接的に建築の分析から出発しようとする本論では、われわれはある意味で空間と量塊に奉仕する装飾という考えを導入し、それによってさまざまな解釈のうちの、風刺的にいうなら「装飾のための装飾」のかなりの部分を区別したのである。とはいえ、まだ説明されていない装飾の効用が数多くある。そのひとつが二次元の表層を肯定しようとする審美眼であって、それには深い根拠があり、通俗的な紋切り型の流行にも見てとられる。もうひとつは疑いなく、装飾のもつ確かな意味作用である。

じっさいモデルニスモの装飾のかなりの部分は構造を象徴する性格を帯びている。つまりそれは、まさに対象の構造や機能を明示するため、あるいは暗示するために採用されているのだ。このことはガウディやジュジョールの宗教建築における粗野なほど直接的な象徴性の多さや、ドゥメナク＝イ＝ムンタネーの作品における歴史や文化への連想に明らかであるが、ブスケツやウマーによる家具の構成要素やバランゲーの可動鉄格子、ガウディのバトリョ邸の目くるめく彩色タイルなどにおいてはさらに精緻な資質をおびている。この象徴主義のもっとも洗練された定式化が構造の「力線」を明示しようとする意図であり、純粋に装飾的な主題に始まって、しばしば形態の本質的な決定要因にまでなっている。その最上の例がガウディの作品の一部とその影響下にある追随作品である。グエイ公園の空中通路を支える傾斜柱は、構造上の合理主義を意図したものである以上に、構造と機能とをこのうえなく表現的な仕方で表明しようとしたものである。論理から直接導かれた結果としてよりむしろ構造を象徴するものとしての形態はモデルニスモに明らかな特性であり、これは二〇年代のマルティネイの農業建築の連続アーチのような後期作品の定式化にまでおよんでいる。マルティネイが、自分は一度も「モデルニスモ」の作品を建てようとしたことはなく、構造の合理性を考えたにすぎないと述べたことは、(4) この運動の進歩的性格を明らかにしている。しかしその一方でマルティネイは二〇年代に特徴的な反モデルニスモの立場に立っており、それによればモデルニスモは真正で有益な内容を欠いた装飾上の流行にすぎなかった。[5] マルティネイは他方で合理的構築主義を主張する路線を引き継いでいたのだが、じっさいにはその活動がモデルニスモに全面的にもとづく――明らかに知性と感性に満ちた――構造的象徴主義にあてはまることを自覚してはいなかった。[6]

もうひとつの様相としてあげられるのが装飾的要素を意味づけようとする試みであり、これは装飾を歴史的言語と関連づけることに行き着く。ドゥメナク＝イ＝ムンタネーの柱頭やガウディの「パドレーラ」の支柱頂部の繊細な稜線は――さきに個別的形態と流動性というある意味で矛盾するふたつの傾向の代表例として強調したものであるが――明らかに歴史への参照を示す構成要素であり、これによって既知の意味体系にもとづく読み取りが可能となる。こうした意図が端的にあらわれた例がグエイ公園の多柱空間であり、そこでは要素の意味が奇抜で革命的なアイロニーで染められている。

（5）形態のこうした意味づけとは区別されるもうひとつの様相が、構造上の冒険を建築表現の基本要素として使うという、モデルニスモにとってもっとも重要な言語的特性である。この現象については前節で簡単にふれたが、ここで考察をやや掘り下げてみよう。構造上合理的であるかにみえるガウディの形態が、経済性や機能を追求した成果ではなく、確立された特定の工法による構築の困難さを強調する表現であることは明らかだろう。圧縮に有利な石材や煉瓦を、材料本来の可能性の埒外にある引っ張りのかかる部分に使用するような場合がそれである。サグラダ・ファミリアの屋根を覆うもっとも効率のよい解決が鉄骨のまっすぐな梁や桁による構造だったにもかかわらず、ガウディは石と煉瓦の構造による表現上の困難な可能性の探求に閉じこもっていった。その他多くのモデルニスモ建築家の態度もこれと似ている。ルビオー＝イ＝バリュベーやバランゲー、プーチ＝イ＝カダファルク、アマルゴス、ガリサー、ウリベーラスは建築表現を、困難の強調や建設プロセスに、とりわけ精緻な技術が表現を隅々まで決定づける煉瓦工法に見いだした。こうした表現の方向性がカタルーニャ建築のなかにある種の持続として保たれ、一九五〇年代から六〇年代の「ネオリアリズム」のなかに再生をみたことも強調しておくべきだろう。

もうひとつの興味深いテーマは、ドゥメナク＝イ＝ムンタネーのカタルーニャ音楽堂のような作品をまえに、こうした態度の展開の意味合いを分析することである。そこでは古い工法のもつ困難を強調することが、新しい技術にむかう屈託ない楽天主義にとってかわっている。この議論は結局、すでに先の章で分析した表現主義対合理主義の議論に行きつくことになるだろう。

（6）形態上の各種の歴史主義がながく存続したこともまたモデルニスモの特性であり、さらにはモデルニスモをアール・ヌーヴォー全般と区別する特性だったと考えられる。この運動の初期段階で基本的な役割を担ったゴシック様式は、運動の全過程を通して多かれ少なかれ一貫して存続した。ケルト文化の復興主義は初期段階に認められ、ドゥメナク＝イ＝ムンタネーのモンタネル＝イ＝シモン出版社にまでおよんでいるが、その影響の経路が解明できればたいへん興味深い。またネオ・バロックやネオ・ロココは穏健な革新性や積極的な順応性をみせるモデルニスモの様相のなかでは構成の基本であり、とりわけサニェーの作品にとってそうであった。特徴ある重厚な軒先飾りを伴う「リシクラテス様式」と呼ばれた様式もまたモデルニスモにさきだつ折衷主義のなかでたいへん重要な様相だったが、ドゥメナク＝イ＝アスタパーの個性のもっとも発揮された時期の作品に、一種の見せかけの――あまり成功したとはいえない――相貌として存続した。

最後に、すでに強調したモデルニスモ自体のもつ歴史主義的傾向について述べねばならない。無名建築家の作品や惰性的な二流作品の多くにおいて、モデルニスモの書式は各種の様式による折衷的な混成のなかのもうひとつの要素として適用されたのである。

（7）きわめて微妙で感知しにくいレベルのなかに、居住性や風刺的な日常性があることを指摘できるだろう。サニェーやプーチ＝イ＝カダファルクの作品における優れた居住性については——その起源や意図を含めて——すでに詳述した。しかしその微細さゆえにさらに重要とさえ思われる装飾的要素が存在する。ドゥメナク＝イ＝ムンタネーのリェオ・ムレーラ邸のギャラリーを支えていた人物像の一体一体は、今日の「家電製品」にあたるものを掲げていた。[2] カタルーニャのゴシック建築と強く結びついた一連の具象的な柱頭や迫り元装飾には、アイロニカルで下品なほどの「戯画」的要素がさまざまに表現されている。コンパクトで使いやすく、うっとりさせる「快適な台所」の象徴群も存在した。いっぽう、ドゥメナク＝イ＝ムンタネーのホテル・エスパーニャの暖炉にみられるような動物を用いた図像の特徴は、猫という飼いならされた従順な動物を新たな象徴性の領域に迎え入れた。この最後の類似例をたどっていけばモデルニスモの装飾に表現された動物の統計的な研究が可能となり、それによってモデルニスモが——北方観念思想に由来する靄に包まれた実体としてのアール・ヌーヴォーの一般図像学の範囲内にありながら——都市に、とりわけその場末になじんだ動物たちとの親和性を保っていたことが納得できるだろう。

モデルニスモ言語の分析のこのような概略が他のもので置き換えられ、あるいはこれに何か他のものが加えられる可能性については疑う余地がない。そこにはこれらと同じように妥当な、別の評価基準が含まれることだろう。それを明らかにするのが、これまでほとんど顧慮されてこなかった次のような主題の存在である。かつて有機主義と合理主義と理解されていたもののあいだに、一致すると同時に対立する側面があること。ある時期に特徴的に見いだされる個別的要素のなかに、たとえばさまざまな図形の分解と再構成という主題があり、ガウディやジュジョールのような先駆的天才の造形から、広く共有され消尽された「トレンカディス」(7) までが含まれる。また後期モデルニスモに頻出する特異な「飾り板様式」は、線描のもつ表現力と二次元空間を線によって限定する可能性に関して、挿し絵画家作品の平板な色調の余白のように、バロックの伝統やアール・ヌーヴォー的な理念の両者と適合している。だが、さらなる分析の余地も残されている。ベルギーやフランスからオーストリアにいたるアール・ヌーヴォー建築が全ヨーロッパの建築言語におよぼした直接の影響と、モデルニスモ運動の全体、つまり絵画や彫刻、図案といった側面へのその適用がそれである。しかしながらアール・ヌーヴォーについての研究一般が豊富にあるのと比較してモデルニスモについての研究の少ないことが、こうした試みをたいへん困難なものとしている。

これにたいして、どのような事実がモデルニスモ運動を他と区別する要素なのかに着目するのは有益だろう。そうした事実を特定することがとても困難であり、しばしばいささかの強調を伴って論じられていることは確かである。しかしながらこれまで分析した事柄のなかでとりわけ特徴的なものとして、以下の点をあえて強調しておきたい。地域的な構造的伝統の存続や、心地よい居住環境やアイロニカルな日常性までも追求する熱意、空間や量塊の流動性を生み出す手段として使われ歪んだ形態、継続的なリズムを刻む規則的要素の採用、構造の冒険を強調することで達成される建築の表現性、そして確かな歴史主義の存続といった主題がそれである。

本書を通じてみたとおり、これらすべてがこの運動を文化的社会学的用語によって定義している。モデルニスモがまったく固有で独特な歴史的、社会的起源をもつ運動であることは明らかであって、その創造性は一貫した社会構造とカタルーニャの生活のあらゆる分野を席巻した民族の熱意に由来するものだが、同時にヨーロッパ文化の潮流にも属するものであって、それに依存するとともに、いくつかの点でそれを豊かにしている。ひとつの建築を定義するヨーロッパ文化への適合性を共有するとともに土着の力を提示することによって、モデルニスモは重要な歴史上の挿話の形をまとった根源的な建築上の問題を提起している。

原注

（1）D. Mackay, *El Palau de la Música Catalana*,《Cuadernos de Arquitectura》, 2.º y 3.er trimester 1963 の詳細な空間記述を参照。

（2）この主題は重要ではあるが、しばしば誇張されてきた。というのも、その意味が強調されるときは建築についてだけでなくアール・ヌーヴォーの運動全体が言及されるのがつねであり、そこでは疑いなく二次元や三次元の装飾が、それ自体のまたとりわけ先行例としての役割を果たしたからである。装飾の優越性は R. Schmutzler, *Art Nouveau*, Stuttgart, 1962 (Milano 1966) のなかで基本的に以下のように擁護された。「アール・ヌーヴォーはその起源において基本的に二次元の装飾として現れてきた。装飾性は三次元空間を侵食するときにも支配的でありつづけた。三次元形態の創造に大いに精力を傾けたガウディやティファニー、マイヨールといった芸術家でさえ、例外なく「平面的」なアール・ヌーヴォーから出発した。他方で装飾は空間や量塊の内的な力となって、それらが装飾的構造となるよう働いた。この装飾はその成り立ちからして運動であるがゆえに、構造もまた変形されるにいたる。オルタのはかなくも優美な線的構造は、いうなれば震える構造を創造する……。砂丘やラクダの背のようにがっしりした形態をしたガウディの邸宅やドームは、陶磁器の鱗をまとった爬虫類のきらめく皮膚とともに、空間のなかにあってほとんど生命的な形態学から活力を得た建築的装飾物である」。*Sources of Art Nouveau*, Oslo, 1956 および *Art Nouveau*, Madrid, 1967 のなかで S. Tschudi Madsen はアール・ヌーヴォー建築における純粋に「建築的」な特質の存在を主張しており、なかでも、線に固有な価値基準や植物の有機的な活力、そして構造の象徴としての装飾についての考察にもとづく装飾の理論がとくに強調されている。N. Pevsner は *Pioneers of Modern Design*, London, 1936 から *The Sources of Modern Architecture and Design*, London, 1968 にいたるなかで、たんに装飾を同化したもの以上の、過去との断絶と「新様式」に向かう歩みとしてのアール・ヌーヴォー建築のいわば歴史叙述上の価値を擁護している。B. Zevi は *Storia dell'architettura moderna*, Torino, 1950 以来、新しい評価をくだしてきた。「近代建築の歴史叙述は、アール・ヌーヴォーの主要作品の後世への価値以上にその文化的な重要性を強調してきた。またたく間に弛緩した装飾主義に堕していったことが、この運動全体が反伝統主義の闘争における攻撃対象という視点から扱いやすい現象として、単純に評価されたことの理由となった。よく言われることだが、アカデミックな新古典主義やネオ・バロックの様式基準にかわる近代的な基準を提示したことでリバティ様式は自立し、新しい経験への道を開いた。このことは確かだが、現実をすべて言いあらわしていない。アール・ヌーヴォーの本質は、ヴィクトル・オルタやアンリ・ヴァン゠ド゠ヴェルド、チャールズ・レニー・マッキントッシュそしてアントニ・ガウディといった個性とかれらの傑作によって明らかにされている」

（3） F. Schmalenbach, *Jugendstil*, Würzburg, 1934. R.Schmulzer の前掲書から引かれた理論とその展開である。

（4） マルティネイ本人との会話記録。

（5） このことはガウディの作品へのマルティネイの評価にも明らかに見てとれる（C. Martinell, *Gaudí. Su vida, su teoría, su obra*, Barcelona, 1967）。マルティネイによればガウディの様式的発展の時期は、折衷主義、アラブ建築の影響、ゴシック主義、装飾的かつ機能的なモデルニスモ、表現主義と未来への展望、と推移していく。著書のモデルニスモの章に含められるのはわずかにサグラダ・ファミリアの生誕のファサードとミラーリャス邸、バル・トリーノの広間、バトリョ邸、ロベール博士の記念碑、「パドレーラ」そしてサグラダ・ファミリアの学校にすぎず、真正なガウディ様式はこういった様式上の「流行」期を経てはじめて生まれたとまで述べている。ガウディをモデルニスモ運動の全体から切り離そうとするのは、歴史的役割の点でも作品固有の資質の点からも、この運動の総合的価値を低く評価した世代に典型的な見方である。

（6） マルティネイ自身、アル・ピネイ・ダ・ブライの酒造所の内観をみごとなアーチの戯れで構成するという決定が、厳密に構造的で経済的な理由からでなく、建て主ができるだけ美しく押し出しのある表現を、いわば建築の構造と機能の象徴的定式化として求めたからであると説明している。

（7） トレンカディスはモデルニスモの装飾のなかでもっとも特徴的な要素のひとつであり、分解と再構成という意図を極度におし進めたものである。壊れた陶磁器（やそのほかの素材）の破片を、それもしばしばとりこわされた建物からとられたものを用いて手作業で組み上げたものである。歴史的な典拠はおくとして、トレンカディスを用いたモデルニスモ最初の例はガウディのバトリョ邸（一九〇六）のようであるが、たちまち当時のあらゆる建築家の採用するところとなった。すぐに続いた、これを大量に用いた例がドゥメナク゠イ゠ムンタネーのカタルーニャ音楽堂（一九〇八）だったはずである。この技術を新しい造形的手段とともに採用することは、ガウディのグエイ公園（一九〇〇—一四）に始まる。バレンシアではトレンカディスは古くから一般的におこなわれていたようである。

訳注

〔1〕 エミール・アンドレ（一八七一—一九三三） ナンシー派アール・ヌーヴォーの中心的建築家。単独であるいは父シャ

ルル・アンドレとともに住宅、別荘、百貨店などをナンシー市内に多数建設した。
〔2〕この部分は改築のさい撤去され、現存しない。

訳者あとがき

本書はウリオール・ブイガス著『モデルニスモ建築の概要と目録（*Reseña y Catalogo de la Arquitectura Modernista*）』（一九八三）の翻訳である。

カタルーニャ人の建築家、建築史家、批評家である著者ウリオール・ブイガス＝イ＝グァルディオーラ（Oriol Bohigas i Guardiola）は一九二五年バルセロナに生まれ、一九五一年にバルセロナ建築学校を卒業し、一九六三年にカタルーニャのロマン的新古典主義建築の研究で博士号を得た。ブイガスの活動はその後、マルトゥレイとマッカイをパートナーとしたマルトゥレイ・ブイガス・マッカイ（ＭＢＭ）設計事務所を通しての創作をはじめ、バルセロナ建築学校での教育活動、歴史研究や批評と多彩な展開を見せてきた。しかし著者の今日の世界的名声は、なにより都市計画家としての功績に負うものだろう。

著者は一九八〇年にカタルーニャ社会党ナルシス・セーラ市長のもとで都市計画局長に就任し、二年後にセーラの後継者パスクアル・マラガイが市長に選ばれるとそのブレーンとして、フランコ政権下で沈滞していたバルセロナの都市と建築を、公共建築やインフラ整備によって活性化する都市再生計画推進のため辣腕をふるった。その基本方針は、機能主義的な近代都市計画の地域地区制を退け、都市機能を分散させ、機能が混在し中心となる広場や公園を備えた個性的で自律した近隣地区を復権させることにあった。一九九二年のオリンピック招致にさいしては、いわばバルセロナ近代史の負の遺産だったムンジュイクの丘を主会場として整備し、スポーツ公園として再生する計画に国際設計競技の審査員などとして貢献するいっぽう、みずからはMBMを率いて、荒れた工場跡の広がっていたポブラ・ノウ地区を選手村として再生すべくそのマスタープランを策定した。選手村の宿舎はその後分譲されて臨海地区再開発の起点となるなど、オリンピック後も次々とくり出された市政のイニシアティヴによるプロジェクトの多くは、八〇年代前半に描かれた筋書きにすでに含まれていたのである。いわば現在ヨーロッパでもっとも人気の都市となったバルセロナを演出したひとりである。

昨年十二月で八十五歳になったバルセロナ建築界のこの重鎮の活動はいまも旺盛で、週に何日かは事務所に出られるほか、時事的なその批評活動は、お目付け役の見識として市民からも専門家からも一定の敬意を払われている。

いっぽう建築史家としての著者の業績の多くは、その活動の初期に集中している。なかでも六八年に世に出た本書初版は、その序文の冒頭でイタリア人建築史家ブルーノ・ゼヴィが「ほんの二十年もまえなら、モデルニスモについて本を書く人を見いだすのは不可能であったし、出版社を見つけることも困難だった」と書くとおり、モデルニスモ建築の全貌をはじめて明らかにしたといってよい記念的で包括的な労作である。本書をひとつの契機として、モデルニスモ建築家の優れたモノグラフや作品の個別研究が八〇年代以降陸続と出版されており、またその後発掘され、再評価された作品も少なくないが、この運動の全体像を扱ったコンパクトな書としてこれを超える文献はまだ現れていないようだ。著者の主著のひとつであり、いまでは古典的名著と呼んでよいだろう。訳者はモデルニスモ文献の熱心な観察者ではないが、バルセロナ在住四十年の丹下敏明氏も同意しているから、まちがいなかろう。モデルニスモ建築への優れた入門書であるとともに、研究のためのもっとも基本的な見取り図である。

ここで原書の成立について述べておこう。

本訳書のまえがきにあるとおり、一九六八年に『モデルニスモ建築（*Arquitectura Modernista*）』と題されルーメン社から上梓された初版は、文章よりむしろレウポルト・プメスの写真を主とした、「言葉と形（Palabra y Forma）」というシリーズの豪華本であり、ブルーノ・ゼヴィによる長い序文が添えられていた。一九七三年に出た第二版は初版の文章を増補するいっぽうで、ゼヴィの序文を省き、プメスの写真を厳選し他の資料から補充して、同じルーメン社の「時代の言葉（Palabra en el Tiempo）」というペーパーバックの叢書に収められた。このときの改訂は大がかりなもので、章の数を七から十に増やし、本文や注が書き足され、初版の付録にあった年譜と建築家別および都市別の作品目録が著者の弟子筋のふたりの研究者によって増補されたうえ、表題も『モデルニスモ建築の概要と目録（*Reseña y Catalogo de la Arquitectura Modernista*）』と改められた。一九八三年に世に出た第三版では、本文は第二版の内容が保たれたが、第二版の図版をさらに増やし、年表と作品目録も拡充・更新して、同じ叢書から二分冊で出版された。なお、その後ルーメン社が廃業したため、原書は現在絶版状態にある。

次に原書と訳書とのちがいについてまとめておく。本訳書が底本としたのは原書第三版であるが、そのうち第二巻の大部分、約二四〇ページを占める作品目録は、著者の了解を得て割愛した。内容が専門的すぎるうえ、再開発でとりこわされた建物が少なくないなど一部に古さが認められるためである。これにともなって、訳書の表題を初版の『モデルニスモ建築』に戻した（なお原書の作品目録と年譜の再版以降の拡充を担当したアントニ・ゴンサレスとラケール・ラクエスタは、この作業を契機にモデルニスモ建築のデータベース構築を進めており、その成果の一部は『建築の旅　カタロニア近代の建築』入江正之訳、彰国社、一九九二、にまとめられている）。原書のもうひとつの問題点は、二版から三版への増補の過程で写真ページが追加されたため同一作品の写真資料が分散しており、さらに、写真が別刷りのグラビアであるいっぽうで図面は本文中に挿入されていることにある。これに対し訳書では写真と図面資料を統一し、できるだけ同一作品ごとにまとめて順序を整理し直した。版権などの理由で差し替えた写真が三十七点、割愛した図面が一点、原書にないが補った写真が四点ある。いっぽう、原書で脚注のかたちをとっている著者による注は、専門的な文献註解が大半を占めるため各章末にまとめ、そのあとに訳注を添えた。

固有名詞の表記についてもふれておく必要があるだろう。予備知識のある読者は、本書の固有名詞の表記に見慣れぬものを感じられるはずである。著者の名前からして、これまで日本の文献では通常「オリオール・ボイガス」と紹介されてきた。しかしこれは、カタルーニャ語をスペイン語（と通常呼ばれるカスティーリャ語）式に読んだものをカタカナに置き換えたものにすぎない。これに対し本書では、カタルーニャの固有名詞はカタルーニャ語式に読んで日本語に移すことを原則とした。

カタルーニャ人でありカタルーニャ語の著書もある著者が本書をスペイン語で書いた理由は、より広い読者層の期待ゆえにちがいない。だがスペイン語で書きながらも、著者はカタルーニャ人の名前はカタルーニャ語で表記している。たとえばガウディは Antoni Gaudí であって Antonio Gaudí ではない。リュイス・ドゥメナク＝イ＝ムンタネーは一貫して Lluís Domènech i Montaner であり、引用文中に現れるスペイン語式のルイス・ドメネク＝イ＝モンタネル Luis Doménech y Montaner の表記と対立している（ちなみにカタルーニャ人の名字は、伝統的には両親の姓を接続詞「イ」で結んだ複合姓で表現され、本書ではこれを二重ハイフンでつないで表記している。今日ではあるいは父親姓だけを名乗ったり接続詞なしで直接並べたりすることが多いが、カタルーニャ主義者は伝統的表現を守ったようであり、訳書は原書の表記を尊重した）。いっぽう地名の表記についてみると、初版は概してスペイン語式だが、版を重ねるなかで追記されたテクストのなかでしばしばカタルーニャ語式が採用された結果、全巻を通すと不統一がめだつが（たとえば「Gerona ヘローナ」と「Girona ジローナ」）、これをそのまま訳しては誤解や混乱を招く恐れがある。初版の出た一九六〇年代には、公的にはカタルーニャ語の使用は禁止され、公共施設名や街路表示はスペイン語式でおこなわれていた。著者が初版で地名の表記にスペイン語式を採用した理由はこのあたりにありそうだが、現在ではすべてにカタルーニャ語が優先されている。こうした事情をふまえて、訳書では引用文中をのぞきカタルーニャ語圏の固有名詞はカタルーニャ語式で統一した。ただし歴史上の法人名などがスペイン語式で表記される場合は、それに従った。これは原著の採用する原則でもある（たとえば「モンタネル＝イ＝シモン出版社」）。例外は、綴りはカタルーニャ語もスペイン語も同じだが、「バルサローヌ」とでも表記されるべき「バルセロナ」である。

つづいて本書の構成と内容の特徴を振り返ってみよう。

第Ⅱ章「用語としての「モデルニスモ」」、第Ⅶ章「ウィーンのこだま」、第Ⅹ章「モデルニスモの言語」の三章は再版に際して加えられた。それぞれの内容は、初版の各所に分散していたテーマをまとめて掘り下げたものである。これによって本書は、第Ⅰ章から第Ⅲ章までで歴史的な時間と空間におけるモデルニスモの定義と座標軸を明確にし、第Ⅳ書から第Ⅷ章までは時間軸に沿いながらモデルニスモ運動と主要建築家とその思想、作品の各論を扱い、第Ⅸ章が結論、第Ⅹ章は同時代建築史におけるモデルニスモ建築の再画定と今後の研究展望と、明快な構造を得た。

本書を通じてみられる基本的な論調に、スペインにおけるカタルーニャの特殊性の強調と、これをスペインから引き剝がし、中央ヨーロッパと結び付けようという執拗なほどの主張がある。著者にとってこれは、とりわけスペイン以外の読者のため、どれほど強調してもしすぎることではなかった。いちはやく産業革命をなしとげた点でカタルーニャはイギリスに続き、十九世紀後半の博覧会都市としてバルセロナはロンドンになぞらえられる。バルセロナはまた世紀末の芸術都市としてパリと関連づけられ、中世市壁の撤廃による市域の拡大と建設ラッシュではウィーンと同じ道を歩んだ。少しずつ位相をずらしながら、三つの首都はモデルニスモの各段階に大きな影響をおよぼした。また、近代人の覚醒や苦悩を形にしたイプセンやメーテルリンクの戯曲、ニーチェの思想やリヒャルト・ワーグナーの音楽への傾倒は、ピレネーの北の中央ヨーロッパへのカタルーニャ人の、たんなる憧憬を超えた民族的渇望を記録している。

そのいっぽうで、モデルニスモがアール・ヌーヴォーや初期近代様式に遅れてこれを受容したという建築史上の一般認識へも著者は留保を促す。ベルラーへのアムステルダム取引所に数年先んじた、バルセロナ万博のカフェ・レストランの平滑な煉瓦化粧仕上げの近代性。しばしばアール・ヌーヴォー様式の嚆矢とみなされるオルタのタッセル邸に数年先立つガウディのグエイ邸。メンデルゾーンのアインシュタイン塔のような表現主義へのガウディの造形の影響の可能性。つまり、カタルーニャは中央ヨーロッパから刺激を受けただけではなく、積極的に近代建築運動に参入し、いくつかの重要な契機によってそれに貢献したのである。

モデルニスモ建築の内的展開については、著者は表現主義対合理主義、革新性対古典主義アカデミズム、居住性対記念碑性といった対立軸によって思想や作品をあざやかに腑分けしていく。多彩な個性と経歴を誇る建築家像の政治への積極的関わりと、かれらがよりどころとしたカタルーニャ主義は、モデルニスモ運動の民族主義的基盤を明らかにしている。

作品の年紀についてみると、本書には本文と年表のあいだにしばしば齟齬が認められる。また、今日の研究成果からすれば留保されるべき事項も指摘できるだろう。しかしガウディ以外の研究がほとんど皆無だった時代に書かれた本書の古典的性格を考慮して、あえて訳文や注で訂正しなかった箇所も少なくない。それらは今後に残された研究課題である。ひとつだけ例を挙げるなら本書の重要な遺漏として、プーチ＝イ＝カダファルクがペネデス地方のサン・サドゥルニー・ダノイアに設計した、プーチの作品のなかでもっともガウディ的な構造の展開をみせるクドルニウ社のためのワイン工場（一九〇四―〇六）がある。

じつはブイガスには本書の続編ともいうべき著書『第二共和制期のスペイン建築（*Arquitectura española de la Segunda República*）』（一九七〇）があって、そこでは一九二〇年代後半から三〇年代の内戦時代におけるスペインの初期近代建築、とりわけカタルーニャにおける合理主義の萌芽的発展と、フランコ政権による文字どおりのその圧殺が描かれている。第二次世界大戦後のスペインではこの軍事独裁政権のもとで文化上の半鎖国時代が続いたが、その厳しい時代に耐えて近代建築の普及に努めたのがカタルーニャの合理主義者たち、とりわけ一九五三年に、ジュゼプ・アントニ・コデルクやジュゼプ・マリア・ソストレスを中心とした独立した建築家たちによって結成された「グルーポR」だった。Rはいうまでもなくラシオナル（合理的）やレノバシオー（刷新）、ラナシェンサ（復興）の頭文字であり、ブイガス自身はその少壮メンバーとして書記のような役割を果たしていた。本書で著者はモデルニスモ建築の合理主義的側面を丹念にすくいあげ、跡づけているが、その思想は第二共和制下の初期近代建築を、さらには内戦後しばらくの復興期をグルーポRのメンバーの活動などのなかに根強く生き延びた。そして一九七〇—八〇年代にはMBMに代表されるカタルーニャ合理主義として開花し、ケネス・フランプトンやピーター・ブキャナンといった批評家たちによって、近代建築の地域主義的修正主義の好例として高い国際的評価を得るにいたったものである。いっぽう、一九九二年のオリンピックの施設計画でブイガスが果たした役割は、強大な権力者につきものの毀誉褒貶は措くとして、歴史上の一八八八年の万博におけるアリアス・ルジェンや一九二九年の万博におけるプーチ＝イ＝カダファルクに比すべきものがある。

こうたどってくると明らかなように、カタルーニャの近代建築史を編纂することをとおして、ブイガスはみずからをその本流の末裔に位置づけているのである。我田引水ともいうべき強引なほど骨太な、同時に羨ましさも禁じえない史観と論理構造である。この意味で本書は、ペヴスナーやギーディオン、ゼヴィといった近代建築のイデオローグの書の系譜に位置づけることも可能だろう。しかしブイガス自身が創作者でもある点ではル・コルビュジエやグロピウスの喧伝的著作に共通する側面もあり、創作者による純粋な歴史書であるという点では特異な存在である。

モデルニスモへの訳者の関心は学生時代のはじめてのヨーロッパ旅行にさかのぼる。七〇年代後半に建築学生だった訳者は、近代建築が排除してきたものの再評価の潮流のなかで学び、ご多分に漏れず、ガウディを見るためバルセロナに二泊する日程を組んだ。このとき最初にめざしたのは宿にもっとも近いカルベット邸だった。当時この初期作品の外観は知らなかったが、曖昧な住所情報をもとに、ガウディならすぐわかると踏んで行ったのである。ところが結局確認できなかった。たぶんこれだろうという建物はあったが、当時の訳者に識見はなく、それ以上に、周囲に有機的曲線や装飾を用いた類似の建物が複数あって、確信にいたらなかった。これは小さな衝撃だった。そして一日歩きまわるうちに、この街全体が奇怪な有機的形態や豊富な装飾で埋め尽くされていることを知って驚愕し、この異様な都市と建築を生み出したカタルーニャ人とはどんな民族か、そしてモデルニスモとはどんな時代だったのかという疑問のまえにガウディ建築への興味さえ褪せていった。その後、一九八四年から偶然バルセロナに住むようになったとき目にとまったのが幸運にもその前年に出ていた原書第三版であり、著者の名前を信用してこれを求めたのが本書との出会いである。

訳者は当時から、日本におけるガウディへの異常なほどの興味と、それと対照的なモデルニスモという歴史現象への奇妙な無関心に違和感を覚え、「木を見て森を見ず」との思いを抱かずにいられなかった。明治以降の日本における建築文化受容の特殊性や天才神話のせいであろうか、この国ではガウディの作品も歴史や都市空間から切り離されてピカソやダリ、ミロと同類の、異能による個人的表現のように受け取られがちである。ガウディが巨木だったことは確かだが、本書がくりかえし説くように、カタルーニャとモデルニスモという大地からの滋養なしにはこの巨木は育たなかった。こうした一面的な理解の原因が日本語文献の乏しさにもあるとみて本書の翻訳を思い立ったのは、バルセロナ在住当時のことである。

さいわいオリンピックの成功とそれに続く都市再生のおかげで、バルセロナへの関心と評価は、その街の印象とともに、過去二十年で見違えるほど変わった。近年では日本の建築論文にもガウディ以外の研究題目がめだつようになり、『近代都市バルセロナの形成』（慶応義塾大学出版会、二〇〇九）のような優れた領域横断的研究や、岡部明子著『バルセロナ』（中公新書、二〇一〇）のような都市政策と文化に焦点を定めた概説書も現れるようになった。一見矛盾するようだが、グローバル化という名の平準化がいやおうなく進行すればするほど、地域や民族に固有の文化や伝統・歴史の理解と尊重は、ヨーロッパ諸国そして諸民族のあいだで急務と認識されつつあり、バルセロナとカタルーニャはその先進的なモデルとして注目を集めている。カタルーニャ人の誇り高い民族意識や文化遺産への熱意はそういった文脈でも考えさせられる点が多く、本書を通して語られる著者の主張はこうした観点からも読まれうるだろう。いずれにせよ、本訳書がモデルニスモ建築のみならず日本におけるカタルーニャ理解の一助になるとしたら、訳者にとってこれ以上の喜びはない。それはともかく、訳者の専門外の記述も多く訳文や表記に思わぬ誤りも少なくないと思われる。読者のご批判、ご叱正をお願いする。

本書の出版にいたるまでには、多くの人から手助けと助言をいただいた。なかでもバルセロナの丹下敏明とムンセラート・リーバス、吉村有司の諸氏、日本側で協力いただいた細川いづみさんと杓谷茂樹中部大学教授に感謝したい。丹下さんには多くの写真資料を快く提供いただいた。そして最後に、企画を快諾いただいたみすず書房と担当の遠藤敏之氏と、日本語版の刊行を忍耐強く見まもられた著者ブイガス氏に、特別の感謝を捧げる。

じつをいうと、モデルニスモ建築全般にみられる装飾過多の傾向に訳者は辟易することさえある。それにもかかわらず、モデルニスモ建築を相応なかたちで日本に紹介するのを訳者が責務のように感じてきたのは、それがいやおうなくバルセロナの相貌を決定しており、それを体験し考えることから訳者がさまざまなことを得たからである。その意味で本書はバルセロナへの訳者のささやかな恩返しであり、この仕事をバルセロナでお世話になったすべての人々と、訳者と時間を共有された友人たちに捧げたい。

二〇一一年一月

稲川直樹

索引

＊ 項目は本文と原注から抽出，訳注および年表は対象外とした．建築作品を含む作品名は，作者の項目がある場合はその細目に，ない場合は所在地の細目に含めている．作品の図版掲載ページはゴチック体で表示．建築家の項目においてパーレン内のふたつの年紀は生没年を，3つの年紀がある場合，ふたつめは建築家資格の取得年を示す．

ア行

カ行

サ行

タ行

ナ行

ハ行

マ行

ワ行

A–Z

写真クレジット（下記以外は原著より転載）

丹下敏明
p.76 下, p.133, p.136 上, p.140, p.141, p.147, p.179, p.181, p.183 下, p.189, p.197 下, p.198, p.199, p.204 下, p.205, p.207, p.258 上, p.258 下, p.261, p.263, p.279, p.280

稲川直樹
p.76 上, p.124, p.129, p.135 下, p.152, p.154, p.155, p.158, p.165, p.167, p.187, p.190, p.191 上, p.191 下, p.192, p.241, p.249, p.254, p.255 下

モデルニスモ関連年表

西暦	経済・政治・社会	文化
1878	バルセロナの人口35万人，バレンシア14万4000人. カタルーニャに「黄金熱」と呼ばれる投機時代が始まり，1882年まで続く.	詩人J・ブフィーイ＝イ＝マタス(『ゲラウ・デ・リオスト』)とジョアン・M・グアッシュ，彫刻家ジュゼプ・クララー誕生.
1879	葡萄害虫のブドウ根アブラムシがアンプルダーからカタルーニャに広まり，農業に大危機をもたらす. 国民労働勧業協会が設立されカタルーニャ産業の利益を結集する.	図案家P・トゥルネ＝イ＝アスキウスと画家S・ジュニェー＝イ＝ビダル，ジュゼプ・ピナソ誕生. カタルーニャ語による最初の新聞『カタルーニャ日報』創刊，編集長バランティー・アルミライ. 雑誌『ラスケーリャ・ダ・ラ・トゥラーチャ』創刊. バレンシアで「花の宴」創設. ムセン・ジャシン・バルダゲーが『神秘的な牧歌と歌』出版.
1880	バルセロナでバランティー・アルミライ主催の第1回カタルーニャ主義会議開催，カタルーニャの権利擁護とカタルーニャ語アカデミー設立の提案.	画家フランセスク・ダ・A・ガリ，カルラス・カザジェマス，音楽家ジャウマ・パイサ，図案家リカール・ウピーソ誕生. 画家シモー・ゴメス，歴史家ビセン・ボイシュ逝去. ムセン・ジャシン・バルダゲーが「花の宴」で『詩学の師』を発表. 雑誌『イルストラシオー・カタラーナ』創刊第1号. バルセロナ学芸協会が「芸術の工業への応用に用いるべき方法」を論じたコンクール開催.
1881		彫刻家パウ・ガルガーリョ，図案家J・G・ジュンセーダ，画家P・ルイス・ピカソ，作家プンペウ・クレウエト，建築家で著述家ジュゼプ・ピジュアン誕生. 雑誌『ラベンス』，日刊紙『ラナシェンサ』，『バングアルディア』創刊. アドリアー・グアルが『ノクターン，アンダンタ・ムラート』出版. サンペラ＝イ＝ミケールが芸術の工業への応用に関する研究を発表.

建築	世界の芸術
アントニ・ガウディが建築の学業を修了. リュイス・ドゥメナク＝イ＝ムンタネーが雑誌『ラナシェンサ』に「新たな民族の建築を求めて」を発表.	画家カジミール・マレヴィッチとフランシス・ピカビア誕生. パリで国際博覧会.
建築家ジュゼプ・M・ジュジョール誕生. ジュアキム・バサゴーダ, J・J・エルバス＝イ＝アリスマンディ, G・ブイガス＝イ＝ムンラバーが建築の学業を修了. バルセロナのクレディト通廊の建設.	画家パウル・クレー誕生. シカゴのライター・ビル（W・ル＝バロン＝ジェニー). ノース・イーストンのエイムズ図書館（着工 1877 年, 設計リチャードソン).
バルセロナのモンタネル＝イ＝シモン出版社（ドゥメナク＝イ＝ムンタネー).	画家アンドレ・ドラン誕生. マサチューセッツ州ケンブリッジのセヴァー・ホール（着工 1878 年, リチャードソン).
建築家 I・マス＝イ＝ムレイ, ラファエル・マゾー, ジュゼプ・M・パリーカス誕生. J・ドゥメナク＝イ＝アスタバーが建築の学業を修了. G・ブイガス＝イ＝ムンラバーがバルセロナのコロンブス記念柱設計競技に当選. バルセロナのシウタデーリャのカスケード（ジュゼプ・フンサレー).	画家フェルナン・レジェ誕生. ブリュッセルで週刊誌『アール・モデルヌ』創刊.

西暦	経済・政治・社会	文化
1882	自由貿易制下の関税法施行. 「セントラ・カタラー」設立，会長サラフィ・ピターラ，副会長バランティー・アルミライ. 甚大な銀行危機.	著述家アウジェニ・ドールス，彫刻家アンリク・カサノバス誕生. ナルシス・ウリェーが『蝶』出版. サラ・ベルナールバルセロナではじめて『椿姫』に出演. ワーグナーの『ローエングリン』のバルセロナ初演.
1883	カタルーニャ主義第2回会議，スペイン諸政党への不参加を合意.	バレンシアの定期刊行物『ル・ラット・パナート』が廃刊. バレンシアでアナーキズム機関紙『アル・クルナレー』創刊，「労働階級の大運動」を擁護. ブラスコ・イバニェスがカタルーニャ語の物語『ブアテーリャの塔』で文学活動を開始.
1884		詩人ジュゼプ・カルネー誕生. バルセロナのパレース画廊で彫刻家クララソー，画家カザス，ルシニョルの初の展覧会. 労働勧業省が住居装飾の展覧会開催.
1885	英国との貿易条約に関連して，カタルーニャの利益を擁護しカタルーニャ主義の最初の政治行動と考えられる文書「被害者の請願」が国王に提出される.	ムセン・ジャシン・バルダゲーが『カニゴー』を出版. テウドール・リュランテが『詩の本』を出版. ナルシス・ウリェーが『ビラニウ村』を出版.
1886		詩人J・M・ロペス＝ピコ，ジョゼプ＝セバスティア・ポンス，彫刻家イスマエル・スミス誕生. バランティー・アルミライが『カタルーニャ主義』を出版，カタルーニャ民族主義政党についての最初の体

建築	世界の芸術
建築家ジュゼプ・グダーイ誕生. アンリク・サニェーが建築の学業を修了. ビラノバ・イ・ラ・ジャルトルーのバラゲー博物館・図書館（ジャロニ・グラネイ）. バルセロナのシウタデーリャのマルトゥレイ博物館（A・ルビーラ＝イ＝トゥリアス）. バルセロナのサン・アントニオ市場（A・ルビーラ＝イ＝トゥリアスとJ・M・クルネート＝イ＝マス）. バルセロナ大聖堂の新ファサード設計競技，メストラス＝フォンとマルトゥレイの設計案.	画家ジョルジュ・ブラック誕生. アルトゥーロ・ソリアによる線形都市理論.
バルセロナの科学芸術アカデミーの建物（J・ドゥメナク＝イ＝アスタパー）. バルセロナのバルセロネータ市場.	建築家ワルター・グロピウス，画家テオ・ファン・デースブルク，ジノ・セヴェリーニ，モーリス・ユトリロ誕生. マサチューセッツ州クインシーのクレイン図書館（着工1880年，リチャードソン）.
レアンドラ・サラリャクがバルセロナの美術アカデミーで「建築の現況に及ぼされた影響の原因」と題して講演. アントニ・ガウディがバルセロナのサグラダ・ファミリア工事責任者となる. バルセロナのフランセスク・ビダール工芸社（ジュゼプ・ビラセカ）.	画家アメデオ・モディリアーニ誕生. マドリードのアギレー学校（E・ロドリゲス・アユーソ）.
アントニ・M・ガリサーとJ・フォン＝イ＝グマーが建築の学業を修了. サンタンデール県コミーリャスの「エル・カプリーチョ」（着工1883年，アントニ・ガウディ）. バルセロナのサレサス聖堂（ジュアン・マルトゥレイ）. バルセロナのビセンス邸（着工1883年，アントニ・ガウディ）.	建築家E・G・アスプルンド誕生. アムステルダム国立美術館（P・J・H・クイペルス）.
建築家R・プーチ＝イ＝ガイラール誕生. ブナバントゥーラ・バサゴーダが建築の学業を終える.	建築家ミース＝ファン＝デル＝ローエ，画家オスカー・ココシュカ誕生. ジャン・モレアスが宣言文を発表，雑誌『象徴主義』を創刊. シカゴのロッカリー・ビル（バーナムとルート）.

西暦	経済・政治・社会	文化
1886		系的記述.
1887	「カタルーニャ中道」の穏健派分派として「カタルーニャ連盟」創設, カタルーニャ主義の主導権を握り『ラナシェンサ』を機関誌とする. 労働者の組合設立を認める組合法制定. バルセロナの人口39万7000人.	俳優コンスタン・コクランがバルセロナではじめて公演.
1888	「カタルーニャ連盟」が摂政王妃にカタルーニャの権利を擁護した提案を示し運動を展開. バルセロナにマルクス主義的な「労働総同盟」と「エスパーニャ社会主義労働党」が創立. バルセロナ万国博覧会開催, 会長F・ダ・P・リウス＝イ＝タウレト, 会場統括アリアス・ルジェン.	「花の宴」の責任者メネンデス＝イ＝ペラーヨがカタルーニャ語で演説し摂政王妃が祭の女王役を務める. サンチェス・オルティスが『バングアルディア』の主幹となりルシニョルのこの新聞への寄稿が始まる.
1889	バルセロナ万国博会長F・ダ・P・リウス＝イ＝タウレット逝去.	詩人ビサン・バンセスラウ・ケロル逝去. R・カセーリャスとジュゼプ・リュイス・パリセーがパリ万国博を視察, 後者は『バングアルディア』特派員として. 俳優エルメテ・ノヴェッリがバルセロナで初公演. ピアニスト, グラナドスの初演奏会.

建築	世界の芸術
	パリのアンデパンダン展でG・スーラが『グランド・ジャット島の日曜日』発表.
建築家A・プーチ＝イ＝ガイラール誕生. ファラン・ルメウとフランセスク・ルジェンが建築の学業を終える. バルセロナのサグラダ・ファミリアの地下聖堂（着工1884年，アントニ・ガウディ）. バルセロナのグエイ別邸の門と入口の建物群（アントニ・ガウディ）. カネット・ダ・マールの集会場（リュイス・ドゥメナク＝イ＝ムンタネー）.	建築家ル・コルビュジエ，エーリヒ・メンデルゾーン，画家マルク・シャガール，フアン・グリス，マルセル・デュシャン，彫刻家ハンス・アルプ誕生. マラルメが『全詩集』出版. イギリスでヴォイジーの初期住宅. シカゴのマーシャル・フィールド百貨店（着工1885年，リチャードソン）. シカゴのワート・デクスター・ビル（アドラーとサリヴァン）.
建築家セーザー・マルティネイ誕生. 建築家M・ガリーガ＝イ＝ロカ逝去. バルセロナ万国博の凱旋門（ジュゼプ・ビラセカ），カフェ・レストラン（ドゥメナク＝イ＝ムンタネー），美術展示館（A・フォン＝イ＝カレーラス）. バルセロナのコロム通りのインテルナシオナル・ホテル（ドゥメナク＝イ＝ムンタネー）. バルセロナのシウタデーリャの温室（ジュゼプ・アマルゴス）. コロンブス記念柱（設計1881年，G・ブイガス＝イ＝ムンラバー）. バルセロナのサンツ市場，コンセプシオー市場.	画家ジョルジョ・デ・キリコ誕生. ロンドンで第1回美術工芸展開催. パリのアンデパンダン展でスーラが『パラード』発表. イギリスでポート・サンライトの労働者村建設.
建築家A・ルビーラ＝イ＝トリアス逝去. バルセロナのグエイ邸（着工1885年，アントニ・ガウディ）.	建築家スヴェン・マルケリウス誕生. ヴェルフリンが『ルネサンスとバロック』出版. カミッロ・ジッテが『広場の造形』出版. パリの万国博覧会開催，エッフェル塔，機械館（シャルル・L・F・デュテールほか）. パリでエミール・ガレが個展. パリのプランタン百貨店（着工1881年，ポール・セディーユ）. シカゴのオーディトリウム・ビル（アドラーとサリヴァン）.

西暦	経済・政治・社会	文化
1890	スペインで総選挙. 最初の労働者祭典メーデー. バルセロナで各種ストライキ始まる.	サンティアーゴ・ルシニョルが『バングアルディア』にパリ滞在記「製粉所より」連載開始. バルセロナで女優エレオノーラ・ドゥーゼが初公演. ナルシス・ウリェーが『黄金熱』出版開始（1893年まで）.
1891	保護主義的な関税新法が承認される. カタルーニャ農村部で「収穫人」騒乱，1896年まで続く.	週刊誌『カタルーニャの声』創刊. 「ウルフェオ・カタラー」結成. 「カタルーニャ旅行センター」設立. バルセロナで初の美術博覧会開催.
1892	全カタルーニャ主義団体を統合した「カタルーニャ主義連合」設立，代表ドゥメナク＝イ＝ムンタネー，書記E・プラット＝ダ＝ラ＝リーバ. 「連合」の初の総会でカタルーニャ自治のための最初の方針「マンレーザ綱領」採択．バルセロナでアナーキストによるテロが頻発する時代始まる.	J・トーラス＝イ＝バリェスが『カタルーニャの伝統』出版. バレンシアでアソリンが初期著述を発表. S・ルシニョルがシッジャスに「カウ・ファラート」を建てる. シッジャスで初のモデルニスモ祭. バルセロナのリセウ劇場でワーグナーの『タンホイザー』初演. バルセロナ美術会館で応用芸術展開催，労働者は入場無料，労働者向け講演（講師フンタナルス，フィテー，ギタール，バサゴーダ，ガルシア・リャンソー，プーチ＝イ＝カダファルク）.
1893	レウスで「カタルーニャ主義連合」の集会，「マンレーザ綱領」実現のための具体的手段を議論. アナーキスト，パリャスによるマルティネス・カンポス将軍への爆弾テロ. バルセロナのリセウ劇場で爆弾テロ.	詩人カルラス・リーバと画家ジュアン・ミロ誕生. 作家クンスタンティ・リュンバール逝去. 『ラベンス』最終号. マラガイが『ラベンス』に初のニーチェ論を発表．『ツァラトゥストラはかく語りき』抜粋の最初のカタルーニャ語訳. イプセンの『人民の敵』初演. シッジャスで第二回モデルニスモ祭（セザール・フランクとアンリク・ムモレーラの音楽，メーテルリンク

建築	世界の芸術
ジュリ・M・フサスが建築の学業を修了. ガラーフのグエイ家酒蔵庫（着工1888年, フランセスク・バランゲー）. バルセロナのアスコフェート店舗（J・パスコー）. バルセロナのパドレイ薬局（バルナダス）.	建築家J・J・P・アウト誕生. アンリ・ヴァン＝ド＝ヴェルドが文化活動を開始.
建築家フランセスク・フルゲーラ誕生. J・プーチ＝イ＝カダファルクとジャロニ・F・グラネイが建築の学業を修了. バルセロナ新墓地のラ・リーバ家墓廟（アントニ・M・ガリサー）.	画家マックス・エルンスト誕生. 画家G・スーラ, V・ヴァン・ゴッホ逝去. シカゴの第二ライター・ビル（ル＝バロン＝ジェニーとムンディー）. シカゴのモナドノック・ビル（バーナムとルート）.
リュイス・ムンクニイとジュアン・トゥルネーが建築の学業を修了. シッジャスの「カウ・ファラート」（フランセスク・ルジェン）.	建築家リチャード・ノイトラ誕生. シカゴのシラー・ビル（アドラーとサリヴァン）.
J・ルビオー＝イ＝バリュベーとジュゼプ・マジョーが建築の学業を修了. ガスパー・ウマーが内装家として独立. バルセロナのサグラダ・ファミリア聖堂のアプシス（アントニ・ガウディ）. レオン県アストルガの司教館（着工1887年, アントニ・ガウディ）. バルセロナのグラシア地区のリベルタート市場（F・バランゲー）.	イギリスで雑誌『ステュディオ』創刊. ブリュッセルのタッセル邸（ヴィクトル・オルタ）. シカゴのメイヤー・ビル（アドラーとサリヴァン）.

西暦	経済・政治・社会	文化
1893		の『侵入者』上演). 「サン・リュック芸術サークル」と「カタルーニャ演奏会協会」設立.
1894	銀行家P・ボスク＝イ＝ラブルス逝去. バラゲーで「カタルーニャ主義連合」集会，カタルーニャ自治下の司法制度確立の議論. ムンジュイクでアナーキストたちを銃殺.	詩人J・V・フォイシュとJ・サルバト＝パパセート誕生. 画家ジュアキム・バイレーダ逝去. ブラスコ＝イバニェスが『米と馬車』出版. E・プラット＝ダ＝ラ＝リーバとP・ムンタニョーラが『カタルーニャ主義要諦』出版. シッジャスで第3回モデルニスモ祭,「カウ・ファラート」への行列にエル・グレーコの絵画二作品が掲げられる. 彫刻家ミケール・ブライが『寒波のはしり』制作. ラモン・カザスが『ガロート・ビル』制作. イプセンの『幽霊』のバルセロナ初演.
1895	キューバで植民地戦争. ウロットで「カタルーニャ主義連合」集会，地方での公共事業への対応を協議. ブドウ根アブラムシの害でカタルーニャの葡萄栽培が壊滅.	批評家ジュゼプ・イシャール逝去. 無政府主義の雑誌『社会科学』創刊，編集長ペラ・クロミーナス. ジュアン・マラガイが最初の著作『詩集』を出版. アンジェル・ギマラーが学芸協会でカタルーニャ語について有名な講演を行う.
1896	フィリピンで植民地戦争. バルセロナのカンビス・ノウス通りで聖体の行列に爆弾，有名なムンジュイク騒動の原因となる.	バレンシアの風俗劇作家エドアルド・エスケランテ逝去. J・トーラス＝イ＝バリェスが「サン・リュック芸術サークル」顧問に就任. バルセロナで最初の映画上映. イジドラ・ヌネイの連作絵画『ボイのクレチン患者』. バルセロナで美術・応用芸術博，リケーのポスター作品. アンリク・ムレーラが合唱団「カタルーニャ・ノーバ」設立.

建築	世界の芸術
パウ・サルバートが建築の学業を修了. バルセロナのサンタ・テレーサ学院（着工1889年，アントニ・ガウディ）. レオンのカサ・デ・ロス・ボティーネス（着工1891年，アントニ・ガウディ）.	ウィーンのカール広場地下鉄駅（竣工1899年，オットー・ワーグナー）. パリのモンマルトルのサン・ジャン聖堂（A・ド＝ボド）. シカゴの株式取引所（アドラーとサリヴァン）.
ジュアン・アルシーナが建築の学業を修了. 建築家ジュゼプ・O・メストラス逝去. ジュアン・ブスケツが最初の内装作品実現. バルセロナのカタルーニャ電気ガス会社（ドゥメナク＝イ＝アスタパー）.	ミュンヘンで雑誌『パン』創刊. ランボーが『全詩集』出版. オットー・ワーグナーが『近代建築』出版. 建築家H・P・ベルラーヘが文化活動を開始. シカゴのリライアンス・ビル（バーナム）.
バルセロナのマルティ邸「クワトラ・ガッツ」（プーチ＝イ＝カダファルク）.	ミュンヘンで雑誌『ユーゲント』創刊. ベルギー，ヴェルの住宅（H・ヴァン＝ド＝ヴェルド）. パリのカステル・ベランジェ（H・ギマール）. ウィリアム・モリス逝去.

西暦	経済・政治・社会	文化
1897	ムンジュイク騒動．ムンジュイクで起こった国際的な抗議運動と処刑事件． イタリア人アナーキストのアンジョリッリョがカノバス＝デル＝カスティーリョ首相を暗殺． バルセロナ人口 50 万 9000 人．	シッジャスで第 4 回モデルニスモ祭． アンリク・ムレーラ作曲，J・マソー＝イ＝トレンツ台本のオペラ『妖精』初演． シッジャスでエル・グレーコ記念碑完成（レイネス作）． リセウ劇場でワーグナー作品の演奏会． ウトリーリョとルシニョル，カザスがペラ・ロメウ経営のキャバレー「クワトラ・ガッツ」設立． ピカソがバルセロナで初の個展．
1898	スペイン植民地の崩壊．パリ条約でキューバ，プエルト・リコ，フィリピンを失う． ポラビエハ将軍が地方分権的配慮を含む宣言． 「カタルーニャ主義連合」とカタルーニャ主義者の分派との合意による，伝統護持派と穏健派への分裂の試み．	「インティム劇場」が第 1 公演でアドリアー・グアルの『沈黙』上演．第 2 公演はオルタ迷路庭園で『タウリードのイフィゲニア』上演． 雑誌『カタロニア』創刊． ペラ・クロミーナスが『想像上の人物』を朗読． バルセロナで美術工芸博覧会． バルセロナで最初のエレベータ（カルデリャック社）． 「サン・リュック芸術サークル」でピュヴィ・ド・シャヴァンヌとバーヌ・ジョーンズの追悼集会． 雑誌『ラスケーリャ・ダ・ラ・トゥラーチャ』がモデルニスモを風刺する特集．
1899	ムンジュイク蜂起についての修正主義者集会でレルーが演説し，反カタルーニャ主義的政治扇動を開始． 課税徴収への抗議運動，「テンカマン・デ・カイシャス」がおこり，バルセロナ市長 B・ルベール博士辞任． J・トーラス＝イ＝バリェスがビック司教に，ムルガーダスがバルセロナ司教に任ぜられる． バルセロナ・フットボールクラブ創設．	詩人ジュアン・ウリベー誕生． 日刊紙『カタルーニャの声』創刊，編集長 E・プラット＝ダ＝ラ＝リーバ． 雑誌『ペル・イ・プロマ』創刊． シッジャスで最後の第 5 回モデルニスモ祭． ルシニョルがインティム劇場で『過ぎゆく喜び』上演． バルセロナでフランス女優レジャーヌの公演． サバスティアー・ジュニエンがパレース画廊で『クロロージ』を展示． バルセロナでヴェラーレン＝イ＝レゴヨスの『黒いエスパーニャ』出版．

建築	世界の芸術
建築家アリアス・ルジェンとジュゼプ・フンサレー逝去. Ll・ドゥメナク＝イ＝ムンタネー設計でレウスのペドロ・マタ研究所着工. 建築家ペラ・ファルケスと彫刻家マヌエル・フシャーがリウス＝イ＝タウレート記念碑の設計競技で勝利.	ウィーンの分離派設立. ドレスデンでヴァン＝ド＝ヴェルドの展覧会. 建築家アドルフ・ロースが文化活動を開始. ミュンヘンのスタジオ・エルヴィラ（A・エンデル）. ロンドンのホワイトチャペル・アートギャラリー（Ch・H・タウンゼント）.
建築家フランセスク・ルジェンとカミール・オリベーラス逝去. フランセスク・モーラが建築の学業を修了. ジュアン・ブスケツがはじめてモデルニスモ様式の家具を制作. バルセロナのトゥマス邸（着工1895年, Ll・ドゥメナク＝イ＝ムンタネー）. アルジャントーナのアル・クロスのガリ邸（J・プーチ＝イ＝カダファルク）.	建築家アルヴァ・アアルト, 彫刻家ヘンリー・ムーア誕生. エベネザー・ハワードが『明日——真の変革への平和な道』出版. 『ドイツ工作連盟』設立. ウィーンのゼツェッション館（J・オルブリヒ）. グラスゴーのグランストン喫茶室（Ch・R・マッキントッシュ）. シカゴのケージ・ビル（ホラバードとローチ, サリヴァン）.
サルバドー・バレーリとA・スレー＝イ＝マルクが建築の学業を修了. バルセロナ市が建築年間賞を設け, この年カルベット邸（アントニ・ガウディ）が受賞. バルセロナのカタルーニャ水力発電（着工1897年, ペラ・ファルケス）.	ロンドンで田園都市協会設立. シカゴのカーソン・ピリー・スコット百貨店（L・H・サリヴァン）. グラスゴー美術学校の第1期（Ch・R・マッキントッシュ）. ブリュッセルの人民の家（V・オルタ）. ウィーンのウィーンツァイレ・リンケの集合住宅（O・ワーグナー）.

西暦	経済・政治・社会	文化
1899		バルセロナでワーグナーの『トリスタンとイゾルデ』初演.
1900	労働災害法施行. 穏健派カタルーニャ主義者が「地方主義連盟」設立,『カタルーニャの声』を機関紙化, 初代代表B・ルベール博士. E・ダート首相がリセウ劇場で公衆から激しく野次られる. ムルガーダス司教が教書で公教要理の教育におけるカタルーニャ語の使用を推奨. バルセロナの人口53万7000人.	季刊誌『ジュバントゥート』と『イルストラシオー・リェバンティーナ』, 新聞『マヨルカの声』創刊. アラシャンドラ・ダ・リケーが『ジュバントゥート』誌上に, ビアズリーの死に寄せた論考を発表. バルセロナでパウ・ガルガーリョの最初の個展. ジャウマ・ブロサが『白い墓』出版. エレオノーラ・ドゥーゼがバルセロナでイプセンの『ヘッダ・ガブラー』に出演.
1901	ムルガーダス司教, F・ピ＝イ＝マラガイ,『バルセロナ日報』編集長ジュアン・マニェ＝イ＝フラケー, ジュアン・サリャレス＝イ＝プラ逝去. 「地方主義連盟」が選挙で最初の勝利, カタルーニャの代表的な四選挙区でコルテスの議員に選出（ルベール, ルシニョル, ドゥメナク＝イ＝ムンタネー, トーラス), ピ＝イ＝マラガイとレルーも選出. カンボーがバルセロナ市会議長. 扇動的指導者レルーに傾倒する労働者集団による騒乱始まる. 闘牛に反対する討論集会.	デザイナー, ジュゼプ・リュイス・パリセー, 画家カルラス・カザジェマス, 作家で歴史家ビクトル・バラゲー逝去. 雑誌『アウバ』,『ゼネスト』創刊. ライモン・カセーリャスが『穴ぼこ』出版. ジュゼプ・M・ロビラルタがリュイス・ブニンの挿絵入りで『低い霧』出版. 「ワーグナー協会」設立. 俳優エルメテ・ザッコーニがバルセロナで初公演.
1902	カタルーニャ主義者B・ルベール博士逝去.	詩人ムセン・ジャシン・バルダゲー逝去.

建築	世界の芸術
アントニ・ダ＝フルゲーラとジュアン・アミゴーが建築の学業を修了. Ll・ドゥメナク＝イ＝ムンタネーがバルセロナ建築学校の学長に就任. バルセロナ市建築賞，商業信用組合（ジュアン・マルトゥレイ）. バルセロナのラス・アレーナス闘牛場（A・フォン＝イ＝カレーラス）. バルセロナのサグラダ・ファミリア聖堂生誕のファサード（着工 1891 年，設計アントニ・ガウディ）. アルジャントーナの自邸（着工 1897 年，J・プーチ＝イ＝カダファルク）. バルセロナのアマトリェー邸（J・プーチ＝イ＝カダファルク）. アル・プアルのグエイ伯爵邸（フランセスク・バランゲー）. バルセロナのサン・ジュアン教区民の家（F・バランゲー）. バルセロナのカサドー＝イ＝ムレウ店舗（ガスパー・ウマー）. バルセロナのリガール邸（ジャロニ・F・グラネイ）.	パリ万国博開催，アール・ヌーヴォーの礼賛. H・ヴァン＝ド＝ヴェルドがワイマール美術学校の校長就任. パリのバスティーユ広場地下鉄駅（H・ギマール）. ブリュッセルのソルヴェー邸（V・オルタ）. アムステルダムのダイヤモンド組合ビル（H・P・ベルラーヘ）. シカゴのクラウン・ビル（ホラバードとローチ）.
フェリクス・カルデリャックが建築の学業を修了. バルセロナ市建築賞，ジュンカデーリャ邸（アンリク・サニェー）. レウスのナバス邸（Ll・ドゥメク＝イ＝ムンタネー）. バルセロナのアラマニー邸（J・ルビオー＝イ＝バリュベー）. バルセロナのマカーヤ邸（J・プーチ＝イ＝カダファルク）. バルセロナのムンターダス邸（J・プーチ＝イ＝カダファルク）.	トゥルーズ＝ロートレック逝去. 工業都市計画（トニ・ガルニエ）. ダルムシュタットの自邸（P・ベーレンス）. ダルムシュタットのエルンスト＝ルードヴィヒ邸（J・M・オルブリヒ）. イリノイ州オーク・パークのマーティン邸（F・Ll・ライト）. ブリュッセルのイノヴァシオン百貨店（V・オルタ）.
バルナルディ・マルトゥレイが建築の学業を修了.	トリーノの装飾美術博のパビリオン（R・ダロンコ）.

西暦	経済・政治・社会	文化
1902	アルフォンソ 13 世の治世開始. バルセロナでゼネスト，サンディカリストを大いに活気づけ，レルー主義者の大波始まる. ロマノネスが，公教要理の教育をカタルーニャ語で行う法令を発布，大騒動と抗議をまえに実質的に無効化. バルセロナに「カイシャ・デ・ペンシオン・ペル・ア・アラ・ベリェーサ・イ・デスタルビ」設立. カタルーニャ主義者の推進によりバルセロナでメルセの大祭.	週刊誌『ク・クット』創刊. パリャ＝イ＝フルガス，プーチ＝イ＝カダファルク，カンボーの提案に従い，共和主義的カタルーニャ主義による最初のバルセロナ市制が博物館の組織化を開始,「博物館協議会」設立. 行政側の政治的理由によりバルセロナの「花の宴」が延期され，サン・マルティ・ダル・カニゴーで開催. バルセロナで日本の川上貞奴一座とロイ・フラーの舞踏公演. テラーサの工業学校設立.
1903	選挙で共和主義が大勝. 「ラ・マルセイエーズ」がカタルーニャ語で歌われる. バレンシアで労働者組合が入居する初の「人民の家」創設. レルー派の影響強まる.	『イルストラシオー・カタラーナ』の第 2 期と，ジュゼプ・カルネー編集の雑誌『カタルーニャ』創刊. マラガイが学芸協会で『カタルーニャ語頌』を講演. 「クワトラ・ガッツ」がその芸術時代を閉じる. カタルーニャ語世界会議，アウジェニ・ドールスがみずからの『不安の形而上学』にもとづく「思索的教育の拡張」の題目で報告.
1904	バランティー・アルミライ逝去. 日曜休日の法制化. カタルーニャ主義者による不参加呼びかけに反しバルセロナがアルフォンソ 13 世を熱狂的に歓迎.	画家サルバドー・ダリ誕生. 幼児誌『幼児期』，週刊誌『カタルーニャ人民』創刊. バルセロナで最初の鉛直蒸留炉. ジュアン・マラガイが「花の宴」で

建築	世界の芸術
バルセロナ市建築賞，貯蓄銀行（設計A・フォン＝イ＝カレーラス）とバル・トリーノ（リカール・ダ・カンマニー）. バルセロナのマヨルカ通りの住宅（設計ジャロニ・F・グラネイ）. バルセロナのブナノバ地区バリェスグアール邸（着工1900年，アントニ・ガウディ）. バルセロナのラマドリード邸（Ll・ドゥメナク＝イ＝ムンタネー）. バルセロナのラス・コルツ通りの産院（着工1883年，カミール・ウリベーラス）. Ll・ドゥメナク＝イ＝ムンタネーがバルセロナのサン・パブロ病院の工事着工. 「動くジオラマ」の装飾（サルバドー・アラルマ）. メルセ祭の期間中ファラン通りの装飾（アントニ・M・ガリサー）. バルセロナのリュピス＝イ＝ブフィーイ邸（アントニ・M・ガリサー）. バルセロナのクンラート・ルーレ邸（フェラン・ロメウ）. バルセロナの店舗アンティグア・カサ・フィゲーラス（ロス＝イ＝グエイ）.	ハーゲンのフォルクヴァンク美術館（H・ヴァン＝ド＝ヴェルド）.
建築家アントニ・M・ガリサー逝去. バルセロナ市建築賞，ホテル・エスパーニャ（Ll・ドゥメナク＝イ＝ムンタネー）. ジャロニ・マルトゥレイが『カタルーニャ』誌上にウィーン分離派に関する記事2本発表. バルセロナのラ・バングアルディア・ビル（ジュゼプ・マジョー）. テラーサの工業学校（リュイス・ムンクニイ）. バルセロナのウリェー邸（パウ・サルバート）. バルセロナのティビダボの「アル・ピナー」（アンリク・サニェー）. バルセロナのパドゥア通りの邸宅とグランビアの邸宅（ジャロニ・F・グラネイ）.	ドレスデンで表現主義集団「ブリュッケ」設立（1913年解散）. イギリスのレッチワースに最初の田園都市建設（R・アンウィンとB・パーカー）. パリのフランクリン通りのアパート（A・ペレ）. プルカースドルフの療養所（J・ホフマン）. マドリードのロンゴリア邸（J・グラセス）. アムステルダムの株式取引所（着工1898年，H＝P・ベルラーヘ）. パリ，セーヴル通りのカステル・アンリエット（H・ギマール）.
写真集『建築家プーチ＝イ＝カダファルク作品集 1896-1904』出版. バルセロナのモデーロ監獄（J・ドゥメナク＝イ＝アスタパー）. バルセロナのトゥリンシェト邸（J・プーチ＝	建築家ジュゼッペ・テッラーニ誕生. 画家ポール・ゴーギャン逝去. ドイツの都市計画誌『シュテッテバウ』創刊. パトリック・ゲデスが『都市開発』

西暦	経済・政治・社会	文化
1904	保守主義政治家アントニオ・マウラへのテロ. 無政府主義者による爆弾と集会多数.	『詩学の師』講演. ラモン・カザスが『積荷』発表. ジュアキム・ルイラが『海と森のことがら』, ジュゼプ・カルネーが『詩人の書』出版. プンペウ・クレウエトの『死んだ女』初演.
1905	財界人マヌエル・ジローナ逝去. バルセロナで爆弾テロ頻発. 『ク・クット』と『カタルーニャの声』編集部に軍部が介入.	バルセロナのプリンシパル劇場で『グラネイのオーディション』初演. 『ラナシェンサ』廃刊.
1906	保守主義や王制派に対抗する「地方主義連盟」の分派として「民族共和主義中道」設立,「カタルーニャ人民」を組織. 国家や政府への謀反を制圧するための司法権法に関する論争. 「カタルーニャ連帯」がレルー主義以外のあらゆるカタルーニャ主義と共和主義の党派を結集する. マドロードで王家婚礼の従者の列にモラルが爆弾を投げる. 保護主義的な新関税により自由貿易主義者と保護主義者との長い論争が再燃する.	シェーニウス（アウジェニ・ドールス）が『語彙集』を『カタルーニャの声』に連載開始, ノベセンティスモの新精神の基礎となる. コスタ＝イ＝リュベーラが『ホラーティウス派』を, ジュアン・マラガイが『彼方へ』を, ビクトル・カタラーが『孤独』を, ジョゼプ・カルネーが『芳しき果実』を, E・プラット＝ダ＝ラ＝リーバが『カタルーニャの民族性』を出版. フランセルク・ガリーが『芸術学校』創設. 週刊紙『カタルーニャ人民』が日刊となる. カタルーニャ語の最初の国際会議. 「カタルーニャ大学研究所」創設. 女優ティナ・ディ・ロレンツォがバ

建築	世界の芸術
イ＝カダファルク). バルセロナのクワドラス邸(J・プーチ＝イ＝カダファルク). バルセロナのグエイ公園の住宅（F・バランゲー). バルセロナのウスピタル・クリニク（J・ドゥメナク＝イ＝アスタパー). バルセロナのティビダボ地区ファブラ観測所(J・ドゥメナク＝イ＝アスタパー).	出版. ベルリンのヴェルトハイム百貨店(アルフレート・メッセル). シカゴのカースン・ピリー＆スコット百貨店増築（L・H・サリヴァン).
マヌエル・J・ラスパーイ，エドゥアルド・M・バルセイス，ジュゼプ・グダーイが建築の学業を修了. バルセロナ市建築賞，リェオ・ムレーラ邸(Ll・ドゥメナク＝イ＝ムンタネー）とレストラン・ピンサ（ジュアン・アルシーナ). バルセロナのカボット邸（着工1901年，ジュゼプ・ビラセカ). バルセロナのタラーダス邸「尖塔の家」(J・プーチ＝イ＝カダファルク). バルセロナのサストラ＝イ＝マルケス博士薬局（J・プーチ＝イ＝カダファルク). バルセロナのティビダボ地区給水塔（ジュゼプ・アマルゴス). テラーサのフォン・ベッリャ通りの邸宅（リュイス・ムンクニイ).	パリの『サロン・デ・フォーヴ』. バッファローのラーキン・ビル(F・Ll・ライト). パリのラ・サマリテーヌ百貨店(F・ジュルダン).
建築家ジュアン・マルトゥレイ逝去. ラファエル・マゾー，ジョゼプ・M・パリーカス，ジュゼプ・M・ジュジョールが建築の学業を修了. バルセロナ市建築賞，コムタル学院（ブナバントゥーラ・バサゴーダ). プマー邸（J・ルビオー＝イ＝バリュベー). バルセロナのバトリョ邸改築（アントニ・ガウディ). ラ・ガリーガのボスク邸（マヌエル・J・ラスパーイ). バルセロナのトゥスケーリャ邸（エドアルド・M・バルセイス). サン・クガットのリュック邸（エドゥアルド・M・バルセイス). リナール・ダル・バリェスのマテウ邸離れ(フランセスク・バランゲー). バルセロナのスラフィ・ピターラ記念碑（ペ	画家ポール・セザンヌ逝去. パリのポンティウ通り車庫（A・ペレ). マドリードのサン・ディエゴ・イ・サン・ニコラス幼稚園（J・ラサロ). イリノイ州オーク・パークのウユニタリアン教会（F・Ll・ライト). ウィーンの郵便貯金局（O・ワーグナー).

西暦	経済・政治・社会	文化
1906		ルセロナで初公演.
1907	選挙で「カタルーニャ連帯」が勝利. E・プラト＝ダ＝ラ＝リーバによるカタルーニャ主義の詳細な政治プログラム「ティボリ計画」. フランセスク・カンボーがオスタフランクでテロにより負傷. テロリズムの嵐が続く. ウスリウ＝イ＝ガリャルドがバルセロナ市長. イギリス人探偵アローがテロの実行者探索のため雇用される. プラト＝ダ＝ラ＝リーバがバルセロナ県知事. 『トラッリャ』が「カスティーリャの…」と題する記事を掲載, レルー主義者が編集部を襲撃, 破壊し, 『カタルーニャの声』の編集部に投石. バレンシアで地方主義者会議. 労働者連帯の設立, 57の労働者団体が結集. 地方生産物の保護法. バルセロナ市がライェタナ通りの開削に着手.	画家アントニ・カバ, 法学者M・ドゥラン＝イ＝バス逝去. 「カタルーニャ語研究所」設立, 高度なカタルーニャ文化の学術的中心となる. カルラス・マニが『堕落者』群像を展示, ジュゼプ・リモーナが『悲嘆』制作. バルセロナで美術・応用芸術展. イタリア人女優ミミ・アグーリアがバルセロナでダヌンツィオの『ヨーリオの娘』上演.
1908	国民社会保障制度の設立. 選挙でレルー主義が勝利し「カタルーニャ連帯」が敗北. アナーキスト, ルーイの処刑. バルセロナ市の膨大な文化予算案による「人民文化協会」の設立, 普通共学学校の創設, カタルーニャ語による教育；抗議集会, カサニエス枢機卿に反対する司教教書, バルセロナ市政は予算を凍結.	J・ブフィーイ＝イ＝マタスが『アメジストの山』出版. カタルーニャ全土でジャウマ1世の生誕祭を祝う. 最初のアラゴン王家歴史会議.

建築	世界の芸術
ラ・ファルケス). ムンセラート修道院のインマクラーダの祭壇(J・M・パリーカス). バルセロナのポリオラーマ劇場の装飾(サルバドー・アラルマ). バレンシアの鉄道北駅着工(竣工1930年,ダメトリ・リーバス).	
I・マス=イ=ムレイ,Ll・プラナス=イ=カルベートが建築の学業を修了. バルセロナ市建築賞,ドゥメナク博士の薬局(A・ジュアン=イ=トゥルネー),店舗ブツェム=イ=チャー(A・フォン=イ=カレーラス). フランセスク・カンボーの寝室の家具(ジュアン・ブスケツ). テラーサのマジア・フレイシャ着工(現音楽学校)(リュイス・ムンクニイ). ルスピタレト・ダ・リョブレガートのトゥリンシェト工場(ジュアン・アルシーナ). バルセロナのドゥルセート邸(J・ルビオー=イ=バリュベー). テラーサのアイマリク=イ=アマート工場(リュイス・ムンクニイ).	「ドイツ工作連盟」設立. パリのサロン・ドートンヌで「フォーヴ」展. ピカソが『アビニョーの娘たち』制作. ダルムシュタット芸術家村の塔(J・M・オルブリヒ). ウィーンの聖レオポルト聖堂(O・ワーグナー). ウィーンのケルントナー・バー(アドルフ・ロース). イリノイ州リヴァー・フォレストのロバーツ邸(F・Ll・ライト). イリノイ州オーク・パークのユニタリアン教会(F・Ll・ライト). カリフォルニア州パサディナのブラッカー邸(グリーン&グリーン).
バルセロナ市建築賞,「カタルーニャ音楽堂」(Ll・ドゥメナク=イ=ムンタネー). バルセロナのナダール邸改築(マヌエル・J・ラスパーイ). ジローナのマゾー薬局(ラファエル・マゾー). ラ・ガリーガのサンタマリーア邸(Ll・プラナス=イ=カルベート). ルビオの住宅(フランセスク・バランゲー). バルセロナ裁判所(着工1887年,アンリク・サニェーとJ・ドゥメナク=イ=アスタパー). バレンシアのファレー邸(ビセン・ファレー).	建築家J・M・オルブリヒ逝去. A・ロースが『装飾と犯罪』出版. チューリヒの倉庫(R・マイヤール).

西暦	経済・政治・社会	文化
1909	バルセロナ司祭サン・ジョゼ・ウリオールが列聖される. メリーリャの戦闘. 保留派が活動しバルセロナにゼネスト.「悲劇の1週間」がおこり教会や修道院が焼討ちされる. 弾圧によりムンジュイクで「近代学校」の創設者ファレー=イ=グアルディアの銃殺. 地方選挙で「カタルーニャ左派」が, バルセロナ市選挙でレルー派が勝利. バレンシアで地方博覧会開催. バルセロナ市がムンジュイクの土地を所有.	作曲家イサーク・アルベニス逝去. バルセロナ県が「博物館協会」設立. R・カセーリャスが『カタルーニャの声』の芸術欄担当.
1910	アントニオ・マウラが襲撃される. 「カタルーニャ労働地方連合」結成, レルー主義の影響衰退. バルセロナの人口57万8000人.	著述家ライモン・カセーリャス, 装飾デザイナーのジュゼプ・パコー逝去. ジュアン・マラガイが『精神の歌』出版. バルセロナで初飛行. グループ「芸術と芸術家」結成.

建築	世界の芸術
J・プーチ＝イ＝カダファルクが『カタルーニャのロマネスク建築』を出版. アンリク・ジャルディがブリュッセルの『ラール・ピュブリク』誌にモデルニスモ建築に関する記事を発表. バルセロナ市建築賞，バル・ラ・ルーナ（M・ムラーガスとS・アラルマ）. バルセロナのサグラダ・ファミリアの学校（アントニ・ガウディ）. バルセロナの店舗テイシドー（マヌエル・J・ラスパーイ）. バルセロナのアリベール・ポンス邸（A・スレー＝イ＝マルク）. バルセロナのサン・アントニオ市場の肉屋ジラルト（エドゥアルド・M・バルセイス）. オスタレッツのアルメナー男爵夫人の礼拝堂（F・バランゲー）. バルセロナのグラシア地区オール通りの住宅（F・バランゲー）. バルセロナのバルシア地区倫理センター（F・バランゲー）. ラ・ガリーガのプジャダ邸（Ll・プラナス＝イ＝カルベート）. テラーサのトレント・ムネー地区サルバン邸の擁壁（リュイス・ムンクニイ）.	マリネッティの『未来派宣言』. グラスゴー美術学校の第二期と図書館（着工1907年，Ch・R・マッキントッシュ）. ベルリンのAEGタービン工場（P・ベーレンス）. シカゴのロビー邸（F・Ll・ライト）.
建築家ジュゼプ・ビラセカ逝去. 建築家フェリクス・キャンデラが『構造の哲学』出版. パリでガウディの展覧会. バルセロナ市建築賞，ペレス・サマニーリョ邸（J・J・アルバス＝イ＝アリズメンディ），店舗サングラー（M・ムラーガスとS・アラルマ）. バルセロナのサン・パブロ病院第1期竣工（Ll・ドゥメナク＝イ＝ムンタネー）. バルセロナのリアルプ邸（J・ルビオ＝イ＝バリュベー）. サンタントニ・ダ・ビラマジョーのミレット邸（マヌエル・J・ラスパーイ）. カルダデウのグアル邸（エドゥアルド・M・バルセイス）. ジローナのバトリョ邸（ラファエル・マゾー）. サン・イラーリ・サカルムのエル・スレー農場（ラファエル・マゾー）.	画家アンリ・ルソー逝去. ドイツの雑誌『シュトゥルム』創刊（1932年廃刊）. オーストリア「工作連盟」創設. ベルリンでライトの展覧会. カンディンスキーによる初の抽象水彩画. ブレスラウの事務所（H・ペルツィヒ）. カリフォルニア州バークレイの教会堂（B・R・メイベック）.

西暦	経済・政治・社会	文化
1910		
1911	モロッコ戦役. スペインでもっとも重要な労働組合, CNT（労働全国連合）結成. バルセロナ県議会がカタルーニャ全県を統合する「マンクムニタート・カタラーナ（カタルーニャ連合体)」創設を決議, 自治への第一歩. バレンシアでゼネスト. クリェーラで重大な社会騒乱相次ぐ.	詩人ジュアン・マラガイとテオドー・リョレンタ, 画家イジドラ・ヌネイ, 彫刻家カルラス・マニ逝去. 「シェーニウス」が『立派な女』を出版し, カタルーニャ語研究所の所長に就任. 『ノウサンティズマ年鑑』発刊. 女優セシル・ソレルがバルセロナで初公演. バルセロナの「ファイアンス・カタラー」でアルベニス, ネストー, スミスの展覧会.

建築	世界の芸術
バルセロナのサンサルバドーの塔（ジュゼプ・M・ジュジョール）． A・スレー＝イ＝マルクとF・グアルディアがバレンシア中央市場の国際設計競技に勝利，竣工 1928 年． バルセロナのバリュドゥンセーリャ修道院（バルナルディ・マルトゥレイ）． バルセロナのフステー邸（Ll・ドゥメナク＝イ＝ムンタネー）． バルセロナの幼児院（アントニ・ダ・ファルゲーラ）． バルセロナのカルメン教区聖堂（ジュゼプ・M・パリーカス）． バルセロナのルベール博士記念碑（彫刻家ジュゼプ・リモーナ）． サン・ポル・ダ・マールの学校と住宅，サン・ジュアン・ダスピーのアウリーガ邸（I・マス＝イ＝ムレイ）． ドレー映画館の装飾（S・アラルマとM・ムラーガス）． バルセロナのサンツ地区トゥセット邸（ムデスト・フェウ）． サリア・ダ・テルの学校（ラファエル・マゾー）． バルセロナのロンダ・ダ・サン・ペラの薬局（設計者不詳）． バルセロナのジャヌベー薬局（アンリク・サニェー）．	
建築家ジュアン・アルシーナ逝去． ドゥメナク＝イ＝アスタパーが科学芸術アカデミーで「建築のモデルニスモ」講演． バルセロナ市建築賞，ムンジュイクのカザラモーナ工場（J・プーチ＝イ＝カダファルク），店舗アル・レグラドー（ジュゼプ・ボリー），カフェ・レストラン・ロイヤル（J・リュンゲーラス），店舗アステーバ＝イ＝チア（アステーバ），アスピノス薬局（ジョゼプ・M・パリーカス），映画館イデアル（J・プランターダ）． バルセロナのミラ邸「パドレーラ」（着工 1905 年，アントニ・ガウディ）． バルセロナのクマニー邸（J・プーチ＝イ＝カダファルク）． バルセロナのクマラート邸（サルバドー・バ	アンデパンダン展で最初のキュービスム展覧会． アレクセイ・ヤウレンスキーとワシミール・カンディンスキーがミュンヘンで「青騎士」グループ結成． パリでストラヴィンスキーのバレエ『ペトルーシュカ』初演． ブリュッセルのストックレー邸（着工 1905 年，J・M・ホフマン）． E・ラッチェンスのニューデリーのための初期計画． ワイマールの美術学校（H・ヴァン＝ド＝ヴェルド）． ヴィーンのシュタイナー邸（A・ロース）．

西暦	経済・政治・社会	文化
1911		
1912	カナレハス首相がマドリードでアナーキストに暗殺される. 国会が「マンクムニタート・カタラーナ」計画を承認.	画家ジュアン・ブルイ逝去. サブリア・ダ・ムントゥリウが「田園都市」協会設立.
1913	モロッコ戦役への不満高まる. マドリードで国王への襲撃. カタルーニャの「連合体」を承認する法令. 地方選挙でカタルーニャ主義の勝利.	カタルーニャ語会議. プンペウ・ファブラによる「カタルーニャ語研究所の正書法」. フランセスク・ガリーの指導でマンクムニタートの「S・ダ・ベルス・ウフィシス学校」設立.
1914	第一次世界大戦開戦. E・プラト＝ダ＝ラ＝リーバがカタルーニャ連合体大統領に就任. 「サン・ジャルバシウ協定」によりUFNR（カタルーニャ主義者）とレルー主義者との選挙協約.	「カタルーニャ語研究所」の図書館開館.

建築	世界の芸術
レーリ). ジローナのテイシドー製粉所（ラファエル・マゾー). ラ・ガリーガのイリスの塔とバルベイ邸（マヌエル・J・ラスパーイ). バルセロナの店舗マニャック（ジュゼプ・M・ジュジョール).	
R・プーチ＝イ＝ガイラールが建築の学業を修了. 建築家J・J・アルバス＝イ＝アリズメンディ逝去. バルセロナ市建築賞，サン・パブロ病院（Ll・ドゥメナク＝イ＝ムンタネー），デザート店リーブラ（アンリク・サニェー). パルマ・デ・マリョルカのグラン・ホテル（Ll・ドゥメナク＝イ＝ムンタネー). バルセロナのLl・ドゥメナク＝イ＝ムンタネー設計トゥマス邸の増築（F・グアルディア＝イ＝ビアール). ソリェー銀行（J・ルビオ＝イ＝バリュベー). バルセロナのコメーリャ邸（ジュゼプ・M・パリーカス). バルセロナのティビダボ療養所（着工1906年，J・ルビオー＝イ＝バリュベー). レウスのセッラ研究所（J・ルビオー＝イ＝バリュベー).	「国際田園都市協会」設立. パリで最初の未来派展覧会. ポズナーニとルブリンの建物（H・ペルツィヒ). フランクフルトのガス工場（P・ベーレンス). ウィーンのショイ邸（A・ロース). ブロツラフの事務所ビル（H・ペルツィヒ).
バルセロナ市建築賞，ルビラルタ邸「フラーラ・ブランク」（J・ルビオー＝イ＝バリュベー），店舗クマス（アンリク・サニェー). バルセロナのプーチウリオール薬局. ジローナの「アテネア」（ラファエル・マゾー).	スイス「工作連盟」設立. クレーが「青騎士」に参加. マレヴィッチのシュプレマティズム. ドルナッハの第一ゲーテアヌム（R・シュタイナー). アンフェルトのファグス工場（着工1911年，W・グロピウスとA・マイヤー). ライプツィヒ展示会のパビリオン（B・タウト).
フランセスク・バランゲー逝去. バルセロナのサン・ジュゼプ・ダ・ラ・ムンターニャ至聖所（着工1910年，フランセスク・バランゲー). サンタ・クロマ・ダ・サルバリョーのグエイ工業団地の工場長邸，組合事務所，マジア・	アントニオ・サンテリアによる未来派建築宣言と未来都市図. ケルンの工作連盟展覧会のモデル工場（W・グロピウスとA・マイヤー）と劇場（H・ヴァン＝ド＝ヴェルド），ガラスのパビリオン（B・タウト).

西暦	経済・政治・社会	文化
1914	バルセロナの取引所が閉鎖. バルセロナでチフスの流行.	
1915	ドイツ軍がブリュッセルのファレー＝イ＝グアルディア記念碑を破壊. バルセロナに株式市場.	画家サバスティアー・ジュニエンと図案家チャビエー・グゼー逝去.
1916	ビック司教トーラス＝イ＝バリェス逝去. 各県の選挙でコルテスと上院とも「連盟」が勝利，UFNRと「カタルーニャ人民」が敗北し解散. カタルーニャ語の公用語化が提案されるが否決. バルセロナの人口61万7000人.	作曲家アンリク・グラナドス逝去. バルセロナ市役所に文化委員会設置，マヌエル・アイナウトと建築家ジュゼプ・グダーイが助言．新しい学校の建設計画開始.

建築	世界の芸術
グエイの装飾（F・バランゲー）. マリョルカの大聖堂改修（着工1904年，アントニ・ガウディ）. ジュゼプ・M・パリーカスがムセン・ジャシン・バルダゲー記念碑着工（設計競技1913年）. リポーイのブナーダ邸（J・ルビオ＝イ＝バリュベー）. バルセロナのグエイ公園（着工1900年，アントニ・ガウディ）. ウロットのマスラモン邸（ラファエル・マゾー）. タラゴナのシメニス邸（ジュゼプ・M・ジュジョール）. アルス・パリャレススのブファルイ邸着工（竣工1931年，ジュゼプ・M・ジュジョール）. サン・ジュアン・ダスピーのネグラ邸，最初の改築（最後の改築1930年，ジュゼプ・M・ジュジョール）.	ドルナッハのドゥルデック邸（R・シュタイナー）. ロンドンのオランダ・ハウス（H・P・ベルラーヘ）. シカゴのミッドウェイ・ガーデンズ（F・Ll・ライト）. ドミノ計画（ル・コルビュジエ）.
バルセロナ市建築賞，イーホ・デ・イグナシオ・ダミアンスの息子のための建物（オムス，フェレス，マス）. シウタデーリャのバロック様式の建物を博物館に改築（ペラ・ファルケス）. サンタ・クロマ・ダ・サルバリョーのクロニア・グエイの教会堂地下聖堂（着工1898年，アントニ・ガウディ）.	パトリック・ゲデスが『進化する都市』出版. マルセル・デュシャンとフランシス・ピカビアがニューヨークでダダの運動開始. リヨンのスタジアム（トニ・ガルニエ）.
建築家ペラ・ファルケス逝去. セーザー・マルティネイが建築の学業を終える. バルセロナ市建築賞，幼児の保護と矯正の県営慈善施設（アンリク・サニェー），サルバート出版社（パウ・サルバート），マスリエーラ＝イ＝カレーラス宝飾店（リュイス・マスリエーラ），J・ピーク電気店（ウラゲー・ジュニエン）. ジュゼプ・M・パリーカスとラファエル・マゾーがサンタ・クロマ・ダ・グラマネートの精神病院の設計競技に勝利. サン・ジュアン・ダスピーのトッラ・ダルス・オウス「卵の塔」（ジュゼプ・M・ジュジョール）. ウロットのスラー邸改築（着工1913年，Ll・	イスタンブールの友情の家計画（H・ペルツィヒ）. アムステルダムの海運ビル（J・M・ファン・デル・メイ，P・クラーメル，M・デ・クレルク）.

西暦	経済・政治・社会	文化
1916		
1917	E・プラット＝ダ＝ラリーバ逝去，カタルーニャ連合体の議長に建築家J・プーチ＝イ＝カダファルクが就任. スペイン君主制に重大な政治危機. 防衛軍会議．バルセロナのシウタデーリャ公園で国会議員の集会．ゼネスト. バレンシアで最初の見本市. 自給的性格の国産品保護令. マリョルカで「地方主義センター」設立.	プンペウ・ファブラが『正書法辞典』出版. アウジェニ・ドールスがカタルーニャ連合体の公共教育総監に任命される. パリ例年の芸術展覧会が戦争で開催できずバルセロナで開催.
1918	県議会選挙で地方主義者が勝利. フランセスク・カンボーが「ボスク劇場」の集会で名文句「君主制か，共和政か，いやカタルーニャだ」を吐く. カタルーニャ自治の請願. 地方労働同盟（労働者7万3860人加盟）のサンツ会議で労働組合の結成を決議. インフルエンザの流行. グエイ伯爵逝去.	雑誌『ダシ・イ・ダリャー』創刊.
1919	甚大なストライキと労働争議. カナディエンセ電力会社でストライキ. CNT勢力最初のデモ，バルセロナの工場の70パーセントが操業停止. 統一組合と雇用者連盟. 自由組合の創設と雇用者連盟の最初の工場閉鎖. バルセロナはアナルコ・サンディカリズムの中心となりアナーキストと雇用者側がテロの応酬. 全スペインに8時間労働法の公布.	画家ムデスト・ウルジェイと著述家ジャウマ・ブロサ逝去. 第2回カタルーニャ語世界会議. バルセロナ大学にカタルーニャ語学科創設.
1920	テロとストライキが続く（バルセロナの72のストに6万5546人が参	画家アレイシュ・クラペス，デザイナーで装飾家アラシャンドラ・ダ・

建築	世界の芸術
ドゥメナク＝イ＝ムンタネー). バレンシアのコロム市場（フランセスク・モーラ). ウリウスの墓地（バルナルディ・マルトゥレイ).	
フランセスク・フルゲーラが建築の学業を修了. 建築家ドゥメナク＝イ＝アスタパー逝去. バルセロナ市建築賞，カイシャ・ダ・ペンシオネスのビル（アンリク・サニェー). アステーバ・リーバ店舗（J・リュンゲーラス). バルセロナのカラールの塔（ジュゼプ・M・ジュジョール).	トリスタン・ツァラが雑誌『ダダ』発刊. 新造形主義の雑誌『デ・スティル』創刊. パリでバレエ『パラード』初演，音楽サティ，台本コクトー，振付マシン，美術ピカソ. アントニオ・サンテリア逝去.
建築家ジュゼプ・アマルゴス逝去. A・プーチ＝イ＝ガイラールが建築の学業を修了. バルセロナのオルタ地区,「トッラ・ダルス・パルダルス」(着工 1915 年，J・ルビオー＝イ＝バリュベー). ルカフォール・ダ・カラールの農業組合（セーザー・マルティネイ).	ピューリズム宣言. ダダ宣言. オランダの雑誌『ヴェンディンヘン』創刊. マドリードのパラシオ・デ・コムニカシオネス（A・パラシオス). サン・フランシスコのハリディー・ビル（W・ポーク).
建築家 C・ブイガス＝イ＝ムンラバーとフェリクス・カルダリャク逝去. レウスのペドロ・マタ研究所の主要部竣工(Ll・ドゥメナク＝イ＝ムンタネー). ファルセットの農業組合（セーザー・マルティネイ).	ル・コルビュジエとオザンファンがピューリズムの雑誌『エスプリ・ヌーヴォー』創刊. W・グロピウスがワイマールに「国立バウハウス」設立. イギリス第 2 の田園都市ウェルウィン（L・デ・スワソンス). ベルリン大劇場（H・ペルツィヒ). ベルリンの摩天楼計画（ミース＝ファン＝デル＝ローエ).
バルセロナのリュイス・ビーバス学校群建設着工（ジュゼプ・グダーイ).	画家 A・モディリアーニ逝去. モスクワで VCHUTEMAS 設立.

西暦	経済・政治・社会	文化
1920	加），最大級の社会騒乱．グラウペーラとサルバドー・セギーへのテロ．知事マルティネス・アニードの激しい弾圧． マリスカル・ジュフレ主宰によるバルセロナの「花の宴」．「刈取り人」の歌と政府による暴力的介入． コルテスの議員選挙で「連盟」の勝利． 共和主義の労働問題弁護士フランセスク・ライレートの暗殺． バルセロナ銀行の支払い停止． 「勤労女性協会」設立 バルセロナの人口 71 万人．	リケー逝去．
1921	アフリカ戦役でアヌアルの敗北． テロの増加，自由組合と統一組合との闘争．CNT 書記アベリー・ボアールが刑務所から出所直後に暗殺される． フーガス法． カタルーニャのサンディカリスト集団がマドリードでエドゥアルド・ダート首相を暗殺．フランセスク・カンボーが財務相就任． 共産主義者集団がスペイン共産党を結成． カタルーニャの重工業工場の強制操業停止が 50 パーセントに達する． バルセロナの拡張総合計画が承認される．	
1922	アフリカ戦役終結． 「連盟」の分派「カタルーニャの行動」設立，機関紙『ラ・プブリシタート（公論）』． フランセスク・マシアーにより超民族主義政党「アスタート・カタラー（カタルーニャ州）」設立． バルセロナで第 3 回見本市が最初の国際市として開催． マドリード―バルセロナ間に初の航空路．	詩人コスタ＝イ＝リュベーラ，作曲家ファリプ・パドレイ逝去． 『プブリシタート』がカタルーニャ語で発行され始める． フランセスク・カンボーが「バルナート・メッチェ財団」創設，古典作品をカタルーニャ語で出版．

建築	世界の芸術
ヌリェスとクルヌデーリャ，カブラ・ダル・カンプの酒造所（セーザー・マルティネイ）.	ロッテルダムで初の低所得者住宅（J・J・P・アウト）. ワイマールの戦死者記念碑（W・グロピウス）. マドリードの中央銀行（A・パラシオス）.
バルセロナの「海の学校」（ジュゼプ・グダーイ）. アル・ピネイ・ダ・ブライ，ガンデーサ，バルベラー，ムンブランクの酒造所（セーザー・マルティネイ）.	第3インターナショナル記念碑計画（V・タトリン）. ポツダムのアインシュタイン塔（E・メンデルゾーン）. ヒルフェルスムの学校（W・M・デュドック）. アムステルダムのアイゲンハート集合住居（M・デ＝クレルク）.
建築家J・フォン＝イ＝グマー逝去. バルセロナのバイシェーラス学校群（ジュゼプ・グダーイ）. バルセロナの店舗インディオ. バルセロナの店舗バシアーナ. サン・クガット・ダル・バリェスの酒造所（セーザー・マルティネイ）.	ルイス・H・サリヴァンが『理想の自伝』出版開始. 新造形主義住宅の計画（テオ・ファン＝デースブルクとC・ファン＝エーステーレン）. ザルツブルクの祝祭劇場（H・ペルツィヒ）. 南アムステルダムの住宅（M・クロフォラー）. シカゴ・トリビューン社屋設計競技. アムステルダムのヘンリエッテ・ロネルプレイン邸（M・デ＝クレルク）. パリのオザンファン邸（ル・コルビ

西暦	経済・政治・社会	文化
1922		
1923	バルセロネータの会議でフランセスク・カンボーがカタルーニャ主義におけるラディカリズムの不足を表明. 選挙で「カタルーニャの行動」勝利. CNT の指導者,「砂糖の子」サルバドー・セギー暗殺. カマランスとアルマーにより「カタルーニャ社会主義同盟」設立. スペインでプリモ＝デ＝リベーラによる軍事独裁始まる.	画家ジュアキム・スローリャ逝去. バルセロナで家具展覧会.
1924	カタルーニャ連合体の事実上の解散,大統領代理アルフォンス・サラ. カタルーニャ 4 県の最初の自治の試みが終了. 「ラジオ・バルセローナ」設立, 最初のスペイン語放送.	詩人アンジェル・ギマラーとサルバート＝パパセイト, 新聞記者アルフレード・ウピーソ逝去.
1925	モロッコ戦役. カタルーニャ連合体が最終的に解散. マリア・ミラビーリェスに対する軍法会議. ガラーフで「カタルーニャ州」分子による国王への爆弾テロ. マルチャ・レアルに対する観衆の不適切な態度のため, カンポ・デ・バルセロナでのサッカー試合が政府令により中止.	画家ラモン・ピショート逝去.

建築	世界の芸術
	ュジエ). ル・ランシーのノートル・ダム聖堂(A・ペレ). 東京の帝国ホテル(着工1916年,F・Ll・ライト).
建築家,著述家,政治家Ll・ドゥメナク=イ=ムンタネー,建築家パウ・サルバート逝去. ビスタベーリャの教会堂(着工1918年,ジュゼプ・M・ジュジョール). サン・ジュアン・ダスピーのネグラ邸の礼拝堂(着工1918年,ジョゼプ・M・ジュジョール).	ル・コルビュジエが『建築をめざして』出版. モスクワで農業工芸博覧会. 労働宮計画(L&V・ヴェスニン). モスクワにASNOVA設立. パリ郊外オルリーの格納庫(着工1916年,E・フレシネ). アムステルダムのデ・ダヘラート集合住宅(P・クラーメル). パリのラ・ロッシュ邸(ル・コルビュジエとP・ジャンヌレ). ハンブルグのチリハウス(F・ヘーガー). ドルナハの第二ゲーテアヌム(R・シュタイナー). ルーケンバルデの帽子工場染色所(E・メンデルゾーン). ストックホルム市庁舎(R・エストベリ). パサディナのミラード邸(F・Ll・ライト).
建築家A・フォン=イ=カレーラス逝去. バルセロナのムセン・ジャシン・バルダゲー記念碑(着工1913年,ジョゼプ・M・ペリーカス). バルセロナのプラニェイス邸(ジョゼプ・M・ジュジョール).	ユトレヒトのシュレーダー邸(G・リートフェルト). モスクワのプラウダ新聞社計画(L&V・ヴェスニン).
ブナバントゥーラ・バサゴーダが『サンタ・マリア・ダル・マール聖堂』出版. カルダデウのビアデー農場(マヌエル・J・ラスパーイ). バルセロナのガウディ設計ビセンス邸への増築着工(竣工1927年,J・B・セッラ=イ=マルティネス).	建築家A・マイヤーとR・シュタイナー逝去. ル・コルビュジエが『ユルバニスム』出版. モンドリアンが『新造形主義』出版(1920年版のドイツ語訳). パリの装飾芸術展,エスプリ・ヌーヴォー館(ル・コルビュジエ),ソヴィエト館(K・メルニコフ). 鋼管による最初の椅子(M・ブロイ

西暦	経済・政治・社会	文化
1925	政府による「ウルフェオ・カタラー」の活動停止令.	
1926	モロッコ戦役でアブデル＝クリムの降伏. バルセロナでアナーキストによるプリモ＝デ＝リベーラへのテロ. フランセスク・マシアーによるプラッツ・デ・モッリョの陰謀が失敗. 綿工業が政府管理下に. バルセロナで地下鉄のカタルーニャ広場―ラ・ブルデータ間とジャウマ1世―ラセプス間が開通.	詩人ジュアン・アルクベー，彫刻家ジュゼプ＝レイネス，画家ジュアン・リモーナ，ラモン・トゥロー博士逝去.

建築	世界の芸術
	ヤー). モンマニーのサント・テレーズ聖堂(A・ペレ). ペサックの集合住宅(ル・コルビュジエとジャンヌレ). アミロー通りの住宅(H・ソヴァージュ). フランクフルトのヘキスト工場(P・ベーレンス).
建築家アントニ・ガウディ逝去. バルセロナのサグラダ・ファミリアのサン・バルナベ鐘塔(アントニ・ガウディ). バルセロナのラダントー修道院(バルナルディ・マルトゥレイ). ムンフェリのムンセラート至聖所着工(ジュゼプ・M・ジュジョール).	クリスティアン・ゼルボスが『カイエ・ダール』出版開始. デッサウのバウハウス校舎(W・グロピウス). パリのトリスタン・ツァラ邸(A・ロース). ベルリンのローザ・ルクセンブルクとカール・リープクネヒト記念碑(ミース＝ファン＝デル＝ローエ). カリフォルニア州ニューポート・ビーチのロヴェル邸(R・M・シントラー).

著者略歴

(Oriol Bohigas, 1925-)

1925年，バルセロナに生まれる．1951年，バルセロナ建築学校卒業後，グルーポR創立メンバーとなり建築家として活動を始める．61年，J・マルトゥレイ，D・マッカイとともに設計事務所MBM設立．バルセロナ建築学校教授，同校校長を歴任後，バルセロナ市の都市計画局長（のち都市事業に関する市長顧問）に就任，「バルセロナ・モデル」として世界的に著名な都市再生プロジェクトを軌道に乗せた．著書 *Arquitectura española de la Segunda República*（1970）*Reconstrucció de Barcelona*（1985）ほか．

訳者略歴

稲川直樹〈いながわ・なおき〉1953年生まれ．中部大学工学部建築学科教授．建築史，建築設計．1980年，東京大学工学系大学院修士課程修了後，磯崎新アトリエに勤務．1984-91年，バルセロナおよびパリ事務所駐在，2002年退職．2005年，東京大学工学系大学院博士課程修了，博士（工学）．共著『ジュゼッペ・テラーニ』(INAX出版 1998)，訳書コーリン・ロウ＆L・ザトコウスキ『イタリア十六世紀の建築』（六耀社 2006）ほか．

ウリオール・ブイガス
モデルニスモ建築
稲川直樹訳

2011年 3月 1日 印刷
2011年 3月 10日 発行

発行所 株式会社 みすず書房
〒113-0033 東京都文京区本郷5丁目32-21
電話 03-3814-0131(営業) 03-3815-9181(編集)
http://www.msz.co.jp

本文組版 キャップス
本文印刷・製本所 中央精版印刷
扉・表紙・カバー印刷所 栗田印刷

ISBN 978-4-622-07559-2
[モデルニスモけんちく]

都市住宅クロニクル I・II	植田実	各6090
集合住宅物語	植田実 鬼海弘雄写真	4410
見えない震災 建築・都市の強度とデザイン	五十嵐太郎編	3150
住み家殺人事件 建築論ノート	松山巖	2100
猫風船	松山巖	2520
随時見学可	大竹昭子	2310
田舎の日曜日 ツリーハウスという夢	佐々木幹郎	2835
やわらかく、壊れる 都市の滅び方について	佐々木幹郎	2625

（消費税5%込）

みすず書房